상식밖
문명의
창조자들

상식밖 문명의 창조자들 1 — 문화예술편
네로 황제는 어떻게 상송을 만들게 되었을까?

초판 1쇄 인쇄   2010년 2월 16일
초판 1쇄 발행   2010년 2월 20일

지은이   홀거 존아벤트
옮긴이   신혜원
펴낸이   정차임
디자인   디자인플랫
펴낸곳   도서출판 열대림
출판등록   2003년 6월 4일 제313-2003-202호
주소   서울시 마포구 동교동 156-2 마젤란 503호
전화   332-1212
팩스   332-2111
이메일   yoldaerim@naver.com

ISBN   978-89-90989-42-0 03900
978-89-90989-41-3(세트)

* 잘못된 책은 바꿔드립니다.
* 값은 뒤표지에 있습니다.

홀거 존아벤트 지음 | 신혜원 옮김

문화 예술편

상식밖 문명의 창조자들

I

네로 황제는
어떻게 상송을 만들게
되었을까?

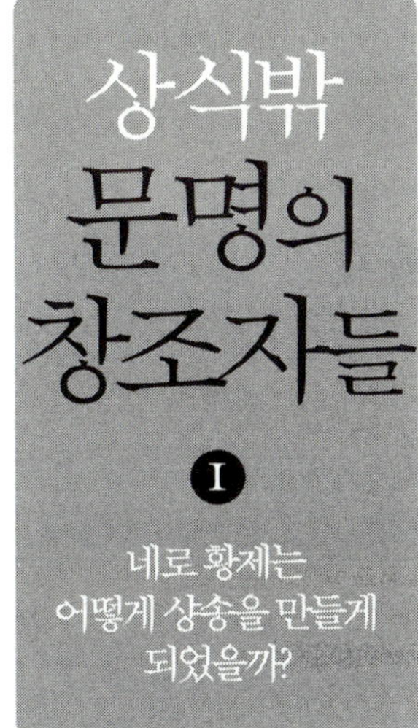

열대림

 들어가는 말

그리스 비극에서 배우들은 흔히 밑창이 두꺼운 장화를 신고 등장한다. 코투른이라고 부르는 이 장화는 특히 바닥이 두꺼워서 배우들의 키를 훨씬 더 커 보이게 한다. 때때로 과장하는 경향이 있는 로마인들은 그리스의 코투른에서 힌트를 얻어 마치 목제 다리로 걷는 듯 보이는 기괴한 기구를 만들기도 했다.

코투른을 신은 모습은 몇 가지 상징적인 위력을 가지고 있다. 큰 체격을 가진 고대의 인물들은 어쩐지 우리와는 다른 세계에서 움직이는 것처럼 보인다. 단지 시간적으로만 현재와 멀리 떨어져 있는 것이 아니라 평범한 인간의 기준에서 볼 때에도 거리가 있는 것처럼 느껴진다. 고대의 찬미자들이 이런 생각을 더욱 발전시켰다. 독일의 예술역사가인 요한 요아힘 빙켈만은 18세기에 "우아한 단순함과 고요한 위대함"이라고 표현했다. 이 말은 단지 고대 그리스 문화에 대한 그의 평가였지만 얼마 지나지 않아서 고대인들에 대한 일반적인 평가로 여겨지게 되었다. 그리스인과 로마인은 오늘날까지도 단지 아첨이라고만은 볼 수 없는 이런 명성에서 벗어나지 못하고 있다.

이런 측면에서 이미 150년 전에, 저명한 고대 역사학자이면서 후에 《로마의 역사》라는 저서로 노벨문학상을 수상한 테오도르 몸젠은 현실에 근접한 고대사 연구를 열정적으로 주장했다. "여기에는 고대인들이 관객들에게 나타날 때 신고 나오는 환상적인 코투른을 벗게 만드는 일과 그들을 현실 세계, 즉 증오와 사랑이 있고 왜곡되고 조작되며 환상과 속임수가 있는 세계로 옮겨놓는 일이 해당된다."

고대인들은 오히려 이런 현실적인 모습을 통해 진정한 호감을 줄 수 있다. 우리가 그들의 영웅적이고 화려한 명성에만 관심을 두지 않고 그들이 등장했던 대리석 무대의 뒷면을 바라볼 때 비로소 역사는 흥미진진해진다. 이것은 오늘날에도 마찬가지이며 특히나 예술과 문화 분야에서는 더욱 그러하다. 이 분야에서 그리스인과 로마인은 중요하고 혁신적인 일들을 많이 이루어냈다. 그렇다고 해서 우리가 이런 일들에 대해 바로 경외감에 빠질 필요는 없다. 왜냐하면 이런 업적들은 하늘로부터 떨어진 선물처럼 저절로 이루어진 것이 아니기 때문이다. 축복받은 천재는 고대시대에도 아주 예외적인 경우였다. 뮤즈 신의 입맞춤만으로는 유명한 예술가나 문화 창조자가 되기에 결코 충분하지 않았다. 많은 땀과 노력이 필요했고, 운이 따라야 하는 상황도 있었다.

이 책은 바로 그런 일을 해낸 사람들을 다루려고 한다. 여기서 소개할 21명의 인물들은 엄격한 자격 검증을 거쳤다. 그러므로 이들은 더 많든 더 적든 문화계의 유명한 많은 인물들을 대표하고 있다고 말할 수 있다. 이들이 진정으로 뛰어난 대표자들의 그룹에 포함된 데에는 어떤 전문 분야에서 스스로를 트렌드세터(trendsetter)로 만드는 법을 알고 있었다는 점이 결정적이었다. 즉 이 책에서 소개할 인물들은 당대를 넘어서까지 많은 영향을 미쳤고 그런 영향이 오늘날 우리가 생각하는 고대 문화의 이미지를 만들었다는 뜻이다. 이들의 인생 이야기를 통해 어떻게 그런 작품들이 완성되었는지가 소개된다.

우리가 이미 알고 있듯이 문화란 그림, 글, 그리고 음표만으로 이루어지는 것이 아니다. 그러므로 이어지는 여러 장에서는 서사시, 시, 수사학, 철학에 대해서, 회화와 조각에 대해서, 음악, 춤 그리고 연극에 대해서, 말하자면 좁은 범위의 문화에 속하는 모든 중요한 분야들에 대해서 다루게 될 것이다. 그러나 문화는 그 이상의 것이기도 하다. 오늘날 우리가 일간지나 주간지의 문화면을 들여다보면 어떤 것들이 문화에 속하는지 알 수 있다. 고대 문화를 다룰 때에도 이런 점을 고려해야 한다. 때문에 현실적인 문화 경향과 연관된 인상을 주는 그리스와 로마의 선구자들, 즉 박물관학에서, 요리에서, 의상 유행에서, 미용과 웰니스에서 불멸의 공적을 쌓은 개혁적인 사람들이 소개된다.

호메로스, 사포, 아이스킬로스, 폴리그노토스, 페이디아스, 소크라테스, 투키디데스, 데모스테네스, 마에케나스, 타키투스, 수에토니우스, 파우사니아스. 이들은 모두 중요한 문화 인물의 목록에서 고정적인 자리를 차지하고 있는 대단한 사람들이다. 그러나 정작 고대시대에는 이들 중 많은 사람이 아마추어 예술가로서, 말하자면 일종의 부업으로서 트렌드세터의 지위를 얻은 경우가 드물지 않았다. 이런 측면에서 특히 왕이나 군주들이 큰 혜택을 누렸다. 왜냐하면 그들은 자신의 예술적인 창조물을 광범위한 관객에게 알릴 수 있는 권위와 수단을 지니고 있었기 때문이다. 다른 예술가들은 후원자를 필요로 했던 반면에 그들은 스스로 자신의 예술을 위한 후원자의 역할을 할 수 있었다.

　그래서 이집트 여왕인 클레오파트라는 존경받는 미용 전문가가 될 수 있었고, 로마 황제였던 클라우디우스는 언어 연구가로 자리잡을 수 있었으며, 마찬가지로 로마 황제인 마르쿠스 아우렐리우스는 철학자로서 인정받을 수 있었다. 그러나 이들 중 그 누구도 네로에 미치지는 못했다. 네로는 다른 군주들처럼 단지 예술에 열정을 가진 황제가 아니라, 황제라는 부업을 가진 열정적인 예술가였다. 네로가 이 책의 제목에 등장하게 된 것은 이 불멸의 가수에 대한 일종의 존경의 제스처이다. 분명히 그의 마음에도 들 것이라고 믿는다.

홀거 존아벤트

차례

서사시
호메로스

기원전 8세기 후반.
최초로 서사시 《일리아스》와 《오디세이아》를 썼고
이 작품이 고대를 지나 먼 훗날까지 전해져 학생들의 수업교재가 되었다.

분노를 노래하소서, 여신이여,

펠레우스의 아들 아킬레우스의 파괴적인 분노를.

이는 무수한 고통을 아카이아인들에게 주었고

수많은 굳센 목숨을 하데스에게 보냈으며

영웅들 자신은 개들과 온갖 새들의 먹이가 되었지요.

그리고 제우스의 뜻은 이루어지고 있었나이다.

그날 이후로, 처음으로 신랄한 논쟁 때문에

아트레우스의 아들, 민족의 지배자와

고귀한 아킬레우스의 사이가 나빠지고 말았습니다.

이런 장엄한 단어들로 유럽 문학의 역사가 시작된다. 고전주의자
와 그리스 문화의 신봉자라면 아마도 고대 그리스에서 가장 오래된

작품의 이 유명한 시작 부분을 대부분 더듬거림 없이 원어로 암송할 수 있을 것이다. 혹은 최소한 번역된 문장으로라도 외울 수 있을 것이다. 그리고 그런 능력이 있는 사람이라면 서로 다르기는 하지만 많은 연관성을 가진 또다른 작품의 이런 인용구절도 아무런 문제없이 이해할 수 있을 것이다.

> 나에게 말씀하소서, 뮤즈 신이시여,
> 많은 곳을 돌아다닌 그 남자의 행동을.
> 트로이의 멸망 후에 어떤 사람이 그렇게 길을 잃어서,
> 많은 사람들이 사는 도시들을 보았고 관습을 배웠으며
> 바다에서 자신의 영혼을 구하고 친구들의 미래를 구하는,
> 그렇게 말할 수 없이 많은 고통을 견뎌냈는지를 말입니다.

암기력 테스트

첫번째 글은 《일리아스》의 시작 부분으로 트로이의 멸망에 대한 이야기를 다루고 있다. 두 번째 글은 《오디세이아》의 처음 구절로 그리스의 영웅 오디세우스의 방랑에 대한 이야기다. 현대의 낭송자들 중에는 더 나아가 시작 부분 그 이상을 외워서 따라할 수 있는 사람도 있을 것이다. 그러나 이들은 자신의 암기력이 얼마나 놀라운지를 보여주려는 인상적인 시도 도중에 언젠가는 한계를 인정해야만 한다. 그것은 당연한 일이고 그럴 수밖에 없다. 《일리아스》는 1만 5,693행, 그리고 《오디세이아》는 1만 2,109행으로 된 서사시다. 누가 그 모든 행을 외울 수 있겠는가?

그러나 실제로 고대에는 두 서사시의 모든 레퍼토리를 기억 속에 저장했던 전문적인 공연예술가들이 있었다. 오늘날에는 다행히도 그러한 기억술의 묘기는 유행에서 지나갔다. 다시 말하면 학습의 결과를, 더 이상 고대의 본문 구절들을 반복적으로 암기하는 것(비록 대단히 뛰어나지만)을 통해서 확인하지는 않는다는 뜻이다. 그러나 두 서사시의 소재는 여전히 전해져 오고 있으며, 어쩌면 꼭 그래야만 하는 일이기도 하다. 그 이유는 《일리아스》와 《오디세이아》가 그리스 문화사에서 중요한 출발점이 됨으로써 마일 표석의 역할을 하고 있다는 사실 한 가지 때문만은 아니다.

그 외에도 이 서사시는 역사적으로 대단히 중요한 두 가지 사건과 관련되어 있다. 즉 도시 트로이의 운명은 수세기 전부터 오늘날까지 관심을 끄는 주제이다. 오디세우스의 방랑 이야기에 나타난 지중해 세계의 발견도 중요한 사건이었다. 그리고 이 두 편의 서사시가 문서 속에 묻혀 망각 속으로 사라진 문학으로 전락하지 않은 또 하나의 심오한 이유가 있다. 그것은 바로 과거에나 지금이나 풀리지 않는 저자에 대한 수수께끼 때문이다. 우리는 그에 대해서 알고 있는 바가 거의 없지만, 바로 이런 점 때문에 그는 언제나 특별한 관심의 대상이 되어왔다.

트로이를 둘러싼 싸움

빠르게 돌아가는 시대를 살아가는 우리는 간결하고 함축적인 정보에 고마움을 느낀다. 호메로스의 긴장감 넘치는 세계에 빠지기 위해서 2만 7,802행이나 되는 시를 외우는 모험을 할 여유가 없거나 혹은 그런 모험을 하고 싶지 않은 사람에게는 아마도 다음과 같은 간략한 내용 소개가 유용할 것이다.

《일리아스》는 트로이 전쟁을 소재로 하고 있는데, 특히 이 전쟁의 마지막 단계에 집중하고 있다. 트로이 전쟁은 10년 동안 지속되었고 트로이인들이 아름다운 헬레나를 빼앗아간 일이 그 동기였다. 더 정확히 말하자면 트로이 전쟁은 뛰어난 서사적 모티브, 즉 그리스의 영웅 아킬레우스의 거의 제어할 수 없는 분노 표출이 무대 배경이었던 셈이다. 여기서 아킬레우스는 같은 그리스 편의 동맹자인 아가멤논 왕과 사이가 나빠지게 되었다. 화가 난 아킬레우스는 아가멤논 왕에게 자신의 뛰어난 능력을 최소한 일시적으로나마 공개하지 않기로 결정했다. 그러나 결국 아킬레우스는 한시적인 태업을 철회하고 더 용감하게 싸웠으며 트로이의 왕 프리아모스의 아들 헥토르를 상대로 성공적인 전투를 벌였다.

이때 누구보다 중요한 결정타를 날린 사람은 책략에 능한 오디세우스였다. 그는 그리스인들을 목마, 흔히 격언처럼 쓰이는 '트로이의 목마'에 태워서 포위된 도시 안으로 잠입하는 놀라운 생각을 해냈던 것이다. 마침내 트로이는 정복되었고, 프리아모스 왕의 빛나는 요새는 잿더미가 되었으며, 주민들은 피난을 가야만 했다.

불확실함 속으로의 여행

그후 오디세우스는 아무런 문제없이 《일리아스》의 후속 서사시에 자신의 이름을 제목으로 올리는 데 성공했다. 그와 같이 싸웠던 전쟁 동료들은 즉시 고향으로 무사히 귀환한 반면에 오디세우스의 배는

오디세우스의 귀향

길을 잃고 말았다. 트로이를 상대로 벌였던 10년간의 전쟁 후에도 신들은 그를 바다 위에서 10년간이나 더 방랑하게 만들었던 것이다. 결국 그가 고향을 비운 시간은 모두 합쳐서 20년에 이르게 되었다. 오디세우스가 마침내 자신의 고향에 발을 딛기까지는 수많은 모험을 극복해야만 했고, 신들과 거인들, 마법사들과 그밖의 강력한 방해꾼들과 싸워 이겨야만 했다.

《오디세이아》의 결말은 끔찍했다. 뒤늦게 고향에 돌아온 오디세우스는 신의를 지키려고 애썼던 아내 페넬로페를 집요하게 괴롭힌 남자들에게 무자비한 복수를 했다. 정숙한 아내 페넬로페는 뛰어난 위기 탈출 방법 — 책략에 능한 남편에게 어울리는 아내답게 — 을 동원해 가며 남편을 기다렸다. 짜고 있는 양탄자가 완성되면 청혼자들 중에서 한 명을 결정하겠다고 말하고는 밤마다 낮에 짠 양탄자를 다시 풀어놓기를 반복했던 것이다.

시인 호메로스에 대한 수수께끼

그 어떤 의심의 여지도 없다. 이 이야기는 대단히 긴장감 넘치고, 모험적이며, 환상적이다. 우리는 저자 호메로스에게 아낌없는 찬사를 보낼 수 있을 것이다. 그런데 이런 찬사를 도대체 어디로 보낸단 말인가? 유감스럽게도 문학사의 거장 호메로스의 개인적인 특징을 파악하는 일은 불가능하다. 그의 모습은 완전히 어둠 속에 묻혀 있다. 작품 속에서조차도 그에 관한 흔적은 전혀 없다. 왜냐하면 그는 항상 작가란 자신의 작품 뒤로 물러나 있어야 한다는 황금법칙을 지켰던 사람이기 때문이다.

물론 후대의 작가들은 이런 법칙을 항상 중시하지는 않았다. 그리고 당시에 호메로스가 글을 쓰는 모습을 지켜본 사람이 없었으므로 호메로스에 대한 정보를 제공해 줄 사람은 아무도 없었다. 그래서 어쩌면 호메로스라는 인물이 처음부터 하나의 환영에 지나지 않을지도 모른다는 의견도 있었다. 하지만 사람들은 그런 가능성을 인정하고 싶어하지 않았다. 그렇다면 호메로스는 과연 누구였고, 어떻게 사람들은 기원전 7세기 이후로 그를 《일리아스》와 《오디세이아》의 저자로 믿게 되었단 말인가?

출생지에 대한 논쟁

후대 사람들은 그 어떤 정확한 사실도 알 수 없자 각자의 현실적 상황을 이리저리 짜맞추어 호메로스와 연관시키려 했다. 그리하여 곧 바로 위대한 서사시인의 출생지로 인정받는 영광을 얻기 위해 고대의 수많은 도시들이 논쟁을 벌였다. 그 중에서 7개의 도시가 대단히 설득력 있는 주장을 펼쳐서 선택의 가능성을 높였다. 가장 신빙성이 있어 보였던 곳은 소아시아의 서부에 있으며 고대 이오니아의 문화권에 있었던 스미르나, 바로 오늘날의 이즈미르(에게해에 면한 터키 제3의 대도시 - 옮긴이)라는 도시였다.

호메로스와 자신들이 같은 출신임을 증명하는 일에서 스미르나의 학자들이 발휘한 기지는 감탄할 만했다. 그들은 주장하기를 호메로스는 원래 '호메로스'가 아니라 '멜레시게네스'라는 이름을 가진 사람이었다고 했다. 이 '멜리시게네스'라는 이름을 단어 그대로 해석하면 '멜레스 출신의'라는 뜻이 된다. 그런데 우연히도 스미르나에는 '멜레스'라는 이름의 강이 있었다. 이곳 사람들은 논리적으로 이야기를 전개시켜 멜레스강의 신이 호메로스의 아버지이며, 요정인 크리테이스가 호메로스의 어머니라고 주장했다.

스미르나의 다른 경쟁자들은 비록 소아시아에 있는 이 도시가 나름대로의 이론을 주장함으로써 예상치 못한 좋은 반응을 얻었음을 인정했지만 호메로스의 출생권을 둘러싼 싸움에서 큰 충격을 받지는 않았다. 특히나 고집스러운 적수는 스미르나와 그다지 멀리 떨어져 있지 않은 에게해의 섬인 키오스의 사람들이었다. 키오스에는 아주 오래전부터 전문적인 가수와 낭독자들을 일컬어 칭했던 음유시인들로 이루어진 조합이 있었다. 이 조합의 일원들은 직업적으로 그리고 전통에 맞게 서사적인 시의 창작에 몰두했는데, 바로 이들에게 많은 뜻을 함축한 '호메리덴'이라는 명칭이 주어졌던 것이다.

그래서 키오스 사람들은 이 명칭 덕분에 호메로스의 출생지에 관한 경쟁에서 유리할 것이라고 생각했다. 호메리덴이라고 불리던 사람들이 살았던 곳에는 틀림없이 호메로스라는 사람도 살았을 것이라는 주장이었다. 키오스인들은 확실한 효과를 위해 호메로스가 언젠가 이 섬에서 인생의 반려자를 만나 결혼했다는 소문을 의도적으로 퍼뜨렸다. 소문에 따르면 행복한 신부의 이름은 아르시포네였고 후에 이 부부는 두 명의 딸을 낳았으며, 그 중 한 명은 미혼이었고 다른 한 명은 당연히 키오스 출신의 남자와 결혼했다고 한다.

사망지를 둘러싼 논쟁

그 동안 쏟아졌던 출생지에 대한 믿을 만한 주장들이 점점 소진되어 가고 스미르나 사람들이 주장을 철회할 기미가 전혀 보이지 않자, 다른 도시 사람들은 자신들의 고장을 최소한 호메로스의 사망지로라도 만들고 싶어했다. 이와 관련해서 오늘날의 낙소스와 산토리니 사이에 놓여 있는 이오스 섬이 맹렬하게 의사 표시를 했다. 이곳 사람들은 방문객들에게 자신 있게 호메로스의 마지막 안식처라는 설명과 함께 오래된 무덤의 비석을 보여주었다. 그러자 호메로스에게 호의를 가진 고대인들이 이오스로 순례를 왔고, 무덤에 가서 경의를 표하며 많은 돈을 바치고 감으로써 이오스의 재정 담당자들조차 전혀 생각하지 못했던 수입이 생기기도 했다.

이오스인들은 첫번째 작전이 성공하자 또다른 행동을 개시했다. 그들은 스미르나인들이 호메로스를 자기네 도시의 '위대한 아들'이라고 칭하면서 부당한 선전을 하는 것에 반박하지 못할 이유가 없다고 생각했다. 이오스인들은 모든 훌륭한 호메로스 연구자들의 의심에도 불구하고 또다른 이야기를 만들어서 퍼뜨렸다. 그들은 교활함이 넘치는 눈을 번뜩이면서, 스미르나인들의 주장대로 멜레스강의 신이 아내로 맞이한 크리테이스가 호메로스의 어머니인 것은 맞지만 원래는 그녀가 이오스 섬 출신이라고 주장했던 것이다. 훨씬 오래전에 한 악마가 이오스 섬에 살고 있는 그녀를 유혹했고 그후에 그녀는 수치심으로 섬을 떠났다고 했다. 아에기나에서 그녀가 탄 배가 해적들의 공격을 받았고, 그들이 크리테이스를 스미르나로 데려갔으며, 거기서 그녀는 멜레스강의 신과 만나서 결혼을 하고 호메로스를 낳게 되었다고 주장했다. 그럼으로써 스미르나인들이 퍼뜨렸던 이야기의 전편이 만들어진 셈이었다. 말하자면 호메로스는 스미르나에서 태어났을지도 모르지만, 이오스 섬 출신의 여성 없이는 그가 이 세상에 태어나지도 못했을 것이라는 주장이었다.

기만적인 확신

그러나 최종적으로 어떤 사실도 명확하게 확인되지 않았다. 그러자 당시의 호메로스 연구가들은 전체적인 합의하에 비밀에 싸인 호메로스의 신상정보에 대한 증거 찾기를 시작했다. 다음의 사항들은 이런 노력의 차원에서 어느 정도 동의를 얻은 내용들이다.

호메로스는 장님이었고, 가난했고, 사교적이며, 호전적이었다고 한다. 그러나 시력 상실과 관련해서는 선천적으로 앞을 볼 수 없었는지, 아니면 후천적으로 시력을 잃게 되었는지에 대해 다시금 의견이 분분했다. 그러나 최소한 이 부분에서만큼은 우리가 지나치게 예민

할 필요는 없을 것이다. 고대의 일반적인 사고에 따르면 장님이 되었다는 것은 일종의 영예였기 때문이다. 당시 사람들은 시력 상실을 신이 선사하는 '내면의 시각'을 위한 능력, 즉 특별한 지혜와 연관시켰다. 그러므로 뛰어난 서사시 《일리아스》와 《오디세이아》를 쓴 호메로스와 같은 사람은 틀림없이 앞을 보지 못했을 것이라고 여겼던 것이다. 결국 이런 이야기는 호메로스의 실제 생애와는 아무런 관련이 없는, 전통적인 사고방식이 만들어낸 것이라고 볼 수 있다.

그렇다면 호메로스가 처했던 빈곤의 문제는 어떠했을까? 호메로스의 재정상태는 매우 심각한 수준이어서 딸을 결혼시킬 때 지참금도 마련하지 못했을 정도라고 한다. 이런 소문이 당시의 호메로스 전문가들 사이에 퍼지자 즉시 이에 대한 변론들이 등장했다. 변론에 따르면 호메로스의 서사시에 화려한 향연에 대한 이야기가 자주 등장하는 것을 보면 그런 소문은 사실이 아니라고 했다. 왜냐하면 정말로 최소한의 생계를 유지하면서 겨우 살아가는 사람이라면 그렇게 상세하게 향연에 대한 묘사를 할 수는 없을 것이기 때문이다. 그 외에도 호메로스는 작품 속에서 오디세우스를 온 세계로 여행을 다니게 했다. 이것은 다시금 그 스스로 많은 곳을 여행했다는 것을 의미하며, 여행이란 어느 정도의 부유함을 전제로 하기 때문이다.

한편 사람들은 호메로스가 경쟁을 꺼리지 않는, 말하자면 호전적인 특성이 전혀 없었던 것은 아니라는 데 의견을 같이 했다. 언젠가 그는, 보이오티아 출신의 동료 시인으로 기원전 700년경에 활동하며 영향을 미쳤던 헤시오도스와 누가 더 훌륭한 문학가인지를 견주기 위해 시를 통한 경합을 벌였다. 그런데 전해지는 이야기에 따르면 이 경기의 승리자는 헤시오도스였다. 그 이유는 바로 헤시오도스의 작품은 호메로스의 작품처럼 그렇게 호전적이거나 전투적이지 않았기 때문이다. 헤시오도스는 호메로스와는 달리 귀족들의 전쟁에 얽힌 세계가 아니라 소박한 농부들의 삶을 다룬 시인이었다.

진정한 호메로스의 흔적을 찾아서

이제는 호메로스에 대한 고대의 신화, 전설, 우화 그리고 소문들을 이용해서 보다 광범위한 조사를 벌일 시점이 되었다. 사실 이런 모든 이야기는 당시 사람들도 정확한 내용을 알지 못했다는 사실을 증명하고 있다. 최소한 호메로스라는 이름의 시인이 존재했었다는 것을 의심하는 사람은 없었다. 이 문제는 때때로 현대 문헌학자들의

호메로스, 파리 루브르 박물관

논쟁 주제가 되기도 한다. 그러나 이런 사실 자체를 의심한다면 그 유명한 두 편의 서사시를 도대체 누가 썼단 말인가? 다행스럽게도 우리가 마음 놓고 신뢰할 수 있는 두 명의 고대 역사가들이 증인이 되어주고 있다. 즉 "역사 저술의 아버지"라고 불리는 헤로도토스와 지극히 비판적인 학자인 그의 동료 투키디데스는 호메로스라는 인물의 존재에 대해 결코 어떤 의심도 표현한 적이 없다. 헤로도토스는 심지어 호메로스가 자신보다 400년 전에, 그러니가 기원전 9세기에 살았던 사람이라는 구체적인 의견을 말하기도 했다.

헤로도토스가 기원전 9세기라는 시기를 언급함으로써 마침내 전설로부터 벗어나 진정한 호메로스의 정체를 알아내는 어려운 작업에서 중요한 흔적을 발견하게 되었다. 그리스인들이(미케네의 그리스인들이 사용했던 선상문자 B가 망각 속으로 사라진 후에) 문자를 접하기 시작한 때가 바로 기원전 9세기였다. 이들의 스승은, 오늘날의 시리아와 레바논의 해안에서 무역에 종사했고 돌아다니기를 좋아하는 페니키아인들이었다. 그리스인들은 페니키아의 문자 체계를 받아들여 여기에 그리스어의 모음 부분을 보강했으며, 이때부터 알파벳 방식의 문자를 사용할 수 있게 되었다. 그러므로 우리가 《일리아스》와 《오디세이아》를 글로 남긴 사람이 호메로스라고 믿는다면 그가 기원전 9세기 이전에 살았을 리는 없다는 이야기가 된다.

또한 호메로스가 트로이와 오디세우스 이야기를 창작한 사람은 아니라는 것도 분명하다. 이 소재들은 문자가 사용되기 전에 직업적인 음유시인들이 단지 입으로 읊어대곤 했던 아주 오래된 영웅 이야기이기 때문이다. 이렇게 본다면 호메로스는 전해지던 이야기를 최초로 글로 써서 기록한 사람으로서 저자라기보다는 편집자였던 것이다. 호메로스가 사용했던 그리스 문자는 이오니아의 사투리로 쓰여 있었다. 그러므로 실제로 그가 소아시아나 이오니아 섬 출신일 수도 있다는 말이다.

문헌학자들은 《일리아스》와 《오디세이아》에 사용된 문자의 형식으로 볼 때 기원전 8세기 후반에 쓰여졌을 것이라고 가정하고 있다. 그렇다면 이때를 유럽 문학의 탄생기라고 볼 수 있을 것이다. 결국 호메로스도 이 시기에 두 작품을 쓴 것이 틀림없다. 그런데 시인 호메로스에 대해 열정을 가진 학자들을 혼란스럽게 했던 점은 무엇이 었을까? 즉 호메로스가 《일리아스》에서 묘사한 시대는 자신이 살던 시대가 아니라는 사실이다. 그가 자신이 살던 시대보다 훨씬 오래전의 이야기를 소재로 다루고 있다는 점이 그런 사실을 증명한다. 그렇다면 그가 이 시를 쓴 시기는 더 나중이 될 수도 있다는 뜻이다.

그리고 한 가지 문제가 더 있다. 어쩌면 《일리아스》의 작가가 《오디세이아》의 작가와 동일하지 않을 수도 있다는 점이다. 그러나 이 문제 역시 대단히 민감한 사안이며 그 동안 대다수의 학자들이 단 한 사람의 작가를 전제로 하고 있다는 점에서 그대로 묻어두는 것이 좋을 듯하다.

트로이 전쟁에 대한 논쟁

그런데 트로이 전쟁의 역사적 배경에 대해서는 오늘날까지도 인류학자와 역사가들이 논쟁을 계속하고 있다. 호메로스의 《일리아스》를 사실이라고 굳게 믿은 대표적인 사람은 부유한 사업가 하인리히 슐리만이었다. 그는 터키 서부에 있는 히사를리크 언덕에서 유적지를 발견하고 그것이 호메로스가 말한 트로이의 프리아모스 왕이 거처했던 왕궁터의 잔해라고 믿었다. 그런데 후대의 인류학자들이 보다 더 분명한 사실을 알아내게 되었다. 그 사실에 따르면 유감스럽게도 슐리만의 보물은 소아시아를 향한 그리스의 군사 원정이 있기 훨씬 이전의 것들이었다. 즉 그가 발견한 유적지가 나올 가능성이 있는 시대는 오직 기원전 12세기밖에 없었다. 트로이 전쟁이 있기 훨씬 전이라는 말이다.

기원전 12세기경에 미케네인들은 반복적으로 약탈 원정을 강행했고 이런 약탈들이 쌓여서 훗날의, 말하자면 호메로스의 이야기대로 단 한 번의 대규모 전쟁으로 압축되었을 것으로 보인다. 이렇게 보면 《일리아스》는 비록 대부분의 인물이 — 아킬레우스부터 아가멤논과 프리아모스를 거쳐 헥토르까지 — 전설적인 이야기에서 나온 허구의 인물들이지만 구체적인 역사적 배경을 가지고 있는 셈이다.

호메로스는 단지 구전되기만 하던 이 소재를 처음으로 문서화했고, 그가 기록을 했던 시점에서 보면 그 이야기는 이미 400년도 더 전의 일이었다. 때문에 그가 이야기 속의 사건을 해석하면서 몇 가지 작은 실수를 저지른 것도 사실은 전혀 놀라운 일이 아니다. 예를 들어서 그는 미케네의 그리스인들이 마차를 전투용으로 이용했다는 것을 알지 못했다. 그래서 호메로스의 작품 속에서는 영웅들이 마차를 타고 전쟁터 안으로 달려들어간 것이 아니라 마치 택시처럼 바로 앞에서 내린 다음 걸어서 전진을 계속했던 것이다.

뱃사람들의 모험담

실제로 아킬레우스도 없고 헥토르도 없었다면 결과적으로 현실적인 인물로서의 오디세우스도 결코 존재한 적이 없었다는 말이 된다. 그러나 분명한 것은 오디세우스가 기원전 10세기 이후에 새로운 시장과 거주지를 찾기 위해 바다로 나갔던 용감무쌍한 그리스 선원들의 상징이었다는 점이다. 흔히 그렇듯이 이때 여러 가지 뱃사람들의 모험담이 만들어졌고 이런 이야기들이 《오디세이아》에 나오는 오디세우스의 방랑을 위한 소재가 되었다. 예를 들어 남부 이탈리아의 육지와 시칠리아 사이에 있는 메시나 해협에서 밀물과 썰물(지중해에서는 대단히 드문 일이다)이 일어난 일은 물을 토하거나 마신다는 괴물 스킬라와 카리브디스의 동화로 변형되었다.

호메로스의 업적

호메로스는 절대적으로 '고대 문화의 트렌드세터'라는 수식어가 어울리는 인물이다. 그가 인문학에 끼친 자극은 대단히 중요한 의미를 지닌다. 그는 문학자들이 지극히 객관적으로 "강약이 있는 6운각 속에서 시적으로 이야기를 하는 장르"라고 규정한 서사시를 쓴 사람이었다. 그리스의 학생이라면 《일리아스》와 《오디세이아》를 모르고서는 결코 제대로 배웠다고 말할 수 없을 정도가 되었다. 고대의 예술가들은 그 대상이 꽃병이든, 모자이크나 벽화든 이 두 편의 서사시로부터 넘쳐날 정도로 많은 모티브들을 만들어냈다.

로마인들은 후에 호메로스에 대한 그리스인의 열광을 그대로 받아들였는데, 이것은 호메로스에 대한 대단한 평가라고 볼 수 있다. 트로이에 대한 이 전설은 지극히 규범적으로 인식되어 로마인들은 자신들의 역사와 그 출발점을 이 이야기와 연결시키려 노력했으며 이 노력은 결국 성공을 거두었다. 로마인들의 이야기에 따르면(로마의 시인 베르길리우스가 《아이네이스》라는 작품에서 이런 내용을 소재로 다룬 것처럼) 트로이의 아이네이아스는 그의 아버지 안키세스와 함께 불타고 있는 자신의 고향으로부터 도망을 쳤다. 아버지는 곧 그의 곁을 떠나갔지만 아이네이아스는 여기에 개의치 않았고 오디세우스처럼 지중해를 떠돌아다니다 마침내 이탈리아에 도착하게 되었다. 이때 그의 후손

들이 로물루스와 레무스 형제의 형상으로 나타나서 아이네이아스에
게 로마를 건설하라는 중요한 임무를 부여했다고 한다. 이렇게 보면
호메로스는 원래 생각했던 것보다 훨씬 더 많은 일을 해낸 것 같다.

기원전 7세기 초반.
크레타 출신의 작곡가이자 음악가.
음악이 동반되는 새로운 형태의 신체 동작을 도입했다.

흔히 정치가들은 경솔한 말 때문에 곤경에 처한 경우, 피해를 최소화하기 위해 나름대로 특정한 전략을 사용하게 된다. 그들은 자신의 말이 대중에게 전달되는 과정에서 앞뒤의 문맥이 생략되어 오해의 소지가 생겼으며 내용적으로도 잘못 인용되었다고 강력하게 주장해야 한다. 그렇게 해야만 일이 해명되고 사람들이 상황을 이해하게 된다. 아마 키케로도 이러한 중요한 사실을 항상 염두에 두어야 했을 것이다. 그러나 키케로는 기원전 63년에 자신의 연설문에서 한 문장이 좀더 일찍 삭제되어야 했다는 것을 전혀 의식하지도 못했다. 더구나 키케로는 불행하게도 자기 스스로 그 연설을 기록하게 하여 후대에까지 남겨지도록 조치를 취했다. 그 덕분에 이 연설은 오늘날까지 누구나 읽을 수 있게 되었고 그 안에는 적지 않은 혼란을 일으키는 문제의 이 문장이 남게 되었다. "그 누구도 멀쩡한 상태에서 춤을 추지는 않는다. 만약 그런 사람이 있다면 그는 미친 사람일 뿐이다."

술에 취했거나 미쳤거나

앞뒤의 문맥과 동떨어져 전달되었기 때문이다! 잘못 인용되었다! 키케로는 그런 어떤 종류의 변명도 하지 않았다. 오히려 그 반대이다. 우리가 소위 그 '문맥'이라는 것을 자세히 들여다보면 상황은 훨씬 더 나빠진다. 문제가 되는 연설에서 키케로는 콘술(consul, 로마 공화정 시대의 최고 관직 - 옮긴이)의 위엄을 이용하여 자신의 친구 무레나를 변호했다. 무레나는 투표에서 유권자를 매수한 일 때문에 비난을 받고 있었다. 그런데 한 반대자가 무레나를 '춤추는 사람' 같다고 표현했다. 이에 대해 키케로는 대단히 화를 내면서 그런 표현은 매우 수치스럽다고 말했다. 그리고는 음악의 리듬 속에 몸을 맡기는 사람들의 정신상태를 앞에서 인용한 문장으로 정확하게 묘사했던 것이다. 그는 계속해서 말하기를 흔히 아침부터 시작되는 연회에 무희들이 등장하고 이들이 춤을 보여주는 것 외에 또다른 역할(음란한)을 담당했을 것이라는 점은 이미 알려져 있는 사실이라고 했다. 결국 키케로의 변론은 조금은 독특한 논리로 무레나가 '춤추는 사람'으로 비하되어서는 안된다는 주장으로 마무리되었다.

이렇게 보면 변명의 여지가 없다. 우리는 유감스럽고 슬프지만 로마의 가장 중요한 인물 중 한 사람이 리듬에 따른 신체 동작, 즉 춤에 대해 반감을 가졌던 사람임을 인정해야만 한다. 진정한 의미에서 춤을 좋아하고 지지하는 사람이라면 당연히 모욕감을 느낄 것이다. 그러나 춤에 대한 그의 비난은 확실했다. 춤을 추는 사람은 술에 취했거나 혹은 미쳤다는 것이다. 어쩌면 키케로는 진정한 춤에 대해서 말한 것이 아니라 당시에 평이 나빴던 코르닥스(Kordax, 그리스의 선정적인 가면무용 - 옮긴이)를 생각했던 것일지도 모른다. 그렇다면 우리는 그의 발언을 이해할 수 있다. 왜냐하면 코르닥스는 믿을 만한 사전의 정의에 따르면 "소위 술에 취한 사람들이 추던 방종하고 무례한 춤"이었기 때문이다. 그러나 그리스인들은 상당히 파격적으로 보이는 이 춤을 오로지 개인의 집에서만 추었던 것이 분명하다. 이 춤은 희극 공연의 레퍼토리 가운데 하나였는데, 공연은 집에서 공적이거나 개인적으로 여는 연회에서 펼쳐졌다고 한다.

프롤레타리아적이고 음란한

여기서 우리는 불공평해서도 안되고 인정할 것은 인정해야만 한다. 정치가이면서 철학자였던 키케로의 춤에 대한 생각은 로마 사회에서 결코 그 혼자만의 의견이 아니었다. 어떤 경우에든 귀족 세계는 공식적으로 춤에 대해 적대적인 경향을 보였다. 부유층과 지식층, 그리고 귀족들처럼 행동하면 진지한 대우를 받을 것으로 믿었던 시민 계층은 실제로 무용가들의 비도덕적인 행동을 들추기 위해 모든 기회를 이용했다. 기존의 풍속과 도덕을 중시했던 이런 사람들의 의견에 따르면 음악이 나오자마자 몸을 부자연스럽게 구부리고 움직이는 동작은 엄격한 로마의 규율에 적합하지 않았다.

거기다가 춤은 프롤레타리아적이라는 오명도 지니고 있었다. 왜냐하면 귀족들과는 반대로 '소박한 사람'들은 자유롭고 조금은 방종한 오락을 통해 즐거움을 찾았고, 당연히 춤도 그런 즐거움에 속했기 때문이다. 어떤 술집에서는 사람들이 전문적인 무용가의 공연을 즐기기도 했다. 그런데 우리가 객관적으로 생각해 볼 때에 대체 춤의 어떤 면이 음란하다는 것인지 의문이 생긴다. 왜냐하면 당시에는 춤이라면 오로지 한 사람만의 춤을 뜻했고, 남성이 여성에게 춤을 청하는 일 같은 것은 전혀 생각하지 않았기 때문이다.

그러나 사회적으로 공식적이고 지배적인 견해를 만드는 일은 상위계층의 몫이다. 그리고 이들 사이에서 '춤추는 사람'이라는 말은 특히나 정치적

아쿠이니쿰(오늘날의 부다페스트)의 춤추는 여인, 양각

인 논쟁에서는 일종의 모욕적인 표현으로 애용되었다. 예를 들면 역사가 살루스티우스는 혁명가 카틸리나(고대 로마 공화정 말기의 정치가로 검찰관, 치안관, 아프리카 총독을 지냈으나 여러 번 콘술에 낙선되자 대음모를 꾸미다 발각, 처형되었다 - 옮긴이)의 한 여성 동조자에 대해 풍자적인 의미로 이렇게 말했다. "그녀는 그리스와 라틴 문학에 조예가 깊었고 음악을 연주할 수 있었으며 여성으로서 필요한 것 이상으로 훨씬 더 우아하게 춤을 출 수 있었다."

한편 기원전 60년에 콘술이 되었던 아프라니우스에 대해서 그의

반대자들이 퍼뜨렸던 소문은 그가 정치보다는 춤에 더 일가견이 있다는 것이었다. 그리고 특이한 인물로 알려졌던 칼리굴라 황제의 경우, 그에 관해 전해지는 많은 충격적인 이야기 중에서도 그가 춤을 추었다는 것이 슬프게도 가장 경악스러운 일로 여겨졌다.

춤을 사랑한 황제

전기작가 수에토니우스는 칼리굴라 황제가 춤 때문에 받았던 비난을 다음과 같이 요약하였다. "그는 노래와 춤을 지나치게 즐겼다. 그래서 공개적인 연극 공연에서 관객들은 비극 장면이 무대 위에서 진행되는 동안 그의 목소리를 함께 들어야 했다. 그가 배우를 칭찬하거나 고쳐주고 싶을 때는 관객 앞에 나서서 배우의 제스처를 따라 하기까지 했다." 물론 당시의 로마인들은 훗날에 네로라는 인물이 나타날 것이며, 무대에 대한 그의 열정이 연극에 대한 칼리굴라의 열정쯤은 완전히 그늘에 가려지게 할 정도가 될 것임을 전혀 모르고 있었다.

수에토니우스는 계속해서 설명했다. "칼리굴라 황제는 심지어 밤에도 가끔 춤을 추었다. 한번은 늦은 밤에 세 명의 전직 콘술들을 궁전으로 불렀다. 그들은 대단히 두려워했고 최악의 상황을 걱정하고 있었다. 그러나 칼리굴라는 그들을 나무 발판 위에 앉힌 다음 갑자기 피리의 커다란 굉음 속에서 코트와 발목까지 내려오는 튜니카(머리부터 입는 고대 로마의 헐렁한 옷 - 옮긴이)를 입고 뛰어나와서 음악에 맞춰 춤을 추었다."

황제답지 않게 춤에 애착을 가졌던 그는 전문적인 예술가인 팬터마임 연기자들에게도 대단한 호의를 가지고 있었다. 물론 이들의 프로그램에도 춤의 요소들이 포함되어 있었다. 칼리굴라 황제는 너무 마음에 든 나머지 공연 도중에 그들에게 키스를 하기도 했다. 그렇지만 수에토니우스가 여러 번 말하고 있는 것처럼 황제가 참석한 공연의 경우에는 관객들이 특히 조심해야 했다. "팬터마임 연기자들이 춤을 추는 동안에 누군가 아주 작은 소음이라도 내면 황제는 자리에서 벌떡 일어나 직접 범인을 찾아내 벌을 내렸기 때문이다."

춤 경연대회의 트로피

유감스럽게도 우리가 여기서 내려야 할 결론은 이렇다. 로마인들은 춤의 역사에서 그 어떤 중요한 역할도 하지 못했다는 것이다. 오늘날의 춤 애호가들이 역사 속의 동지들을 찾는 작업에서 다행히도 긍정적인 결과를 보여준 사람들은 그리스인이었다. 그리스에서는 일반적으로 춤을 즐겼고 춤에 대해 거부감을 가진 사람이 매우 드물었다. 그 이유는 그리스인들이 기본적으로 삶을 즐겼고 성격적으로 쾌활했기 때문이다. 춤은 그들에게 처음부터 종교적이고 예술적으로 중요한 의미를 지녔다.

그리스인들은 단순한 놀이나 쾌락을 위해서가 아니라(어쨌든 우선적으로는 단순히 즐기기 위해서라기보다는) 문화적인 행사의 차원에서 혹은 수준 있는 연극 공연에서 춤을 추었다. 그런 경향이 '춤'에 진지함, 품위, 그리고 권위를 부여하게 되었다. 물론 사람들이 모인 자리에서 춤으로 흥을 돋우는 것도 금지되어 있지 않았다. 여기에 대해서는 이미 호메로스의 작품에서 최초의 증거들을 찾을 수 있다. 그리스인들은 모든 것을 경기로 만드는 것을 즐겼기 때문에 춤 경연대회도 열었

다. 로마의 경우에는 훨씬 더 나중에야 가능한 일이었지만 그리스에
서는 남녀가 함께 추는 춤도 일반적이었다. 경연대회에서 참가자들
은 한 명씩 등장해 실력을 겨루었다. 이런 경연대회와 관련해서 그리
스의 춤 역사와 더 나아가 유럽의 춤 역사를 위해 대단히 의미 있는
기록이 남아 있다. 아마도 기원전 7세기의 것으로 추정되는 한 꽃병
에 다음과 같은 글귀가 쓰여 있었다. "모든 무용가 중에서 가장 춤을
잘 춘 사람이 나를 얻을 것이다." 이 꽃병은 경연대회의 우승자를 위
한 상품으로서 한 무명의, 그러나 분명히 뛰어난 재능을 지녔을 그리
스 무용가의 트로피 진열장을 장식했다고 한다.

문화의 중심지, 스파르타

스파르타인들이 문화적으로 그리스에 큰 자극을 주었다는 명성이
무조건적으로 인정되었던 것은 아니다. 오히려 그들은 예술에 대해
적대적인 호전적 민족의 전형으로 여겨졌고, 라콘적인(그들이 살았던
라코니아라는 지명으로부터 라콘적인 사람이라는 말이 나왔고 흔히 과묵한 사람을
일컫는 말이다) 사람들이며, 스파르타적인(대단히 소박하다는 의미) 생활방
식을 가진 사람들로만 알려져 있었다. 흔히 스파르타의 젊은이들은
싸우는 법을 배워야 했고 예술 분야처럼 나약한 활동은 하지 않았다
고 전해진다.

그러나 이런 이야기는 사실과 다를뿐더러 공정하지 못한 판단이
다. 스파르타의 경우를 보면 우리는 모든 편견을 결코 다 믿어서는
안된다는 것을 깨닫게 된다. 왜냐하면 최소한 그리스 초기에는 스파
르타가 그리스 세계에서 문화적으로 중요한 도시들의 선두에 있었기

때문이다. 오히려 훨씬 더 뒤에야 비로소 예술의 중심지가 되었던 아테네보다도 문화적으로 앞서 있었다. 그러나 스파르타의 주도적인 정치가들이, 드러내지는 않았지만 춤을 신체단련의 방법으로 생각했다는 의심에 대해서는 완전히 부정할 수가 없다.

어쨌든 기원전 7세기 이후로 예술가들은 그리스 곳곳으로부터 스파르타로 모여들었다. 지위와 명성을 지닌 거의 모든 사람이 이곳에 있었고, 탈레타스도 마찬가지였다. 그러나 탈레타스라는 이름이 오늘날에는 더 이상 사람들에게 익숙하지 않다는 사실을 우리는 인정하지 않을 수 없다. 더 분명하게 말하자면 고대시대에 '춤의 개척자'였던 그의 존재는 거의 완전히 잊혀졌다. 그러나 탈레타스는 문화의 트렌드세터로서 세상 사람들에게 다시 소개되어야 한다. 왜냐하면 그는 당시에, 그러니까 거의 2,700년 전에 스파르타에서, '춤'을 처음으로 만들지는 않았지만 춤과 관련된 대단히 새로운 길을 제시한 사람이기 때문이다.

크레타 섬 젊은이들의 윤무

안타깝게도 우리는 탈레타스가 크레타 섬 출신이라는 점 외에는 개인적인 면에 대해 거의 아는 것이 없다. 그러나 이 출생지가 바로 일종의 품질보증 직인과 같은 역할을 한다. 전설적인 왕 미노스의 고향인 그곳에서 기원전 2세기에 이미 최초로 유럽의 고도문화가 발달했다. 그리고 크레타는 춤의 요람이기도 했던 것으로 보인다. 어쨌든 윤무가 행해졌던 사실은 증명되었는데, 고대 사람들은 혼자만이 아니라 그룹을 지어서 춤을 추기도 했다는 뜻이다. 호메로스는 초기 크레타의 윤무에 대해 다음과 같이 구체적으로 묘사했다.

> 그곳에 있던 꽃다운 젊은이들과 아름다운 아가씨들이
> 서로 손을 잡고 윤무를 추었다.
> 마치 기름의 부드러운 광채처럼 밝게,
> 아름다운 의상이 젊은이들을 휘감았고
> 소녀들은 부드러운 아마포를 둘렀다.
> 춤추는 모든 여자들은 예쁜 화환으로 치장했고,
> 춤추는 모는 남자들은 은으로 된 벨트에 황금 단도를 매달고 있었다.
> 그들은 곧 적당한 걸음으로 무리를 지어서
> 가볍게 돌고, 마치 도공들이 앉아서 조심스러운 손길로
> 고정된 원반을 돌리듯이, 그들도 마치 달리는 듯했다.
> 그런 다음 금방 그들은 다시 질서를 지키며
> 마주보면서 높이 껑충껑충 뛰었다.

윤무가 크레타에서 유래되었다는 사실은 유명한 테세우스 전설과도 연관되어 기록되어 있다. 이 전설에 따르면 아테네 왕의 아들인 테세우스는 친절한 아리아드네의 도움으로 크노소스 궁전의 미로에 있는 괴물 미노타우로스를 처치한 후에 키클라데스 제도의 델로스 섬에 도착했다. 황제시대의 전기작가인 플루타르코스가 쓰기를 "그런 다음 테세우스는 젊은이들과 함께 윤무를 추었는데, 전해지는 바에 따르면 그 윤무는 지금도 행해지고 있으며 미로의 꼬불꼬불한 통로와 모퉁이들을 모방한 것으로 일정한 리듬 속에서 모든 것이 짜맞추어져 이루어졌다"고 했다. 이 춤은 상당히 그로테스크한 동작이었

음이 분명하다. 그런데 이때 크노소스의 미로가 중심적인 역할을 했다는 것은 문화적으로도 매우 중요하며 배경적인 측면에서 수긍이 가는 일이기도 하다.

아기 제우스를 위한 춤

현대의 학자들은 춤이 크레타에서 유래했다는 사실을 신화적인 측면에서도 증명할 수 있다. 고대 사람들은 제우스 신이 태어난 곳이 바로 크레타였다고 확신했다. 그의 아버지 크로노스는 부모로서의 의무를 명백하게 거부하고 자신의 모든 아들을 집어삼키려는 기이한 시도를 했다. 왜냐하면 언젠가 아들 중 한 명에 의해 신의 왕이라는 자리에서 물러나게 될 것이라는 예언을 들었기 때문이다. 그는 가족 안에서 일어날 경쟁을 미연에 방지하고 싶었다. 그런데 신들의 어머니인 레아가 아들 제우스를 동굴 속에서 세상 밖으로 데리고 나왔을 때(오늘날의 관광객들에게 라시티 고원 위의 종유석동굴이 이 특별한 사건의 장소로 소개된다) 문제가 생겼다. 어린아이들은 때때로 소리를 지르거나 울기도 하는데 아버지인 크로노스가 이 소리를 듣고 새로 태어난 아들을 찾아올 것이 걱정되었기 때문이다.

다행히도 레아에게 좋은 생각이 떠올랐다. 해를 끼치지 않는 악마들인 쿠레테스(그리스 신화에 나오는 반신반인의 존재들로 어린 제우스를 보호했다 - 옮긴이)가 창으로 방패를 두들겨서 아이가 소리를 지를 때마다 동굴에서 같이 커다란 소리를 내는 방법이었다. 그들은 아이가 울 때마다 큰소리를 내고 춤동작도 곁들였다. 계획은 성공했고 그 덕분에 크로노스는 새로 태어난 아이의 소리를 전혀 듣지 못했다. 이제 제우스의 앞날에 방해가 되는 것은 더 이상 아무것도 없었다. 이러한 특별한 일을 기억하기 위해 크레타인들은 정기적으로 쿠레테스의 무기 춤을 추는 행사를 열었다.

스파르타로 전해진 춤

출생지와 관련된 이런 유전적인 배경과 더불어 크레타의 무용 교사 탈레타스의 성공은 이미 그 윤곽이 그려져 있었다. 그리고 실제로 기원전 7세기에 그는 그리스의 음악과 무용 분야를 지속적으로 활성화시키는 업적을 이룩했다. 또한 작곡가로서도 재능을 발휘하여 합창용 노래를 만들기도 했다. 이 노래는 남성들의 합창곡으로 부탁, 감사, 그리고 화해의 노래였으며 분노한 신들을 진정시키는 의미를 담고 있었다. 확인되지 않은, 그러나 부정되지도 않는 소문에 따르면 탈레타스가 이런 노래들 중 하나를 이용해서 그리스로부터 전염병을 몰아냈다고 한다.

그러나 무엇보다도 중요한 사실은 그가 춤이라는 분야를 발전시키는 데 결정적인 역할을 했다는 점이다. 그는 크레타의 리듬이 그리스의 내륙에서도 익숙하게 여겨지도록 만들었다. 스파르타인들은 이제 탈레타스의 피리에 맞춰 흥겹게 춤을 추게 되었다. 그는 스파르타에 짐노페디아(Gymnopaedia), 즉 일종의 축제라고 할 수 있는 의식무도회를 도입했다. 이 명칭은 참가자들이 옷을 별로 입지 않았다는(gymnos 는 '벌거벗은'의 뜻) 것을 의미했다. 사람들은 이 축제에서 아폴론 신을 기리기 위해 전형적인 크레타의 윤무를 추었다.

광란의 무녀들

크레타와 스파르타의 윤무는 분명히 미로를 모방한 동작들이었음에도 불구하고 주신인 디오니소스를 모시는 무녀들의 춤과 비교하면 대단히 얌전한 편이었다. 이 무녀들은 끊임없이 오르기어(난음과 난무의 방종한 연회를 말함 - 옮긴이) 풍의 탐닉적인 경향을 보였던 디오니소스 신의 신비스러운 수행원들이었다. 디오니소스 신의 축제에서는 열광적이고 망아적인 춤이 고정된 레퍼토리에 속했다. 문화적인 측면에서는 이런 춤도 도덕적으로 허용되었던 것이다. 왜냐하면 이 축제의 중심 테마는 절정의 단계에 도달하는 것이었고, 진정한 의미에서 신에게로 가는 길을 찾는 것이었다. 그러기 위해서는 황홀과 열광이 필요했는데, 이 말은 참가자들이 제정신이 아니어야 한다는 뜻이기도 했다. 무녀들의 거친 춤은 이런 목적에 정확하게 부합되었다. 고대의 기록에 따르면 이런 춤은 대단히 큰 운동효과가 있었다고 한다. 왜냐하면 무녀들은 머리를 풀어헤치고 어린 사슴의 가죽을 뒤집어쓰고 제물을 바치고 횃불 앞에서 춤을 추었으며, 완전히 지쳐 쓰러져서 절정의 상태에 도달할 때까지 춤을 추었기 때문이다.

플라톤의 동의

그렇다면 그리스의 철학자 플라톤도 춤을 추었을까? 알려진 바는 없다. 그리고 그럴 가능성은 거의 없다. 왜냐하면 그는 언제나 많은 것들을 생각해야만 했을 것이고 당연히 시간이 없었을 테니까 말이다. 물론 춤에 대해서도 그는 여러 가지 생각을 했다. 그는 춤의 아름다운 유래와 그것의 교육적인 기능에 대해 언급했다. 그의 이야기에

따르면 춤을 추면 신체가 완벽해진다고 했다. 그러나 우리가 그리스
인들을 춤의 민족으로 인정하는 데 위대한 플라톤의 동의까지 필요
하지는 않다. 그리스인들은 끊임없이 춤을 추었다. 지식층의 축복이
있었다는 것이 보다 큰 도움이 되었다. 반면에 로마에서는 그런 증후
가 전혀 보이지 않았다.

서정시
사포

기원전 7-6세기.
레스보스 섬 출신의 여성 시인. 연애시라는 장르를 만들었고
오늘날까지 동성애적인 사랑의 개척자로 오해받고 있다.

유럽 서정시의 역사에서 매우 초기였던 시기에 한 특별한 여성이 있었다. '사포(Sappho)'라는 이름이 우리에게 조금은 낯설고 어렵게 들릴지도 모르지만 원래는 그녀의 고향인 에올리아 사투리로 표현되어 훨씬 더 복잡했던 이름이 그나마 간단해진 것이다. 원래의 이름대로 하자면 우리는 그녀를 정확하게 'Psappho'라고 불러야 하지만 발음하기가 너무 어려워서 다행히도 'Sappho'라는 이름으로 정착되었다. 소아시아의 북서 해안에 있는 그리스의 매력적이고 풍요로운 곳 레스보스 섬이 그녀의 고향이다. 그래서 사모스 섬 사람들을 '사미쉬'라 부르고, 로도스 섬 출신 사람을 '로디쉬'라 부르는 것처럼 단지 지리적인 의미에서 자연적이고 필연적으로 레스보스(Lesbos) 섬 출신의 그녀는 '레스비쉬(lesbisch)'라고 불렸다. 그런데 레스보스 섬 출신

인 사포가 역사적으로 주도적 역할을 한 여성 동성애자로 여겨지게
되었고 그녀의 출생지 명칭으로부터 여성 동성애자를 뜻하는 '레즈
비언'이란 말이 생겨나게 되었다.

젊은 엘리트 여성들

그러나 이런 일반적인 인식은 사실과 다르다. 만약 사람들이 그녀
에게 이런 평가에 대해 되묻는다면 사포는 실제로 대단히 정성을 기
울였던 젊은 여성들과의 사교를 전혀 다르게 설명했을 것이고 이에
대한 타당한 동기도 있었다. 그녀는 레즈비언, 즉 '여성들끼리의 사
랑'의 전도사는 결코 아니었다. 그녀가 진정으로 원했던 것은 전혀
다른 것이었지만 당시의 사회적인 상황에서 보면 그녀의 활동 속에
위험한 요소가 없었던 것은 아니다. 사포의 주위에는 품위 있고 젊은
엘리트 여성들이 모여서 그룹을 형성하게 되었고 이로 인해 기존의
남성 그룹들과 분명한 대결양상을 띠게 되었다. 흔히 남성 그룹은 여
성을 제외시킨 모임에서 논쟁과 음주를 즐겼는데 물론 여성들과는
달리 동성애적인 경향을 의심받는 일은 전혀 없었다.

그리고 사포에게는 또다른, 오히려 지극히 보수적인 관심사가 있
었다. 그것은 바로 그녀를 따르는 여성들로 하여금 귀족 남편 옆에서
보내게 될 훗날의 삶을 위해 여러 측면에서 준비가 되어 있도록 만드
는 일이었다. 사포는 이런 노력 속에서 지극히 부수적으로 서정시의
개척자가 되었고, 그녀가 이런 명성을 성실하고 당당하게 얻었다는
사실에 대해서는 누구도 이의를 제기할 수 없을 것이다.

레스보스 섬에서 온 여성

사포는 매우 특이하면서도 상당히 신비로운 인물로 알려져 있다. 그 이유는 사포라는 인물 자체에 있기보다는, 그녀가 생전에도 그러했지만 무엇보다도 사후에 그녀의 많은 반대자들(대부분이 남성들)과 적지 않은 그녀의 옹호자들(결코 여성들만이 아니었는데)의 집중적인 관심 대상이었다는 데 있다. 그 때문에 사포에 대한 진실, 반 진실, 그리고 지극히 의도적인 왜곡, 이 세 가지로부터 하나의 독특한 이미지가 만들어졌던 것이다. 그러나 위험을 각오하는 현대의 역사가들과 인문학자들에게는 관련 문헌의 부실함이 절망이나 단념의 이유가 되지는 않는다. 그들은 오히려 이런 상황을 진정한 도전으로 여기고 위대한 서정시인 사포의 실제 삶에 대한 흔적을 찾는 임무에 꾸준히 매진하고 있다.

그녀가 레스보스 섬 출신이라는 점에는 이견이 없다. 그러나 바로 그 다음에 문제가 시작된다. 그녀는 언제 태어났을까? 그리고 정확하게 레스보스 섬의 어디에서 태어났을까? 분명히 그녀의 출생 날짜는 기원전 7세기 이전이었을 것이고 그리스 역사에서는 사람들이 흔히 아르카이크('고풍古風'이라는 뜻을 나타내는 말로, 흔히 기원전 7세기부터 5세기 초를 가리킨다 - 옮긴이)라는 수식어를 붙였던 시기에 속해 있을 것이다. 그렇다면 사포가 생존했던 당시에는 정치와 문화의 전성기로 여겨지는 기원전 5세기의 고전시대는 아직 오지 않았다는 사실을 알 수 있다. 그렇지만 아르카이크 시대 사람들은 오늘날의 고대 연구자들이 과도기이며 발전의 정체기로 표현하는 역사적 시대에 살았다는 것에 대해 별로 고통을 당하지 않았던 것으로 보인다. 왜냐하면 그 시대 사람들은 그리스인에게 최고의 전성기가 될 시대가 아직 오지 않았다는 것을 몰랐기 때문이다. 그들은 자신들의 현재에 지극히 만족했던 것이다.

매력적인 레스보스 섬 여인들

조금 더 상세히 설명하자면 사포는 기원전 630년경에 레스보스 섬에서, 섬의 수도인 미틸레네(오늘날의 미틸리니) 혹은 레스보스의 서해에 있는 에레소스에서 태어났다. 그녀의 가족은 궁핍하게 살지 않았다. 오히려 그 반대였다. 사포는 레스보스 섬에서 대단히 부유한 귀족 가문 출신이라는 사회적으로 큰 장점을 지니고 있었다. 이런 유리한 전제조건이 없었다면 그녀는 결코 특권을 가진 사회적 지위 때문에 가능했을 그런 삶을 계획하지 못했을 것이다.

그녀의 시에는 두 명의 남자 형제에 대한 이야기가 등장한다. 그런데 한 명은 가문의 자랑이고 다른 한 명은 검은 양과 같은 존재라는 가정상황은 의외로 고전시대적인(그리고 아르카이크 양식은 전혀 아닌) 특징이라고 할 수 있다. 자랑스러운 형제는 미틸레네의 시청에서 포도주를 따르는(당시에는 이것도 귀족에게 일종의 영예였다) 막중한 임무를 맡게 되었다. 반면에 검은 양이었던 다른 형제는 이집트에서 한 매춘부와 시끄러운 사건을 일으켰다고 한다.

그녀는 성장하면서 훌륭한 가문의 여성으로서 전통적인 요구 사항들을 충족시켜 나갔다. 결혼해서 아이도 낳았으며, 키클라데스 섬의 안드로스 출신인 남편은 부자였다. 딸의 이름은 클라이스였고 이 딸을 자랑스러워했던 사포가 강조했듯이 클라이스는 대단한 미모를 지넀다. 사실 딸의 뛰어난 미모는 놀라운 일이 아니었다. 서사시인 호메로스도 레스보스 섬 여성들의 매력을 칭송한 적이 있다.

또한 이 섬에서는 정기적인 미인대회, 즉 칼리스테이아가 열렸다. 사포가 그런 대회에 참가했었는지에 대해서는 알려져 있지 않다. 그러나 그녀가 자신에 대해 직접 표현했던 것처럼 미인대회에서 우승할 가능성은 별로 없었을 것이다. 그녀는 스스로를 "작고, 피부색이 어둡고 볼품없다"고 표현했기 때문이다. 물론 신체적인 외형에 대한 그녀의 자기비하적인 말은 단지 일종의 교태였을지도 모른다. 그래서 이런 표현은 반대자들에게 사포의 약점으로 악용되기도 했다. 사포를 반대하는 사람들은 그녀가 사회적으로 여러 규범에 저촉된다고 생각했다. 그들은 늘 싸움을 걸었는데 그런 싸움이 언제나 정당했던 것은 아니다.

그러나 사포가 방어해야 했던 것은 단지 개인적인 음모만이 아니었다. 아르카이크 시대에는 원래 평온한 섬이었던 레스보스가 정치적이고 사회적인 동요를 겪게 되었다. 귀족 그룹들이 격렬한 권력 싸움을 벌였던 것이다. 사포의 가족은 어쩌다 보니 이런 싸움에 휘말리게 되었다. 그리고 아마도 패배한 편을 옹호했기 때문인지 사포와 그녀의 가족들은 몇 년 동안 고향을 떠나게 되었다. 강요된 이 유배의 시기를 그녀는 시칠리아에서 보냈다. 시칠리아에서의 체류 기간이 그녀가 고향 밖에서 지낸 유일한 시기였던 것으로 보인다.

시와 음악의 만남

이런 어려움이 있기는 했지만 사포는 작품을 위한 충분한 시간과 여유가 있었고 서정시 분야에서 가장 중요한 인물로 인정받게 되었다. 그녀가 이 장르를 새로이 만든 것은 아니었다. 그녀의 공헌은, 대단히 참신하고 인기 있는 시낭송 형식을 만들었다는 점이다. 예술가들은 이런 시를 발표하면서 동반되는 음악 악기로 '리라(Lyra)'를 사용했는데, 그래서 이런 형식을 리릭(Lyrik, 서정시)이라고 부르게 되었다. 이런 측면에서 시로부터 음악으로의 전이가 자연스럽게 이루어졌다.

한편 고대의 현악기인 리라는 사포가 태어나기 몇 년 전에야 비로소 노래를 부르는 시인들의 액세서리로 인기를 누리게 되었다. 여기에 큰 공헌을 한 사람은 오늘날 전문가들 사이에서만 알려져 있는 음악가 테르판드로스였다. 물론 그는 자신의 시대에는 진정한 대가로 인정받았던 사람이다. 예를 들어서 음계가 7도음에서 옥타브까지로 확장된 것도 그의 업적이었다. 악기 제작 면에서는 그가 당시까지 네 줄로만 되어 있던 리라를 일곱 줄이 있는 발현악기로 발전시킴으로써 중요한 역할을 했다.

한편 오래전부터 전해지는 이야기에 따르면 테르판드로스가 '레스비쉬'라고 하는데 이것은 오로지 지리학적인 의미에서 그가 레스보스 섬 출신이라는 의미였다. 그러나 실제로는 이런 이야기도, 얼마 지나지 않아서 서정시의 세계를 완전히 정복함으로써 테르판드로스라는 인물을 뒤편으로 밀려나게 만들었던 위대한 사포에 대한 존경에서 나온 것으로 보인다. 사포의 활약을 경험했던 사람들은 서정시인이나 음악가가 레스보스 섬 외의 다른 출생지를 가지고 있다고는 전혀 상상할 수 없었던 것이다. 이때는 레스보스라는 지명이 곧 훌륭한 시문학을 뜻했다. 테르판드로스의 실제 고향은 키메였던 것으로 알려져 있다.

최고 시인의 목록

그런데 안타깝게도 사포가 어떻게 서정시 쓰는 법을 배우게 되었는지는 어디에도 설명되어 있지 않다. 그녀는 문학적인 무대 공연에서 완벽한 소질을 갖춘 시인으로 등장했다. 그녀는 선천적인 재능을 지녔던 것일까? 우선 우리는 그녀의 가정처럼 품위 있는 가문에서는 시를 짓고 낭독하는 일이 성장한 딸들을 위한 교육의 일부였으리라고 전제해도 좋을 것이다. 물론 당시의 모든 귀족 여성이 자신들의 예술적 재능을 대중에게 공개했던 것은 아니었다. 오히려 그 반대였다. 고대시대 전체에 걸쳐서, 그리고 '고전주의적' 시대라고 불리는 전성기에도 그런 여성들은 절대적으로 예외적인 경우에 속했다. 사포는 공개적인 발표 활동을 하면서 그 대가로 많은 적대적 반응과 중상모략을 견뎌야 했다. 그녀의 이름이 고대시대에 시 부문의 주요 인물 목록에서 최고의 자리를 차지했다는 것은 믿을 만한 기록을 통해 증명되고 있다.

사포는 기원전 3세기에, 그러니까 그녀가 활동하던 시대보다 아주 한참 뒤에 예술적으로 최고의 영예를 얻었다. 이때 알렉산드르 대왕에 의해 건설되었고 헬레니즘 문화의 중심지였던 알렉산드리아에서 가장 훌륭한 아홉 명의 시인 목록이 작성되었다. 바로 이 최고 시인들 목록에 여덟 명의 남성과 함께 사포의 이름이 들어 있었던 것이다. 결국 그녀가 활동했던 때는 아르카이크 시대였지만 최종적으로는 고전시대의 인물이 된 셈이다. 알렉산드리아에서는 이 목록에 포함된 기념으로 여덟 권으로 된 그들의 작품 모음집을 출간했다. 모든 시대를 걸쳐 최고의 서정시인으로 선정된 사람들 중에 한 여성이 있었던 것이다! 이런 사실은 지리학자이며 역사가인 스트라본을 감탄시켰고 그는 기원전 1세기에 사포를 "놀라운 존재"라고 칭했으며 그 이유를 다음과 같이 덧붙였다. "내가 아는 바로는 시를 쓰는 일에서 그녀와 겨룰 수 있는 여성은 한 명도 없었다."

거친 남성 동료

우리는 스트라본의 말에 이렇게 덧붙일 수도 있을 것이다. "또한 사포와 겨룰 수 있는 남성 시인도 없었다"고 말이다. 그 이유는 무엇보다도 사포의 시세계가 근본적으로 남성 시인들이 즐겨 다루었던 영역과는 완전히 달랐기 때문이다. 가장 대표적인 예로 알카이오스라는 남성 시인이 있었다. 그는 사포와 똑같이 레스보스 섬 출신으로 그녀와 동시대인이었다(몇몇의 전문적인 소문 유포자들은 이 두 사람이 커플이라는 이야기를 만들어내기도 했다). 알카이오스에게 시는 정치적인 논쟁의 수단이었다. 그의 시 〈시민들의 노래〉는 정치적 반대자들을 겨냥한, 격렬한 공격적 내용을 담고 있다. 그는 자신의 적들에게 심한 비난의 말을 퍼붓는 데 전혀 거리낌이 없었다. 그의 표현에서 '뚱뚱보'나 '평발' 혹은 '잘난 척하는 사람' 등의 수식어는 지극히 약한 편에 속했다.

또한 그는 〈술의 노래〉라는 시를 통해 정기적인 심포지엄에서 뒤풀이의 오락을 더 중시했던 귀족 남성들의 관심에 호응하였다. 심지

사포와 알카이오스, 꽃병 그림, 뮌헨

어 정치와 술의 소비를 시를 통해 서로 연관시키기도 했다. 결정적으로 그는 무력을 써서 한 명의 정치적 반대자를 제거한 후에 그 유명한 불멸의 구절을 노래했다. "이제 마음껏 술을 마시고 한껏 취하는 일만이 필요할 뿐이다. 왜냐하면 미르실로스(당시의 독재자)가 죽었기 때문이다!" 이 구절을 알고 있는 사람이라면 로마의 시인 호라티우스가 세계적으로 유명한 건배의 말을 했을 때 어디서 영감을 얻었는지 더 이상 궁금하지 않을 것이다. 호라티우스는 기원전 30년 전에 클레오파트라의 죽음 소식을 듣고 이렇게 외쳤다고 한다. "이제 축배를 들어야 할 때다!"

달콤쌉싸래한 연애시

그러나 사포는 서정적인 시에 관심이 있는 사람들에게 남성들의 시와 완전히 대조를 이루는 내용의 시를 들려주었다. 그녀의 시에서 중심이 되는 소재는 결코 전쟁이나 술이 아니었다. 강한 남성들이 표현하는 거친 시세계에 대해 그녀는 내적인 가치로 맞섰다. 그녀의 시에서는 언제나 사랑, 호감, 조화, 아름다움 등이 지배적인 역할을 했다. 또한 그녀는 에로스가 줄 수 있는 고통에 대해서도 노래했다. 이런 감정들을 사포는 '달콤쌉사래한 사랑'이라는 흔히 인용되는 말로 표현했다. 그녀는 이런 면에서 고대 후기의 인물인 레토르스 히메리오스의 평가를 틀림없이 마음에 들어했을 것이다. 그는 사포의 시 창작을 다음과 같이 꼭 들어맞는 말로 표현했다. "사포는 유일한 여성으로서 리라의 선율 속에서 에로스를 체험했고 그 때문에 아프로디테와 에로스에게 자신의 모든 시를 바쳤으며 노래의 주제로 젊은 소녀의 아름다움과 우아함을 선택했다."

오늘날 사포의 작품을 읽었거나 읽고자 하는 사람은 극히 소수에 불과할 것이다. 사실 그녀는 매우 부지런히 작품을 썼고 고대시대에는 그녀의 글이 대대적으로 복사되었다. 이런 사실은 고대의 서적시장이 활발했었다는 뚜렷한 증거이기도 하다. 그러나 그녀의 작품 중에서 일부만 '중세시대'라는 장애물을 뛰어넘을 수 있었다. 아마도 그리스와 로마 문학의 전승을 의무로 여기면서 일종의 검열관 역할을 했던 중세시대의 수도사들에게는 사포의 작품들이 부적절하게 여겨졌을 것이다. 그녀의 시적 경향은 중세 사람들이 고대로부터 물려받았다고 여기는 높은 윤리적 가치와는 맞지 않았다. 그럼에도 불구하고 사람들은 시를 읽을 때 수도사들의 선택에만 전적으로 의존하지는 않았다.

이집트의 모래사막에서는 계속해서 사포의 시들이 적힌 파피루스가 발견되었다. 이런 발견품은 고대 서정시의 여왕인 사포의 작품들이 그녀가 죽은 뒤 수백 년 후에도 많이 읽혀지고 있었고 고대시대에 이미 문학적 기념비로서의 지위를 획득했음을 증명한다. 그리고 이렇게 발견된 파피루스들은 사포의 시를 현대적으로 옮기는 데 중요

한 토대가 되고 있다. 추측건대 1만 2,000편 정도의 시를 썼다고 알려
진 사포의 작품 중에서 오늘날에는 193편만이 부분적으로 남아 있을
뿐이다. 물론 전체에 비하면 소박한 수확이기는 하지만 우리는 때때
로 가진 것에 만족할 줄 알아야 한다.

사랑, 오직 사랑!

사포의 시 중에서 완전하게 보존된 것은 단 한 편밖에 없다. 그러
므로 사포의 시를 단편적으로만 아는 데 만족할 수 없는 사람은 이
작품에 관심을 가져야 할 것이다. 〈사랑의 여신 아프로디테에 대한
찬가〉가 바로 유일하게 온전히 보전된 사포의 작품이다. 그녀는 이
시에서 한 여성과의 불행한 관계에 대해 여신에게 도움과 위로를 구
하는 내용을 노래하고 있다. 그러나 그 외의 작품들, 즉 부분적으로
만 보존되어 있는 시에서도 사포는 '사랑'이라는 테마를 가능한 모
든 방식으로 다양하게 표현하고 있다.

언젠가 그녀는 주변 사람들에게 세상에서 가장 아름다운 것이 무
엇이라고 생각하는지 물었다. 사람들은 이미 그녀가 무슨 이야기를
하려는 것인지 예감할 수 있었다. 먼저 그녀는 사람들을 살짝 다른
방향으로 유도하기 위해 혹시 군대나 배와 같은 것들(말하자면 남성들의
장난감)이 세상에서 가장 아름다운 것이냐고 반문했다. 그러면서 그녀
는 결코 그렇지 않다고 말했다. 가장 아름다운 것, 그것은 바로 '서로
사랑하는 것'이라고 했다.

한편 그녀는, 스스로 의도하지 않았음에도 트로이 전쟁의 동기를
제공했던 헬레네에게 큰 호감을 느꼈다. 헬레네는 '아프로디테의 유

혹' 때문에 트로이 왕자인 파리스를 사랑하게 되었고 이 사랑을 위해 고향, 친구, 그리고 남편까지 버린 여자였다. 사포는 사랑으로 인해 생길 수 있는 고통을 또다른 시에서도 표현했는데, 이 시를 후에 로마의 작가인 카툴(소위 사포의 남성적 환생이라고 불리는 인물)이 라틴어로 번역했다. 이 시에서 사포는 부러운 마음으로 행복한 신부와 신랑을 관찰했다. 그러나 그녀가 부러워한 대상은 여자가 아니라 남자였는데, 왜냐하면 그녀 자신이 신부를 흠모했기 때문이다.

그 외에도 시의 함축성에서 감동이 느껴지는 아주 간단하고 단순한 사포의 시가 있는데, 문헌학자들 사이에서는 오늘날까지도 이 구절이 완전한 하나의 작품인지 혹은 전체의 한 부분인지에 대해 의견이 분분하다. 어쨌든 우리가 이 시를 암기해 두는 것은 확실히 가치가 있을 것으로 보인다. 왜냐하면 사람들이 흔히 낭송할 수 있는 시의 개인적인 레퍼토리를 실러의 《종》 혹은 호메로스의 《일리아스》의 시작 구절에서 벗어나 조금 더 확대시킬 수 있는 좋은 기회이기 때문이다. "달과 플레이아데스도 가라앉았다. 지금은 한밤중이고, 시간은 지나가고 있고, 나는 홀로 잠을 잔다."

성으로 젊은이를 교육하는 일

그렇다면 이런 시들을 보았을 때, 그리고 반복적으로 여성에 대한 사랑을 다루고 있는 점에서 우리는 사포가 동성애적인 경향이 있다고 단정해야 할까? 아니면 그녀의 사랑은 단지 추상적인 사랑, 순수하게 문학적이고 예술적인 사랑을 말하는 것일까? 이런 의문을 풀기 위해 한 가지 사실은 분명히 짚고 넘어가야 한다. 사포의 주위에 젊은 귀족 여성들 그룹이 형성되었던 것은 확실한 사실이다. 독일의 고대 그리스 전문학자인 묄렌도르프는 1913년에 《사포에 관한 연구》라는 의미 깊은 책을 썼다. 여기서 그는 이런 그룹 안에서 차지했던 사포의 역할을 광범위한 의미에서의 '스승'이라고 재치 있게 표현했다.

그런데 사포가 활동하고 영향을 미쳤던 아르카이크 시대의 그리스는 프로이센 식의 교육 이상을 지향하는 이 독일학자와 그의 동료들과는 생각이 좀 달랐다. 고대 그리스인들은 일반적인 '성' 문제에 대해 그리고 특정적으로 동성애에 대해서도 지극히 개방적인 사고를 가지고 있었다. 이것은 무엇보다도 그들이 동성끼리의 사랑에는 일종의 교육적 기능이 있다고 여겼기 때문이다(실제로 앞서 언급한 묄렌도르프가 사포를 '스승'이라고 칭한 것은 전혀 다른 의미였고 이런 성적인 측면에 대해서는 전혀 생각하지 못했지만 결과적으로는 그의 표현이 완전히 틀린 것은 아니었다). 고대 그리스에서는 '성'과 교육을 서로 뗄 수 없는 결합체로 인식했다. 특히 스파르타에서는 사회적으로 아무런 제약 없이 받아들여졌던 '남색', 말 그대로 소년과 사랑을 하는 제도도 있었다. 이러한 현실 뒤에는 나이가 많은 남자가 성적인 접촉을 통해서 젊은 남자 파트너의 정신적, 도덕적 발전을 촉진시킬 수 있다는 생각이 숨겨져 있었다.

결혼이라는 모험을 위해

사포를 중심으로 형성된 여성 모임은 사실 남성들의 모임이나 연대에 대응되는 상징적 대상 외에는 아무것도 아니었다. 그룹 안에서 여성들은 아프로디테 여신을 숭배하며 오로지 사회에서 요구하는 그녀들의 미래 역할을 준비했을 뿐이다. 인류학과 민족학에서는 이런 활동을 '성년식(미개 민족의)'이라는 개념으로 표현하는데, 이는 '사회적 신분 변화를 동반하고 그것을 뚜렷하게 만들어주는 의식'들의 총체를 말하는 사회학 용어이다. 사포가 이런 개념 규정을 제대로 이해하고 한 일은 아니겠지만, 그럼에도 불구하고 그녀는 자신이 무엇을 하고 있는지 정확하게 알고 있었다. 그녀는 젊은 여성들이 유아기로부터 성인까지의 과도기를 쉽게 넘어가도록 도와주고자 했다. 그래서 이들은 부모의 집을 떠나 일정한 기간 동안 사포의 모임에서 지내다가 결혼과 함께 사회로 되돌아갔다. 이러한 준비 과정에서 가장 중요한 요소는 음악, 춤, 게임, 용모의 관리였고 물론 사랑과 섹스도 포함되었다.

사포가 자신의 시에서 표현했던 것이 바로 이런 과정에 대한 이야기였고, 그래서 그녀의 시는 체험시라고 말할 수 있으며, 동시에 교육적인 기능을 지니고 있었던 것이다. 결혼을 하고 아이를 낳은 엄마로서 사포는 지극히 자연스러운 방식으로 자신이 보호하는 여성들과 성적인 관계를 가졌고 사랑을 나누었다. 그러나 이런 모든 일은 일종의 게임과 같은 방식으로, 그리고 결혼과 부부생활을 위한 준비 과정으로서 행해졌다. 젊은 여성들로서는 확실히 이런 안전한 형식으로 '결혼이라는 모험'을 준비할 수 있다는 것이 안심이 되었고 큰 도움이 되었다. 왜냐하면 상류계층에서는 본인은 전혀 모르는 상태로 오직 가족들이 고른 남자와 결혼해야 하는 일이 흔히 있었기 때문이다. 물론 사포도 어쩌다가 제자들 중 한 명과 실제로 사랑에 빠지기도 했다. 그래서 이 제자의 남편에 대한 질투가 시에서 분명히 표현되기도 했다.

비판의 중심에서

그러나 많은 남성들에게는 사포의 사회적이고 문학적인 활동이 눈엣가시였다. 그녀가 생존했던 시기에도 그랬지만 특히 죽은 뒤에는 더욱 격렬한 비판의 대상이 되었다. 비판적인 남성들은 사포의 이미지를 점점 더 비호감적으로 만들기 위해 그녀에 대해 부정적으로 쓰고 말했지만, 그 정도가 너무 지나쳐서 결국 일반 사람들도 이런 비난이 부당하다는 것을 깨닫게 되었다. 고전시대의 희극 시인들은 극 중에서 소위 성적으로 결코 만족하지 못했던 사포를 연기하면서 관객들의 폭소를 유도하기도 했다.

이런 배경 속에서 사람들이 마음대로 사포의 죽음에 관한 적당한 시나리오를 생각해 낸 것은 전혀 놀랄 일도 아니다. 그런 이야기에 따르면 사포는 사랑의 고통 때문에 바위에서 뛰어내려 바다로 몸을 던졌다고 한다. 사람들은 심지어 이 사건의 구체적인 장소까지 언급하였다. 바로 레우카스 섬이 그 현장으로 여기서 사포는 수많은 사건으로 화려했던 자기 삶의 마지막 순간을 맞이했다고 한다. 왜 하필이면 레우카스 섬이라고 했을까? 왜냐하면 이곳에 범죄자들을 추락시키는 바위가 있었기 때문이다. 그렇다면 자살의 동기는 무엇이었을까? 의외로 여자가 아니라 남자 때문이었다고 하는데, 이 역시 이야기를 만든 사람들의 생각이었다. 사실 사포의 자살 동기를 남성 때문이라고 설정한 것은 아주 기발한 아이디어였다. 왜냐하면 여성의 사랑과 미의 선도자였던 사포도 결국은 남성에게 의지했고 남성 때문에 삶을 포기했다는 것을 의미하기 때문이다. 그리고 그녀가 사랑했던 사람으로는 유명한 인사들이 거론되었다.

　가장 일반적인 주장에 따르면 사포는 파온이라는 사람을 사랑했는데, 그는 레스보스 섬과 소아시아의 육지 사이에서 나룻배를 운행하는 사람이었다고 한다. 한번은 사랑의 여신 아프로디테가 늙은 여자로 변장하고는 그의 나룻배를 탄 손님들 중에 끼어 있었다. 신들이 흔히 그렇듯이 그녀는 뱃삯을 내지 않았다. 그러나 파온은 그녀를 무료로 태워주었고 사랑의 여신은 그 보답을 했는데 일시적으로 그를 세상에서 가장 멋진 남자로 만들어주는 화장품을 선물한 것이다. 놀랄 만큼 멋지게 변한 남자의 모습을 본 사포는 거부할 수 없는 사랑에 빠졌다. 그러나 파온은 그녀의 간절한 사랑을 거절했고 그녀는 실연의 고통으로 바다에 뛰어들었다고 한다. 그러나 오늘날 사포의 지지자들은 안심해도 좋을 것이다. 왜냐하면 분명히 말하건대 이 위대한 여류 서정시인의 진정한 종말은 결코 그렇게 드라마틱하지도 떠들썩하지도 않았기 때문이다.

연극
아이스킬로스

기원전 525-456년.
아테네 출신의 비극시인. 대단히 성공적인 작품들을 썼으며,
더 나아가 고대의 연극계에 결정적인 자극을 준 인물이다.

오늘날 연극과 관련해서 테스피스라는 인물을 떠올리는 사람은 거의 없을 것이다. 테스피스는 아테네인으로서 고대시대에 연극 공연의 위대한 개척자로 간주되었던 사람이다. 그가 비극을 창시한 때가 기원전 6세기였고 이 시기부터 가면 착용이 필수가 되었으며 극단은 수레를 타고 나라를 돌아다니며 공연을 했다. 그의 불행이라면 얼마 지나지 않아 그리스의 연극이 다른 위대한 인물들에 의해 지배되었다는 것이다. 그리고 이들의 이름은 개혁적인 테스피스와는 달리 사람들의 망각 속으로 사라지지 않고 오늘날까지 기억되고 있다. 위대한 비극시인 아이스킬로스, 소포클레스, 에우리피데스, 그리고 유명한 희극시인 아리스토파네스가 바로 그런 사람들이었다.

디오니소스 신을 기리며

그러나 디오니소스 신 없이는 이런 대가들도 결코 대중의 관심을 얻지 못했을 것이다. 왜냐하면 대부분 기분 좋게 취해 있고 난음과 난무가 수반되는 도취상태의 방탕함에 거부감이 없었던 디오니소스 신 덕분에 연극이 생겨났기 때문이다. 특이하고, 그래서 인기가 있었던 디오니소스를 기리는 종교적인 행사에서는 늘 연극이라고 부를 수 있는 무대공연이 펼쳐졌다. 이런 공연에서는 가면을 쓴 사제들이 합창단과 함께 디오니소스의 긴장감 넘치는 이야기들(예를 들면 인도로 갔던 그의 정기적인 짧은 여행들)을 들려주었다.

그런데 예술 이외의 분야에서도 흔히 있는 일이듯이 이 경우에도 시간이 흐르면서 원래의 주목적보다 오히려 부수적 행사인 연극 공연이 더 중요해지게 되었다. 비슷한 예가 바로 올림피아의 경우이다. 여기서 사람들은 원래 제우스 신을 기리는 행사를 열었는데, 이때 부

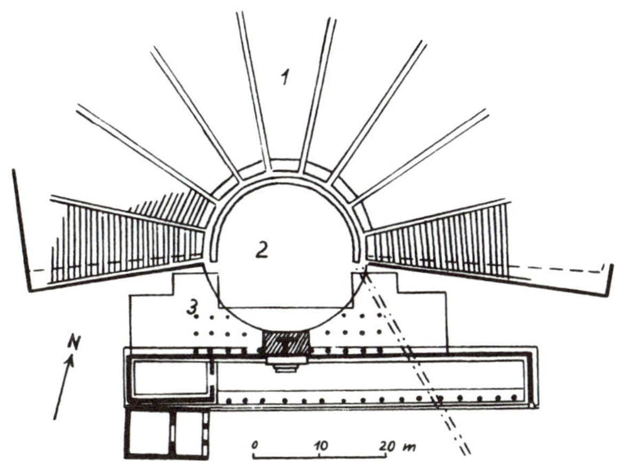

디오니소스 극장(1 – 관객석, 2 – 오케스트라, 3 – 무대)

수적으로 같이 행해졌던 운동 경기가 오히려 관심의 핵심이 되었고 '올림피아 경기'라는 명칭을 얻으면서 그리스에서 가장 중요한 행사가 되었다.

드라마의 탄생

디오니소스를 기리는 의식에서 펼쳐진 특별 공연에 사람들은 점점 더 많은 호감과 관심을 갖게 되었다. 그리고 더 다양한 줄거리를 요구하는 관객들의 목소리가 커졌다. 왜 사제들은 주변에서 춤을 추거나 노래만 불러야 하는가? 혹은 지금의 방식으로 이야기 전체를 들려줄 수는 없는가? 이것이 바로 드라마, 즉 '극'의 탄생이었다. 이때는 드라마가 단순히 '줄거리(사건의 진행)'만을 의미했다. 이제 사람들은 디오니소스 축제에서 정해진 주제를 소재로 하는 연극적인 공연을 즐길 수 있게 되었다. 그리고 전체적인 내용이 심각하고 진지한지, 혹은 밝고 명랑한 경향인지에 따라서 '비극' 혹은 '희극'이라고 부르게 되었다.

이런 표현을 통해서 그리스인들은 비록 디오니소스 축제가 드라마 공연으로 인해 확실히 더 세속화되었음에도 불구하고 여전히 신에 대한 존경심을 잃지 않았음을 증명하였다. 즉 '희극(혹은 코미디)'이라는 말은 그리스 단어 'kosmos'에서 유래된 것으로, 노래가 동반되는 디오니소스 신을 위한 축제 행렬을 이르는 말이었기 때문이다. '비극'을 뜻하는 그리스어는 아마도 디오니소스를 찬양하는 행동의 하나로서 동물들을 바칠 때 음악의 삽입 과정에서 나온 말로 보인다. 한편 우리는 디오니소스와 연극과의 밀접한 연관성을 그리스의 극장 건물이 언제나 디오니소스 신전 근처에 있었다는 점에서 확인할 수 있다. 소아시아 서부에 있는 페르가몬에 이런 사실을 증명하는 확실한 사례가 있다.

연극을 위한 장소

비극과 희극이 탄생한 후에 조금씩 제대로 된 연극이 발전하게 되었다. 그렇다면 이제 무엇이 필요했을까? 당연히 공연을 위한 장소, 바로 테아트론(theatron)이 필요했는데 말 그대로 번역하자면 '구경을 하는 장소'라는 뜻을 지니고 있다. 초기의 극장들은 목재로 만들어졌지만 기원전 4세기 이후로 석조건물이 등장하자 관객들은 비로소 두려움 없이 극장에 갈 수 있게 되었다. 왜냐하면 사람들은 지나치게 과격한 관객의 반응 때문에 목재 무대가 무너져서 드라마의 환상으

그리스의 도도나 원형극장

로부터 깨어나 현실의 바닥으로 떨어질 것을 걱정했기 때문이다. 실제로 당시에는 극장 붕괴가 결코 드문 일이 아니었다. 건축가들은 이에 대한 대응조치로서 아름다운 경치가 보이는 야외무대를 지어서 관객들이 멋진 전망과 함께 공연을 즐길 수 있도록 했다. 건물의 실내에서 편안하고 안전하게 예술의 즐거움을 누리는 일은 그리스인이나 후에 로마인에게는 생각할 수 없는 일이었다. 이처럼 당시의 연극 공연은 언제나 야외에서 열렸고, 주로 언덕의 둥근 경사면에서 펼쳐졌기 때문에 자연의 파노라마가 보이는 관객석에서의 시야가 매우 중요했다.

멀티 탤런트가 요구되던 시대

그 다음에 필요한 것은 작품의 제대로 된 레퍼토리였다. 왜냐하면 관객들은 항상 똑같은 디오니소스 이야기를 원하지 않았고 새로운 소재를 통해 계속해서 긴장감을 느끼고 싶어했다. 그래서 무대작가라는 새로이 등장한 직업이 인기를 얻게 되었다. 그러나 연극에서의 작업 분담이란 것이 이 시대에는 아직 존재하지 않았다. 작품을 쓴 사람이 동시에 감독이었고 안무가였으며 연기자였다. 배우들을 마차에 가득 태우고 다녔다는 테스피스에 대한 이야기는 단지 전설이었을지도 모른다. 왜냐하면 초기에는 오직 한 명의 배우와 그와 동행하는 합창단만이 있었기 때문이다. 아마도 테스피스는 이런 합창단을 그리스 곳곳으로 데리고 다녔을 것이다.

한 명의 배우만이 존재하는 연극, 이런 특성은 당연히 극적 구성의 가능성을 제한시켰다. 특히 작가가, 다양한 인물들이 등장하는 작품을 무대에 올리려고 할 때는 더욱 그러했다. 그런데 다행히도 그리스인들은 창조적인 사고를 가진 사람들이었고 연극과 관련해서도 마찬가지였다. 그래서 연극에서 '성벽 조망', 즉 상황중계와 같은 트릭을 사용했다. 이런 과정에서 호메로스의 《일리아스》에 나오는 한 장면이 중요한 영향을 미쳤다. 이 장면에서 아름다운 헬레나는 성벽에 서서, 그녀의 납치자이며 유혹자인 파리스의 아버지이자 트로이의 왕인 프리아모스를 향해 다가오는 그리스 영웅들의 모습을 설명한다. 무대 위에 보이는 것은 성벽 위에서 아래를 내려다보는 헬레나의 모습뿐이지만 이 방법은 등장인물이 많은 작품에서 매우 효과적이었다. 이 당시 연극의 연출은 신선하리만큼 간단했다. 왜냐하면 연출자겸 배우가 오직 자기 자신에게만 지시를 내리면 되고 거기다가 작가의 역할까지 담당했으므로 현대의 연극 공연에서 극복해야 하는 모든 복잡한 일이 생략되었기 때문이다.

최고의 비극시인

당연한 이야기겠지만 이러한 아르카이크 시대의 상황들이 계속 유지되었던 것은 아니다. 그 이후 고대 연극이 현대화되면서 아이스킬로스라는 이름은 연극과 뗄 수 없는 관계가 되었다. 그리스 최고의 비극시인이라는 영예가, 마찬가지로 매우 혁신적인 시인들이었던 소포클레스나 유리피데스가 아니라 바로 아이스킬로스에게 주어졌다는 사실은 문화의 번영기였던 기원전 5세기 말에 분명히 확인되었다. 이런 판단을 내린 사람은 바로 연극의 신 디오니소스였다. 즉 당시에 인기가 많았던 희극작가 아리스토파네스의 공연에 등장한 디오니소스 신을 통해 간접적인 판정이 내려진 셈이다.

아리스토파네스는 자신의 작품 〈개구리들〉에서 디오니소스를 망자의 세계로 보내면서 그곳에서 최고의 비극시인을 찾아 현세로 데리고 오라는 임무를 부여했다. 관객은 대단히 긴장했다. 과연 누가 최고의 비극시인으로 뽑힐 것인지가 궁금했던 것이다. 유리피데스와 소포클레스가 죽은 것은 최근의 일이었고 아이스킬로스는 훨씬 더 오래전에 어두운 그림자의 세계로 갔다. 결국 디오니소스가 죽음의 세계로부터 데려온 사람은 아이스킬로스였고, 이 선택에 모두가 동의했다. 신에게 선택되었던 아이스킬로스의 업적은 실로 눈부실 정도였다. 그는 대단히 많은 중요한 작품들을 썼으며 개혁적인 시도를 통해 그리스 연극에 새로운 기준을 마련했다. 아테네인이었던 그가 처음으로 연극무대에 데뷔한 것은 기원전 499년이었다. 그는 26세의 나이로 당시에 벌써 희망의 존재가 되었다. 그리고 사람들의 높은 기대를 실망시키지 않았다. 인생의 말년에 그의 작품 수는 70편을 넘어서게 되었다.

경쟁으로서의 연극

고대시대의 연극은 그 성공 여부를 오늘날보다 훨씬 더 간단하게 확인할 수 있었다. 흔히 오늘날에는 끊이지 않는 갈채, 공연의 회수, 그리고 비평가들의 평론에 의해서 성공과 실패가 판가름 난다. 그런데 고대의 비극과 희극은 대부분 일종의 경연으로서 공연되었기 때문에 그 결과가 분명하게 드러났다. 여기에는 그리스인들의 투쟁적인 사고가 중요한 역할을 했다. 경기나 대회에서 최고로서 인정받는 것이 가장 중요했다. 호메로스는 그리스인들의 조금은 피곤한 성과 위주의 원칙을 "항상 최고가 되고 다른 사람들을 능가하는 것"이라는 간단한 말로 표현하기도 했다. 그래서 고대의 연극 제작자들은 경연을 위해 열리는 축제에서 각자의 작품을 가지고 관객과 심판관 앞에 서게 되었다.

가장 중요한 대회는, 매년 봄에 열렸고 그 명칭이 신에 대한 경의를 뜻했던 아테네의 '디오니소스 축제'였다. 이 축제는 관객들에게 몇 가지 특별한 볼거리를 제공했다. 우선 첫번째 날에는 디오니소스를 기리기 위해 20곡의 노래 공연이 있었다. 두 번째 날에는 5명의 희극 시인들이 우승컵을 놓고 경연을 벌였다. 대회 동안에 모든 참가자들은 힘든 인내의 과정을 겪어야 하는데, 왜냐하면 이 다섯 편의 공연이 대부분 각기 두 시간을 넘겼기 때문이다. 그 다음에 세 번째부터 다섯 번째 날까지는 각각 세 편의 비극과 디오니소스의 신비한 동반자 사티로스(디오니소스를 따르는 장난 많고 호색적인 시종으로 얼굴은 사람이면서 염소의 몸을 지니고 있다 - 옮긴이)가 등장하는 사티로스극(고대 그리스에서 비극 다음에 상연되는 일종의 익살극으로 많은 사티로스들의 합창이 이어진다 - 옮긴이)이 공연되었다.

하루가 끝날 때마다 제비뽑기로 선발된 심사위원이 승자를 결정했다. 디오니소스 축제에서 우승을 한 사람은 큰 목적을 이룬 셈이었다. 그리고 우승을 하지 못한 사람들의 노력은 헛수고가 되었다. 그러나 그것뿐이었다. 왜냐하면 여기에는 항상 기본 원칙이 있었기 때문이다. 디오니소스 축제에서 소개된 작품들은 공식적으로 신에게 바친 선물이기 때문에 다른 모임이나 행사에서 더 이상 공연할 수 없었다. 그런 면에서 볼 때 아이스킬로스의 작품만이(오직!) 이런 엄격한 규칙의 예외로서 그의 자식들에 의해 계속 공연이 허용되었던 것은 그가 사후에 누린 대단한 영광이었던 것이다.

페르시아인 덕분에 이룬 성공

아이스킬로스에게 그 모든 대단한 성공을 가져다준 주제는 바로 페르시아와 그리스의 전쟁 이야기였다. 부유한 귀족 가문의 후손이었던 그는, 아테네인들이 기원전 490년에 페르시아의 공격부대를 마라톤 평야, 소위 그들의 현관에서 격퇴했을 때 전투에 참여해 용감하게 싸운 인물이다. 그리고 페르시아가 10년 뒤에 크세르크세스 왕의 지휘하에 그리스를 자신들의 제국에 포함시키려는 악의적인 의도를 가지고 다시금 그리스에 나타났을 때 아이스킬로스는 다시 한 번 살라미스와 플라타이아이를 돕는 방어자의 편에 서서 싸웠다. 마침내 페르시아가 사라졌을 때에도 이때의 체험이 그를 한동안 놓아주지 않았다.

기원전 472년에 그는 짧으면서도 딱 맞는 제목을 붙인 《페르시아인》이라는 비극을 가지고 아테네의 관객 앞에 섰다. 사실 이렇게 애국적인 소재를 다룬 연극의 경우에는 거의 실패하는 일이 없었다. 기대에 맞게 아이스킬로스는 1등을 차지했다. 그는 이 《페르시아인》에서 대단히 세련되게 ─ 역사적인 소재를 다룬 그의 유일한 비극 작품이다 ─ 아테네인들의 감성에 호소했다. 사건의 장소로 그는 페르시아 왕의 궁정이 있는 수사(Susa)를 선택했다. 이 연극을 통해 아테네인들은 패배자, 즉 페르시아인의 관점에서 다시 한 번 승리를 만끽할 수 있었다. 한 전령이 서부에서 달려와 지하세계로부터 다시 호출된 다리우스 왕에게 좋지 않은 소식을 전하고, 그의 아내 아토사와 코러스는 앞다투어 불평하고 한탄한다는 내용이었다(이때 그리스어의 모음이 불평하는 어투의 뉘앙스를 아주 효과적으로 표현해 주었다).

프리니코스의 불운

프리니코스는 아이스킬로스처럼 많은 행운을 누리지 못했다. 그는 연극사에서 최초로 여성(의 역할)을 무대에 올린 인물로 남아 있다. 여성의 역할이 등장함으로써 분명히 연극의 영역이 확대되기는 했지만, 실제로 여성들이 연기를 하는 일은 절대로 일어나지 않았다. 연기라는 것은 여전히 남성들만의 전유물이었고 여성의 역할도 남성들이 연기해야 했다. 그로 인해서 아리스토파네스의 희극에서처럼 극중에서 여성들이 남장을 하고 나오는 장면에서는 아주 복잡하고 미묘한 상황이 발생하곤 했다. 즉 실제로는 남성인 배우들이 원래는 여자인데 남자로 변장한 여성을 연기했기 때문이다.

어쨌든 프리니코스도 마라톤 전쟁이 발발하기 2년 전에 페르시아 전쟁을 주제로 작품을 썼다. 그는 아테네에서 《밀레토스의 함락》이라는 제목의 작품을 공연했다. 기원전 494년 페르시아에 의해 소아시아 서부에 있는 그리스의 도시 밀레토스가 정복되고 파괴되었던 사건이 이 연극의 역사적 배경이었다. 역사 저술가 헤로도토스가 기록하고 있듯, 이 작품의 끝부분에서는 극장 전체가 커다란 감동과 충격으로 인해 눈물바다가 되었다고 한다. 그러나 작품의 내용이 관객에게 확실하게 전달되었다는 작가의 기쁨은 금방 두려움으로 바뀌고

말았다. 왜냐하면 그는 실제로 아테네 관청에 의해 체포되었고 많은
액수의 벌금형을 구형받았기 때문이다. 프리니코스가 아테네인들에
게 과거의 불행과 치욕을 다시 떠올리게 했다는 것이다. 크세르크세
스 왕의 치하에서 페르시아는 일시적으로 도시 아테네를 점령한 적이
있었고 아크로폴리스 광장을 심각하게 황폐화시킨 과거가 있었다.

프리니코스는 자신의 생각이 짧았음을 깨달았고 이후로는 정치적
으로 문제가 되지 않는 테마를 선택하게 되었다. 예를 들어서 살라미
스에서 있었던 그리스 해전의 승리를 소재로 한 작품은 어떤 거부감
이나 문제도 일으키지 않았다. 이 연극은 시작 부분에서 이미 한 전
령이 페르시아 왕에게 패배를 알린다. 아이스킬로스는 프리니코스가
쓴 이런 도입부를 대단히 멋지다고 여겨서 후에 《페르시아인》이라는
자신의 작품에서 활용하였고, 그 결과 원래는 프리니코스에게 주어
졌어야 할 명성이 그에게 돌아갔다.

낡은 주제들

그후 수년 동안 아이스킬로스는 계속해서 승리를 이어갔다. 그는
결코 고갈되지 않는 소재인 신화에서 주제를 찾아냈고 언제나 관객들
을 즐겁게 만들었다. 동일한 이름의 콤플렉스를 만들어낸 오이디푸
스의 저주받은 아들의 운명을 다룬 《테베를 공격하는 일곱 장군들》
도 그런 경우였다. 또한 그의 성공적인 작품 목록에서 늘 고정된 자
리를 차지했던 《구원을 바라는 여자들》도 있었다. 이 작품은 아기프
토스의 아들 50명으로부터 도피하는 다나오스 왕의 딸 50명이 겪는
파란만장한 운명 이야기를 다루고 있다. 연극 애호가들은 특히 아이

스킬로스의 비극에서 체험할 수 있는 몰입을 높이 평가했다. 아이스킬로스는 사람들에게 일상의 걱정들을 잊을 수 있는 극장에서의 단순히 멋진 몇 시간, 그 이상의 것을 제공하고 싶었다. "고통을 통해 배울 수 있다"는 것이 그가 전달하려 한 메시지였다. 그리고 사람은 곤경에 처해서도 언제나 신들의 정의를 믿어야 하고 오히려 이러한 정의를 경험할 수 있기 위해서는 그런 곤경이 필요하다는 것이 아이스킬로스의 생각이었다.

전제군주들의 부름

아이스킬로스의 성공에 대한 소문은 빠르게 퍼졌다. 시칠리아에 있는 시라쿠스의 전제군주이면서 예술과 학문의 대범한 후원자로 알려진 히에론은 아이스킬로스에게 자신이 있는 그리스의 서부로 와서 그의 새로운 성공작들을 보여달라는 제안을 했다. 그래서 아이스킬로스는 흔히 모국에서 참가했던 경연대회와는 전혀 다른 상황에서 자신의 작품을 시라쿠스의 무대 위에 올리게 되었다.

이 극장은 오늘날까지도 보존되어 있다. 아이스킬로스는 이후 수년 동안 반복해서 이 섬으로 여행을 갔다. 그리고 기원전 456년에 이런 여행 도중 겔라라는 도시에서 세상을 떠났다. 이때 그의 나이는 70세가 조금 안된 때였다고 한다.

아이스킬로스, 로마 카피톨리네 박물관

극장의 변화

아이스킬로스는 단지 그리스 비극의 아버지이자 유럽 비극의 거장으로서만 사람들의 기억 속에 남아 있었던 것이 아니다. 그는 극장의 개혁가로서도 중요한 역할을 했다. 그가 제2의 배우를 연극에 등장시켰던 것도 동시대인들에게는 대단히 혁신적인 일이었다. 그 이전까지는 단 한 명의 배우가, 사건을 해설하는 코러스만의 도움으로 최고의 역량을 보여주어야 했지만 이제는 그런 부담에서 벗어나게 되었다. 그럼으로써 극적인 연출의 가능성은 백 퍼센트 확대되었다. 이때부터는 두 명의 배우들이 의사소통을 하기 때문에 코러스는 지배적인 역할을 잃어버렸다. 물론 배우들이 극중에서 여러 역할을 동시에 담당해야 하는 상황은 여전히 존재했다. 훌륭한 고대의 전통이 그렇듯이 아이스킬로스도 자신의 작품에서 직접 연기를 했는데, 이제는 정기적으로 함께 공연하는 파트너가 생기게 되었다.

그는 여기서 더 나아가 자기 작품의 감독과 연출자로서도 적극적으로 활동했다. 자료에 따르면 감독으로서의 아이스킬로스는 극단 안에서 두려움의 존재였던 것이 틀림없다. 그가 주관하는 연극 리허설의 강도는 대단하기로 유명했다. 또한 그는 효과 만점의 연출을 위한 뛰어난 재능도 갖추고 있었다. 그래서 어떤 작품에서는 깜짝 놀랄 만한 방식으로 복수의 여신들을 등장시켜 관객들에게 공포감을 불러일으키기도 했다.

다급할 때 등장하는 신

아이스킬로스는 계속적으로 무대 기술의 효과를 최고로 높이기 위해 노력했다. 거의 격언처럼 사용되는 유명한 연극 용어 '데우스 엑스 마키나(Deus ex machina)', 즉 '기계장치를 타고 내려온 신'이라는 뜻으로 다급할 때 해결사로 등장하는 신을 가리키는 이 말도 그가 만들어낸 것이었다. 어떤 문헌에는 이런 놀라운 개혁이 그의 동료 유리피데스의 공적이라고 쓰여 있기도 하다. 그러나 의심할 여지없이 이러한 창의적인 생각은 아이스킬로스의 머리에서 나왔을 것이다.

오늘날에도 전문가들이 데우스 엑스 마키나를 등장시킨다면 어떤 어려운 상황에서도 놀라운 해결책을 기대할 수 있을 것이다. 현실적인 삶에서는 드물게 일어나는 이런 일이 고대의 연극 작품에서는 대단히 잘 소화되었다. 극의 줄거리에서 새로운 자극이나 놀라운 전환 혹은 단지 좋은 결말이 필요할 경우에 기술자들은 특이한 기구를 작동시켰다. 그러면 무대 뒤에서 작동되는 기중기 모양의 기계 위에서 갑자기 어떤 신적인 존재가 떠올라서 사건에 개입한다. 그리고 이런 신의 간섭을 통해서 모든 일이 행복하게 혹은 불행하게 마무리되었다. 이런 방식 덕분에 관객들은 열광했고, 감독은 만족했으며, 배우는 높은 공중으로 날아오른 후에 다시 단단한 바닥에 발을 딛게 될 때 안도감을 느꼈다.

한편 언제나 즐거움을 중시했던 아리스토파네스는 기계장치에서 나온 신을 자신의 희극에서도 활용하고 싶은 유혹을 떨칠 수가 없었다. 그러나 엄격한 연극 비평가들은 이 기구를 그저 장난감으로 여겼다. 그런 경향에 한몫을 했던 아리스토텔레스는 기원전 4세기에 자신의 《정치학》이라는 저서에서 '데우스 엑스 마키나'를 사용하는 연극에 대해 언급했다. 그는 이 방식을 사용하면 극중 문제의 해결이 사건의 연관성 속에서 점점 발전되어 가는 것이 아니라 외부의 간섭을 통해 이루어지기 때문에 문제가 있다고 지적했다.

로마의 연극

로마인들은 그리스인들로부터 연극에 대한 열정을 넘겨받았다. 그들은 부지런히 그리스의 대작들을 무대에 올렸다. 하지만 실제로는 그들의 특성에 어울리는 농부와 수공업자 수준의 일상적인 즉흥극에 더 관심이 많았다. 로마의 연극인들은 결코 그리스의 연극인들 수준에는 미치지 못했다. 로마인 중에는 제2의 아이스킬로스와 같은 인물이 없었다. 그 대신에 로마에서는 훌륭한 배우들이 진정으로 높은 위상을 누릴 수 있었다. 사실 고귀한 계층에 속하는 자칭 도덕의 수호자들이 보기에는 배우가 결코 '점잖은' 직업이 아니었기 때문에 그들을 무시하고 경시할 수도 있었을 것이다. 그러나 좋은 연기를 펼쳐 깊은 인상을 남긴 배우는 로마 사회에서 확실히 좋은 대우를 받았고 잘 알려진 검투사나 마부와 비슷한 명성을 얻었다.

로마의 스타 예찬

기원전 1세기 초반에 로마의 희극배우 로스키우스 갈루스는 공연장을 열광적인 갈채로 가득 채웠다. 그가 등장하는 희극은 항상 매진이 되었다. 화려한 성공 덕분에 그는 금방 큰 부자가 되었다. 그래서 어느 날 그는 아량을 베푸는 마음으로 앞으로는 돈을 받지 않고 공연을 하겠다고 선언했다. 이러한 우아한 제스처는 심지어 귀족들조차도 존경심을 가지게 만들었다. 또한 갈루스는 그리스의 연극용 가면을 배우의 필수 도구로서 로마의 연극에 도입했다. 사실 연극용 가면의 사용은 극중에서 신분을 감추려는 한 성공한 스타의 시도였고 단순히 그리스를 모방하는 행위만은 아니었다. 그리스에서는 이미 선조인 테스피스의 시대에 그런 가면이 사용되었다. 로마의 연극인 로스키우스 갈루스의 명성은 수세기 동안 지속되었다. 셰익스피어의 《햄릿》을 신중하게 읽은 사람이라면 그 안에서 이 로마인을 암시하는 인물을 찾아낼 수 있을 것이다.

한편 로마에는 클로디우스 아에소푸스라는 인물이 있었는데 이 사람은 비극이라는 진지하고 심각한 분야에 몰두했음에도 불구하고 적지 않은 인기를 누렸다. 배우들 사이에서는 무엇보다도 그의 열정이 유명했다. 공연 중에 그가 일단 흥분을 하면 누구도 그를 제어할 수 없었다고 한다. 한번은 그가 무대 한가운데에서 너무 흥분한 나머지 ─ 물론 전혀 의도적인 행위가 아니었지만 ─ 왕홀로 동료를 때린 적도 있었다. 다행히도 그렇게 과도한 흥분으로 인한 사건과 사고는 로마에서도 지극히 예외적인 일이었다.

페이디아스

기원전 490 - 430년경.
그리스 고전시대의 가장 중요한 예술가. 세계 7대 불가사의에 속하는
작품을 만들었고 아테네의 아크로폴리스 건축 사업을 기획하였다.

고대시대에 직업적으로 무엇인가를 만들고 제작하는 예술에 종사했던 사람들은 어려움이 많았다. 우선 예술가들 사이에서의 경쟁이 말할 수 없이 치열했다. 그러면서도 사회적으로 특별히 높은 위상을 차지할 수 없는 불행한 현실을 감수해야만 했다. 이런 상황은 최소한 부유한 상류계층의 의도와는 확실히 일치되었다. 직접 자신의 손으로 작업을 해야 하고 그렇게 만든 작품에 대해 돈을 요구했던 예술가들에 대해 고위층 사람들은 경멸감을 지니고 있었다. 너무도 열정적으로 조각과 조소, 혹은 부조나 그 외의 작품을 만들었고, 그럼으로써 그리스 문화의 명성에 큰 기여를 했던 예술가들에게는 고유한 직업적 명칭조차 없었다.

고대시대의 감사할 줄 모르는 동시대인들은 이들을 수공업자로 분류하기도 했고, 그나마 좋은 의도로 말할 때는 특정한 기술적, 수공업적 능력을 가진 사람이라는 뜻으로 '기술자'라고 부르기도 했다. 더 심한 경우에는 '바나우젠(저속하고 속물적인 사람들)'이라 칭하기도 했다. 이 말은 원래 난로나 야외 화덕에서 일을 하는 대장장이와 같은 모든 수공업자를 이르는 말이었다. 그런데 시간이 흐르면서 귀족의 지위에 맞지 않는 일을 하는 모든 노동자를 가리키는 집합명사가 되었다. 그래서 역사가 헤로도토스는 기원전 5세기에 이런 경향을 다음과 같이 표현했다. "육체적인 작업으로부터 자유로운 사람은 귀족적이고 고상하다고 여겨졌다." 조각가들은 어쨌든 육체적인 작업을 했기 때문에 '고상한' 사람과는 거리가 멀었다. 헤로도토스의 동료인 크세노폰은 이런 현실을 조금 더 미화해서 표현했다.

"바나우젠이 하는 작업은 평판이 좋지 않았고 도시에서도 당연히 멸시를 받았다. 이런 작업은 일을 하는 당사자와 이들을 감독하는 자의 육체를 약하게 만들었다. 심지어 어떤 사람은 하루 종일 불 옆에서 보내야 한다. 육체가 약해지면 정신의 힘도 사라지게 마련이다. 바나우젠은 특히 친구나 정치적인 문제에 관심을 쏟을 시간적 여유가 전혀 없다. 그러므로 이런 사람들은 친구나 고향의 지킴이로 삼기에는 적당하지 않다."

성공에 이르기까지

그렇다면 어떻게 한 조각가가 멸시받는 바나우젠에서 특권을 가진 위대하고 사랑받는 예술가로 사회적인 상승을 할 수 있었을까? 그러기 위해서는 일반적으로 두 가지 전제조건이 필요했다. 첫째로 예술가로서 재능이 있어야 했고 다음으로는 예술가 스스로 높은 가치를 지녔거나 혹은 최소한 높은 가치가 있다고 인정되는 예술작품을 만들어야 했다. 그러나 더 중요한 것은 사람들의 주의를 끄는 일이었다. 또한 평소에 좋은 인간관계를 유지하는 사람일수록 성공에 유리했다. 그렇게 해서 한 예술가가 품위 있고 영향력 있는 인물로 받아들여지면 그가 만든 작품도 칭송을 받고 사회적으로 인정받는 문제도 훨씬 수월해졌다.

이런 방식으로 자신의 뛰어난 능력과, 고대 예술가 조합의 고위층에 있는 좋은 친구들의 도움으로 대단한 도약과 성공을 이룬 사람이 바로 페이디아스였다. 오늘날에도 그는 그리스 조각 예술의 대표자로 손꼽힌다. 그를 속칭 바나우젠이라 부르는 대담한 사람은 아무도 없을 것이다. 그가 만든 작품 중 하나는 심지어 세계 7대 불가사의에 포함되기도 했다. 만약 위대한 페이디아스가 다른 수많은 예술가들처럼 세상 밖으로 나오지 않은 채 자신의 작업실에만 웅크리고 있었다면 어떤 일이 일어났을지 미술 애호가들은 상상하기가 어렵다. 아마도 유럽의 미술사와 그리스의 고전시대는 가장 중요한 대표자를 잃었을 것이다.

성공에 이르기까지 페이디아스가 걸었던 길이 얼마나 힘겹고 고달팠는지는 그의 인생과 경력에 대해 언급한 몇 안되는 문헌을 통해서 대략적으로만 파악할 수 있다. 그는 아테네에서 태어났는데, 시기적으로는 아테네인들이 페르시아를 상대로 승리를 거둔 마라톤 전투를 통해 그리스가 정치적이고 문화적인 강대국이 되기 위한 전제조건들이 만들어지던 때였다. 페이디아스의 아버지는 카르미데스였는데,

그가 별로 유명하지 않았던 조각가 헤기아스로부터 수업을 받았다는 이야기가 있는가 하면, 다른 자료들에 따르면 그가 헤기아스보다도 덜 유명했던 아르고스 출신의 예술가 아겔라다스로부터 배웠다는 이야기도 전해지고 있다.

신의 조각상

페이디아스는 처음부터 신들을 예술작품으로 만드는 일에 몰두했다. 그래서 사람들은 얼마 되지 않아서 그를 '신의 조각가'라고 부르는 데 익숙해졌다. 사실 이런 특성화는 결코 나쁜 전략이 아니었다. 왜냐하면 페르시아를 성공적으로 막아낸 후 수년 그리고 수십 년 동안 그리스에서 신의 조각상은 대단한 인기를 누렸기 때문이다. 페이디아스는 약 30세가 되었을 때 이미 동시대 조각가들의 선두 그룹에 포함될 만큼 출세가도를 달렸다. 그는 당시의 정치적 상황을 염두에 두고 델포이에 있는 아폴론 신전에 세울 신과 영웅들의 청동 동상을 13개나 제작했다. 이 동상들은 마라톤 전투에서 거둔 아테네의 승리에 대해 신들에게 감사의 선물을 바치려는 의뢰인들의 뜻으로 만들어졌다. 그는 이 과제를 대단히 만족스럽게 완수했음이 틀림없다. 왜냐하면 바로 그 직후에 페이디아스는 또다시 마라톤 전투를 주제로 한 작품을 만들게 되었기 때문이다. 이때 그는 기원전 490년에 거두었던 그 자랑스러운 승리를 기념하기 위해 약 7미터 높이의 거대한 아테나 여신의 동상을 만들었다. 이 작품에는 애국적인 동기에 걸맞게 '개척자'라는 호전적인 별칭이 붙여졌다.

페이디아스는 이 작품 역시 훌륭하게 완성했기 때문에 그 이후로는 그의 주문예약 장부가 항상 **빽빽**이 채워지게 되었다. 예를 들어서 아테네인들은 무시무시한 메뚜기 떼 습격을 당하고 그 위기를 마침내 이겨냈을 때 신에게 감사의 표시를 하고자 했다. 이를 위해서 다시 신의 조각가 페이디아스가 부름을 받아 아크로폴리스 광장에 대단히 감탄스러운 아폴론 동상을 제작하게 되었다. 아마도 여기에는 메뚜기 떼를 보내준 신에게 말없이 감사하는 그의 마음도 담겨 있을 것이다. 또한 렘노스 섬으로 이주한 아테네인들은 새로운 고향에서 안전과 평화를 기원하고자 했고 그런 뜻에서 페이디아스에게 아크로폴리스에 아테나 여신상을 세워줄 것을 부탁했다.

이제 아크폴리스에는 지칠 줄 모르고 일하는 조각가들의 부지런한 활동 덕분에 새로운 예술작품을 위한 공간이 점점 좁아져 갔다. 이에 따라 페이디아스는 변화를 갖기 위해 소아시아의 에페소스에서 열린 조각가 대회에 참가했는데, 이 대회의 주제는 용감하고 호전적인 아마존족을 가장 실감나게 표현하는 것이었다. 안타깝게도 페이디아스는 이 대회에서 우승을 하지 못했고, 영광의 우승컵은 동료이자 경쟁자였던 폴리클레이토스에게 돌아갔다고 한다. 그러나 이 이야기가 사실이라고 해도 에페소스에서의 패배가 페이디아스의 자신감을 지속적으로 손상시키지는 않았던 것으로 보인다.

유익한 우정

페이디아스는 스스로 제작한 뛰어난 작품 덕분에 이미 상당한 성공을 이루었고, 더 이상 아무도 그를 바나우젠으로 여기지 않았다. 그러나 그가 결정적인 성공의 기회를 얻은 것은 진정으로 소중한 우정을 통해서였다. 민주주의적인 아테네에서 당시에 누구보다도 영향력이 컸던 페리클레스가 이 재능 많은 예술가의 지속적인 발전을 위해 많은 배려를 해주었던 것이다. 페리클레스는 기본적으로 자기 주변에 훌륭한 예술가들이 모여 있으면 자신의 이미지에 좋은 영향을 미친다고 생각했다. 페리클레스는 심지어 그런 주변 인물들이 너무 많아서 전체적인 조망 능력을 잃지 않도록 주의해야만 했다.

페리클레스의 지원을 받았던 예술가로는 페이디아스뿐 아니라 역사가 헤로도토스, 비극시인 소포클레스, 음악가 대몬, 철학자 아낙사고라스와 프로타고라스 등도 있었다. 한편 페리클레스가 시간이 없을 때는 활달한 그의 아내 아스파시아가 이들과의 문화적인 접촉을 담당했다. 그런데 이런 일은 아테네의 보수적인 사람들에게 때때로 불쾌감을 주기도 했다.

아크로폴리스 프로젝트

페리클레스는 자신의 이미지를 위해 예술가 그룹을 지원했지만 페이디아스가 그의 측근자 그룹에서 단지 장식적인 요소이기만 했던 것은 아니다. 페리클레스는 위대한 정치인으로 역사에 남기를 원했고, 멋진 건설 프로젝트를 통해 자신의 이름을 영원히 각인시키는 것도 그런 일에 속한다고 생각했다. 아테네는 페르시아 전쟁 이후로 오래된 경쟁자인 강대국 스파르타를 능가하게 되어 새로운 광휘를 발산하고 있었고, 페리클레스는 개인적으로 이러한 광휘가 자신에게도 비춰지기를 바라고 있었다. 그는 자신의 건설 프로젝트를 실행할 장소로 아테네의 오랜 명소 아크로폴리스를 선택했고, 실제로 이것은 현명한 선택이었다. 왜냐하면 도시 아테네의 간판이라고 할 수 있는 이곳이 기원전 480년에 있었던 페르시아 군대의 일시적 점령으로 엄청난 피해를 입었는데 부분적으로는 여전히 폐허가 된 상태로 남아 있었기 때문이다.

수상한 재정적 지원

페리클레스가 계획한 대규모의 건설 프로젝트는 엄청난 액수의 돈을 필요로 하는 일이었다. 그러나 기획자인 페리클레스는 이런 문제에 대해 전혀 걱정하지 않고 한 가지 방법을 생각해 냈다. 그것은 우리가 우호적으로 말하자면 실용주의라고 할 수 있고, 적대적으로 말하자면 횡령이라고 표현할 수 있는 방식이었다. 즉 당시에 그리스의 동맹 국가들은 아테네에게 해마다 공동기금으로 일정한 액수를 성실하게 지불해 왔다. 이 공동기금은 명목상으로는 페르시아가 다시 공격해 올 경우를 대비하는 방어 비용이었다. 페리클레스가 자신의 건설 계획을 실행하기 위해 자금조달 방법을 찾고 있었을 때 바로 그의 머릿속에 떠오른 것이 이 기금이었던 것이다.

페리클레스는 우선 일을 쉽게 진행시키기 위해서 원래 델로스 섬에 보관되어 있던 이 기금을 아테네로 옮기도록 조치했다. 페리클레스의 이러한 뻔뻔한 행동은 단지 속임을 당한 동맹국들뿐만이 아니라 아테네 자체에서도 격렬한 비판을 받았다. 그러자 페리클레스는 이런 분위기를 진정시키기 위해 직접 주관한 대중 집회에서 응용 경제정치학 교본에나 등장할 만한 전형적인 내용의 연설을 했다. 이 연설의 핵심 내용을 전기작가 플루타르코스가 다음과 같이 기록해 놓았다. "동맹국 동지들은 우리에게 말이나 배, 혹은 군사를 전혀 제공하지 않았습니다. 그들은 돈 이외에 다른 것은 아무것도 주지 않았습니다. 그런데 돈이라는 것은 받은 액수에 대해 적절한 보상이 제공되는 한 그것을 지불한 사람들이 아니라 받은 사람들의 소유가 되는 것입니다." 아마도 페리클레스는 이 시점 정도에서 숙련된 웅변가로서 보다 효과적이고 결정적인 말을 하기 위해 의도적으로 잠깐 말을 끊었을 것이다.

"우리 도시는 전쟁용 무기는 이미 충분히 가지고 있습니다. 그러므로 이제부터 우리는 제작되는 동안에는 전반적인 안녕을 약속하고 완성된 후에는 영원한 명성을 약속하는 그런 풍성한 예술작품을 완성하는 데 관심을 쏟아야 합니다. 그런 작업이 시작되면 많은 일거리들이 생길 것이고, 다양한 요구들이 수공업의 각 분야를 활성화시킬 것이며, 모든 사람들의 손이 필요하게 될 것이고, 이곳이 아름답게 장식될 것입니다. 그럼으로써 거의 도시 전체가 이 일로 인해 발전하게 될 것입니다."

최고의 고용창출 효과

추측하건대 페이디아스도 틀림없이 이 청중 속에 섞여서 자신의 후원자가 하는 연설을 들으며 갈채를 보냈을 것이다. 왜냐하면 아크로폴리스의 건설 계획은 조각가인 그에게도 대단히 좋은 기회였기 때문이다. 페리클레스는 다른 직업을 가진 사람들에게도 이 대형 프로젝트를 통해 얻을 수 있는 장점과 매력에 대해 설명하는 것을 잊지 않았다. 그는 연설에서 이 사업의 잠재적인 혜택자로서 조각가와 함께 목수, 구리 세공사, 석공, 염색공, 금 세공사, 상아 세공사, 화가, 수예가, 동판 조각사 등을 언급했다. 동맹국들이 모은 돈이 모두를 풍요롭게 만들 것이라고 했다.

또한 페리클레스는 배신감을 느끼고 있던 동맹국들에게도 적절한 변명을 통해 설득을 시도했다. 그는 장차 동맹국들이 아테네를 방문할 때는 더욱 미적이고 문화적인 체험을 하게 될 것이며 그들의 지원으로 이런 사업이 완성되었다고 당당히 주장할 수 있을 것이라고 말하면서 열심히 아크로폴리스 프로젝트를 선전했다.

아크로폴리스 프로젝트 총감독

이렇게 해서 마침내 기원전 447년에 대형 건설 프로젝트가 시작되었고 아크로폴리스라는 거대한 현장이 페이디아스에게는 행운의 장소가 되었다. 왜냐하면 그는 친구인 페리클레스의 배려로 이 거대한 사업의 감독 자리를 맡게 되었기 때문이다. 그럼으로써 조각가인 페이디아스가 건축가, 미술가, 수공업자, 그리고 인부들로 이루어진 대규모 작업단의 최고 감독이 된 셈이었다.

물론 페이디아스는 자신의 임무를 소홀히 하지 않았다. "건축물들은 자랑스러운 규모와 모방할 수 없는 아름다운 형태를 이루며 점점 위로 올라갔다. 그리고 참가한 대가들은 섬세한 솜씨를 통해 각자의 기존 작품을 능가하기 위해 경쟁하듯 열심히 작업했다"고 전기작가 플루타르코스는 칭찬을 아끼지 않았다. 그렇게 해서 오늘날에도 아테네를 여행하는 관광객들에게 필수 방문 코스인 아크로폴리스의 신전이 탄생하게 되었다.

그런데 당시 사람들은 건물과 신의 조각을 강렬한 색상으로 칠했기 때문에 이 신전은 18세기의 유명한 독일 예술역사가 요한 요아힘 빙켈만의 표현처럼 "우아한 단순함과 고요한 위대함"과는 거리가 멀었다. 물론 페이디아스도 전체적인 감독을 하는 데에만 만족하지 않았다. 아테네의 기념비라고 할 수 있는 이곳에서 자신도 예술가로서 영원히 기억되고 싶었다. 이때 만들어진 작품이 바로 페이디아스의 걸작 중 하나로 꼽히는, 파르테논 신전에 있는 아테나 여신의 황금 신상이다. 이 조각상은 높이가 거의 13미터에 이르렀다. 황금과 상아로 장식된 이 예술적인 아테나 여신상은 이제 아테네의 아크로폴리스에서 가장 유명한 신전을 가장 멋지게 장식하게 되었다.

페이디아스를 둘러싼 스캔들

그러나 아테네에서의 프로젝트가 끝나자 조각가 페이디아스는, 성공에는 시기와 질투가 따르며 정치가와의 밀접한 관계가 꼭 좋은 것만은 아니라는 쓰디쓴 경험을 해야만 했다. 왜냐하면 갑자기 사람들로부터 거센 비난을 받게 되었기 때문이다. 그가 파르테논의 아테나 여신상을 작업할 때 금과 다른 보석들을 횡령했다는 것이 그 이유였다. 이러한 의심이 생기자 사람들은 그 동안 최고위층의 보호를 받아온 이 성공한 예술가가 이제 대가를 치러야 한다고 생각했다.

또한 페이디아스가 공공 계약 이행시에 지켜야 하는 청렴의 법칙을 어겼다는 소문도 들렸다. 즉 아마존족의 전투가 묘사되어 있는 여신의 방패를 만들 때 아주 노련하게 두 명의 인물, 즉 자신과 페리클레스를 조각해 넣어서 의도적으로 자기선전을 했다는 것이다. 페리클레스와 페이디아스의 반대자들이 찾아낸 증거에 따르면 페이디아스는 대머리의 노인으로(당시에 그는 실제로 아주 비슷한 외모를 가지고 있었다. 그렇지 않았다면 사람들이 그를 찾아낼 수 없었을 것이다), 페리클레스는 아마존족과 싸우는 모습으로 표현되어 있었다. 예나 지금이나 예술 작품에서 결코 허용되지 않는 간접광고가 분명해 보이는 이 사건 후에 페이디아스에 대한 여론의 공격은 본격적으로 시작되었다.

또한 사람들은 이런 상황에서 언제나 그렇듯 또다른 비난의 목소리에도 귀를 기울였다. 소문에 따르면 페이디아스는 후원자인 페리클레스가 관심을 보이는 귀족 여성들을 자기 집으로 불러들였다고 한다. 아마도 페리클레스를 위해 한 일이었을 것이다. 그러나 여기에 대해 그는 여자들이 단지 자신의 작업 모습을 보고 싶어했을 뿐이라는 뻔뻔한 주장을 했다고 한다. 희극작가들은 앞다투어 이러한 소문을 소재로 연극을 만들었고 극중에서 조각가 페이디아스를 '뻔뻔한 무뢰한'으로 표현했다. 아테네가 페이디아스를 상대로 비난과 공격을 가했던 이때만큼 "우아한 단순함과 고요한 위대함"이라는 표현으로부터 멀어진 때는 없었다. 그러나 다행히도 후대 사람들은 페이디아스를 다시금 위대한 아테네의 '고전시대의 개척자'로 칭송하게 되었다.

페이디아스와 페리클레스, 런던

감옥에서의 죽음

페이디아스가 공개적인 비판의 대상이 된 것은 사람들이 그의 성공을 시기했기 때문이기도 했다. 그러나 무엇보다도 결정적인 이유는, 고른 평을 받지 못했던 정치가 페리클레스에게 결정적인 타격을 입히기 위해 그의 주변인들에 대한 평판을 떨어뜨리려고 했기 때문으로 보인다. 이와 비슷한 일을 자연과학자인 아낙사고라스도 겪은 적이 있었다. 한편 페이디아스와 연관된 모든 사건들의 결과에 대해서는 문헌들이 각기 다른 주장을 하고 있다. 예를 들어서 플루타르코스에 따르면 위대한 페이디아스는 참혹한 종말을 맞이했는데, 감옥에 투옥되어 그곳에서 질병 때문에 혹은 독극물에 중독되어 죽음에 이르렀다고 한다.

올림피아에서 탄생한 세계의 기적

그러나 가장 위대한 유럽 예술가 중 한 명으로 꼽히는 페이디아스의 종말이 실제로는 그렇게 비참하지 않았을 것이라는 희망이 생기게 된 것은 바로 연대기 덕분이었다. 시기별 상황을 살펴보면 페이디아스가 파르테논 신전에서 작업을 마무리한 것은 기원전 438년이었다. 바로 그 직후에 그에 대한 고소가 이루어졌음이 틀림없다. 그런데 1년 뒤, 즉 기원전 437년에 페이디아스는 다시 올림피아에서 평화롭게 작품에 몰두하고 있었다고 한다. 그는 이곳에서 자신의 대작을 완성했는데 이것이 바로 그 유명한 제우스 신상이었다. 그러므로 여기서 우리가 시기적으로 앞뒤가 맞지 않는 점을 이해하기 위해서는 아주 약간의 탐정과 같은 예민함이 필요하다. 재판이 전혀 열리지 않았거나, 혹은 재판이 열렸지만 페이디아스가 투옥되지 않았던 것이다. 우리는 이 점에 대해 매우 다행스러워해야 할 것이다. 만약 그가 투옥되었거나 죽음을 맞이했다면 세계 7대 불가사의에 속하는 뛰어난 작품이 탄생하지 못했을 테니까 말이다.

사람들의 일치된 의견에 따르면 올림피아 신전에 있는 제우스 상은 실제로 페이디아스의 작품 중에서 최고의 수준을 보여준다. 유명한 올림픽 경기 장소인 올림피아에서 작업할 수 있다는 것만도 사실 그에게는 대단히 영광스러운 일이었다. 특히나 그곳은 그리스 최고의 신인 제우스의 신전이었고 그를 기리기 위해 경기가 펼쳐지던 곳이었다. 사람들은 그런 성스러운 신전의 현관에 방문객을 위한 일종의 눈요기로서 신들의 조각상을 세워놓고 싶었던 것이다. 페이디아스는 이번 도전 역시 매우 능숙하게 완수했다. 그렇게 해서 12미터 높이의 제우스 신상이 탄생되었다.

이 조각상에서 제우스는 세계 최고의 지배자로 표현되었고 왼쪽 손으로는 꼭대기에 독수리가 앉아 있는 왕홀을 쥐고 오른쪽 손으로는 날개가 있는 승리의 여신 니케를 떠받치고 있었다. 페이디아스가 다시 수고와 노력을 아끼지 않고 작품에 몰두한 결과였다. 아테네의 파르테논 신전에 있는 아테나 여신상과 마찬가지로 제우스 신상도 얼굴은 금과 상아로 만들어졌고, 그 외의 부분도 대단히 예술적인 조각들과 그림들로 장식되었다. 기원전 3세기에 세계의 7대 불가사의의 목록이 정해질 때 페이디아스의 제우스 상이 여기에 속하게 된 것은 지극히 당연한 일이기도 했다. 그럼으로써 이 목록에 포함된 바빌로니아에 있는 세미라미스의 공중 정원, 이집트의 피라미드 혹은 로도스 항구의 콜로소스와 같은 유명한 건축 작품들과 함께 어깨를 나란히 하게 되었다.

가장 완전한 작품

그러므로 페이디아스의 제우스 상을 보기 위해 많은 방문객이 몰리게 된 것은 전혀 놀라운 일이 아니었다. 그리고 이 작품을 본 대부분의 사람은 세계의 불가사의가 과연 어느 정도 수준의 작품인지 확인할 수 있었다. 공식적으로 드러난 사람들의 반응은 '깊은 감동과 충격'이었다. 왜냐하면 문헌들 속에 제우스 상에 대한 반응들이 여러 번 언급되어 있기 때문이다.

기원전 168년에 로마의 장군 아에밀리우스 파울루스는 정복자로서 그리스에 오게 되었다. 그는 올림피아를 방문해 제우스 상을 보게 되었는데 이때 말 그대로 "깊은 감동을 받았으며" 심지어 조예가 깊으면서도 자신의 인문학적 교양을 내비치는 개인적인 해설까지 덧붙였다고 한다. "내가 보기에는, 페이디아스만이 유일하게 호메로스의 제우스를 그대로 창조해 냈다."

예술적인 이해가 깊었던 로마인 키케로는 기원전 1세기에 페이디아스의 제우스 상을 보고 "이 분야에서 본 가장 완전한 작품"이라고 평했다. 또한 연설가 디온 폰 프루사는 직업상 칭찬하는 훈련이 잘된 사람으로서 오래전에 타계한 페이디아스와 직접 대화하는 형식으로 이런 표현을 했다. "가장 능력 있고 가장 훌륭한 예술가인 당신이 놀라울 만큼 고귀한 것을, 즉 기회가 있을 때마다 이곳으로 수없이 모여들었던 그리스인들과 타민족들에게 상상도 할 수 없을 만큼 즐거운 눈요기를 만들어주었다는 점에 대해 아무도 이의를 제기하지 않을 것입니다."

한편 기원후 37년부터 41년까지 로마를 지배했던 칼리굴라 황제는 조각 예술 분야에서 확실한 전문가였다. 그런데 혼종의 혈통을 가진 독재자로서 권력에 집착했던 그는 제우스 상을 보고 순수하게 감동을 받은 것에 그치지 않고 이 조각상을 로마로 가져가서 제우스의 머리를 자신의 머리로(물론 더 정확히 말하자면 자신의 머리 모형으로) 바꾸어 놓을 생각에 몰두했다. 그리고 심지어 이 계획을 실행하기 시작했다. 그러나 당시에 퍼진 소문에 따르면 신이 이런 범죄행위를 막았다고 한다. 황제의 명을 받은 사람들이 운반 작업을 하려 하자 신이 이미 장치된 발판과 교각들을 흔들리게 만들었고 작업자들은 두려움에 차서 도망치고 말았다고 한다.

페이디아스의 제우스 상을 비판한 사람은 극소수에 지나지 않았다. 이런 드문 전문가 중 한 사람은 기원전 1세기에 그리스의 역사가이며 지리학자였던 스트라본이었다. 그러나 그의 평가는 미적인 혹은 기술적인 면에 대한 것이 아니었다. 스트라본은 그보다는 훨씬 실질적인 문제에 대해 언급했다. 그를 혼란스럽게 한 것은 마련된 공간의 높이에 비해 지나치게 커다란 제우스 상의 규모였다. 그래서 그는 혹시 신이 일어서기라도 한다면 머리 때문에 신전 지붕이 날아가버릴까 걱정된다고 풍자적으로 말했다.

사라진 제우스 상

그러나 오늘날 우리는 유감스럽게도 페이디아스의 이 최대 걸작을 더 이상 볼 수 없다. 이 작품은 이미 오래전에 올림피아에서도, 그 어떤 박물관에서도 자취를 감추었다. 제우스 상의 마지막 운명에 대해서는 자세한 내용이 알려져 있지 않다. 단지 한 가지 흔적만이 콘스탄티노플에서 발견되었다. 기원후 4세기 말에 로마의 황제 테오도시우스는 기독교를 국교로 받아들였다. 이것은 다른 한편으로는 올림피아 경기의 종식을 의미했다. 왜냐하면 올림피아 경기는 위대한 제우스 신을 기리는 행사로서 기독교적인 검열의 금지목록에 포함되었기 때문이다. 이러한 이유로 올림피아의 많은 유물들과 조심스럽게 분해되었을 제우스 상은 동로마의 수도로 운반되었다. 그곳에서 제우스 상은 이집트의 오벨리스크, 그리스인들이 플라타이아이에서 페르시아를 이긴 후에 아폴론 신에게 바친 델포이의 뱀기둥과 함께 보관되었을 것으로 보인다. 그러나 제우스 상과는 달리 오벨리스크와 뱀기둥은 오늘날에도 여전히 이스탄불(과거의 콘스탄티노플)의 경마장을 장식하고 있다.

확실치 않은 기록에 따르면 제우스 상이 불에 탔다는 이야기도 있다. 흔히 그렇듯이 우리는 고대의 여행자들이 남긴 보고서를 통해 페이디아스의 작품에 대한 최소한의 대략적인 추측을 할 수 있다. 기원후 2세기, 그러니까 이 작품이 완성된 지 약 600년 후에 여행작가인 파우사니아스가 제우스 상을 묘사했는데, 그는 제우스의 발에서 페이디아스의 작가 서명을 발견했다고 한다. 또한 파우사니아스의 글 중에는 제우스가 지극히 개인적으로 페이디아스에게 이 작품에 대한 품질 증명을 해주었다는 불가사의한 이야기도 들어 있다. "제우스 상이 완성되자 페이디아스는 이 작품이 신이 원하는 대로 만들어졌는지 어떤 표시를 보여달라고 신에게 기도했다. 그러자 신은 바로 페이디아스가 서 있던 바닥에 번개가 일어나게 했다고 한다. 오늘날 그 자리에는 장식용 청동 용기가 놓여 있다."

대가의 작업실

1954년 인류학자들은 올림피아의 발굴 현장에서 기분 좋은 놀라움을 체험했다. 그들은 고대시대에 활동했던 한 조각가의 작업실을 발견하게 되었는데, 그곳은 의심의 여지없이 위대한 페이디아스의 작업 장소로 밝혀졌다. 이때 작은 점토 주전자가 발견되었는데 거기에는 소유자인 페이디아스의 이름이 새겨져 있었다. 그리고 이 작업실에는 페이디아스가 흔히 고대 문헌들이 기록하고 있는 것처럼 상아와 금만이 아니라 석고와 납을 가지고도 작업했음을 증명하는 재료들이 흩어져 있었다. 그러므로 비록 페이디아스의 제우스 상 자체는 사라졌지만 최소한 세계의 불가사의에 속하는 이 작품을 만든 곳의 잔해만큼은 아직 남아 있는 것이다.

회화
폴리그노토스

기원전 5세기.
타소스 출신의 미술가. 고대시대에 회화의 창시자로 칭송되었으며,
4채색의 뛰어난 활용과 함께 섬세한 인물 표현으로 인정받았다.

우리는 현대의 어떤 갤러리나 박물관에서도 위대한 그리스의 미술가 폴리그노토스의 그림을 찾을 수 없다. 이런 현실은 결코 그의 가치가 낮게 평가되었기 때문이 아니라 단순히 소장의 문제 때문이다. 모든 화가들의 스승이라고 할 수 있는 폴리그노토스가 작품을 그렸던 시기는 약 2,500년 전이었다. 당시에는 사람들이 미술 작품을 위해 주로 나무나 아마포와 같이 쉽게 사라지는 재료들을 사용했기 때문에 아무리 뛰어난 폴리그노토스의 작품들이라 해도 전혀 보존되지 못했던 것이다.

이것은 물론 대단히 유감스러운 일이다. 왜냐하면 '폴리그노토스의 진품'이 있었다면 오늘날 미술 경매시장에서 충분히 환상적인 가격을 기록했을 것이기 때문이다. 그리고 어떤 이기적인 수집가가 다른 미술 애호가들에 대한 배려 없이 폴리그노토스의 작품을 개인 창고 안에만 숨겨놓을 위험도 없었을 것이다. 왜냐하면 폴리그노토스는 기념비적인 것을 무척 좋아해서 작은 창고에 보관할 수 없을 정도로 규모가 큰 작품들을 만들었기 때문이다. 당시의 예술가들은 일종의 센세이션을 위해 유명한 장소에 전시할 거대한 벽화들을 그리곤 했다. 그러나 안타깝게도 폴리그노토스가 그린 대형 예술 작품들과 관련해서도 오늘날 아무런 확실한 흔적이 남아 있지 않다. 그의 작품들은 언젠가 자신들이 멋지게 장식했던 건축물들과 함께 역사 속으로 사라지고 말았다.

회화의 창시자

우리가 폴리그노토스의 그림을 볼 수 있는 직접적인 통로는 모든 시대를 불문하고 완전히 막혀 있다. 때문에 우리는 부분적으로 이 그림을 칭송하는 고대 동시대인들의 보고문, 이야기, 그리고 묘사에 의존해서만 그의 그림을 접할 수 있다. 이런 과정에서 폴리그노토스가 당대에, 즉 기원전 5세기에 유일무이한 예술적 업적을 쌓았다는 점은 확실히 알 수 있다. 오늘날 사람들은 이 시기를 흔히 그리스 문화의 '고전시대'라고 표현하곤 하는데, 폴리그노토스가 이런 명칭을 얻는 데 결정적인 역할을 했다. 아리스토텔레스의 제자이면서 만물학자라는 직함 덕분에 어떤 일에 대해서든 결정적인 코멘트를 할 수 있었던 테오프라스트는 기원전 4세기에 다음과 같은 판단을 내렸다. "폴리그노토스는 회화의 창시자이다."

물론 그보다 수세기 전에도 이미 많은 그림들이 있었고 그후에 익명의 세계로 사라져간 모든 미술가들이 할 수만 있다면 이런 판단에 항의를 했을지도 모른다. 우리가 그들의 이름을 알지 못하는 것은 그들의 예술성이 부족해서가 아니다. 오히려 그 반대이다. 점토나 돌, 즉 지속성이 강한 재료에 그려진 탓에 오늘날까지 보존되어 있는 꽃병 그림이나 벽화들은 폴리그노토스보다 훨씬 더 오래전에 활동했던 고대 예술가들의 높은 수준을 증명해 주고 있다. 단지 그때는 사람들이 후세를 위해 이런 선구자들의 이름을 남길 생각을 하지 못했을 뿐이다. 당시의 화가들은 그저 그림만을 그렸고, 사람들은 그들에 대해 아무것도 적어놓지 않았다. 작가 서명을 남기는 일도 한참 뒤에야 유행이 되었다. 그래서 조금은 아이러니한 상황이 발생하게 되었다. 우리는 폴리그노토스의 이름을 알고 있지만 그의 그림은 본 적이 없고, 그의 선조들의 그림을 알고 있지만 그들의 이름은 알 수가 없는 것이다.

이집트인, 크레타인, 에트루리아인

사람들은 흔히 모든 중요한 예술 혹은 단순히 예술이라고 불리는 것들이 기원전 5세기 그리스의 고전시대와 함께 시작되었다고 생각한다. 그러나 우리가 이집트인과 에트루리아인들의 무덤에 있는 화려한 표현들을 보거나 예외적으로 오늘날 헤라클리온 박물관에 소장되어 있는 크노소스의 궁정이나 크레타 섬에 있는 미노스 식 저택들의 그림을 보면 이런 생각이 완전히 잘못되었음을 깨달을 수 있다. 이미 기원전 2세기 중반에 크레타의 예술가들은 프레스코 기법을 사용했다. 다시 말하면 이들은 아교액이나 대리석 가루와 같은 전색제의 도움으로 촉촉한 바탕에 색을 칠할 수 있었다는 말이다. 그래서 〈백합왕자〉나 〈파리의 여인들〉과 같은 초기의 걸작들이 나오게 되었다. 물론 이 작품들의 제목도 고대부터 내려온 것이 아니라 근대 사람들이 상상한 결과이다.

석기시대의 회화

우리가 아주 정확하게 "누가 진정으로 회화를 창시했는가?"라는 문제를 다루려고 한다면 고대의 크레타나 이집트인보다도 더 멀리 석시기대까지 거슬러 올라가야 한다. 석기시대 사람들은 선조가 없었다는 뚜렷한 이유 때문에 그들이 했던 모든 행동에 '최초'라는 수식어가 덧붙여지는 커다란 장점을 가지고 있다. 그래서 엄격한 의미에서 보면 회화의 역사도 구석기 시대 사람들에 의해 시작되었다고 말할 수 있다. 그렇게 한참을 거슬러 올라간 시각에서 보면 마치 폴리그노토스는 거의 현대 미술의 대변자인 것처럼 보인다. 왜냐하면 그가 영향을 미쳤던 시기는 2,500년 전이었고, 석기시대의 동료들이 활동했던 시기는 1만 7,000년 전이기 때문이다.

회화 예술의 시작을 알아보기 위한 여행은 우선 스페인 북부의 알타미라로 향해야 한다. 그곳에서 1879년에 동굴회화의 인상 깊은 증거들이 발견되었다. 120가지가 넘는 그림들이 있었는데 정적인 대상이 아니라 움직임을 포착한 사냥용 동물들이 그려져 있었다. 이 여행은 프랑스의 도르도뉴에 있는 라스코 동굴로 이어질 수도 있다. 1940년에 마찬가지로 동굴에서 발견된 그림들은 질적으로 알타미라의 그림에 전혀 뒤지지 않는다.

인물 표현의 대가

위와 같은 간단한 예술사적 회고가 분명히 보여주듯, 폴리그노토스가 회화를 '창시'한 것은 아니었다. 어쨌든 최초로 구상적인 표현을 시도한 사람을 '창시자'로 본다면 그는 여기에 해당되지는 않는다. 그렇지만 우리는 테오프라스트와 같은 대가가 혼동을 했던 것이라고 가정하고 싶지는 않다. 분명히 폴리그노토스가 미술 분야에서 보여준 다른 종류의 특별한 업적이 있었을 것이다. 철학자이지만 남다른 예술 감각도 지녔던 플라톤이 우리의 마지막 의심을 말끔히 씻어주었다. 그는 유명한 화가의 이름을 예로 들어야 하는 경우에 바로 폴리그노토스를 떠올렸다.

마찬가지로 철학자이면서 고대의 만능 전문가로 품질보증이 된 아리스토텔레스도 폴리그노토스에 관한 중요한 말을 남겼다. 그는 폴리그노토스가 뛰어난 방식으로 '특징'을 표현할 수 있는 능력을 지녔다고 칭찬했다. 실제로 이 점은 폴리그노토스의 큰 장점 내지는 그가 지닌 많은 우수성 중 하나였다. 그의 뛰어난 인물 묘사는 그가 그린 작품의 특징이면서 당시의 미술계에서 이목을 끌었다. 그의 기념비적인 회화들 중 인물화는 언제나 중요한 역할을 했다. 그래서 화가 폴리그노토스는 경치를 그린 것이 아니라 사람들, 그것도 아주 많은 사람들을 그렸다. 그의 그림에는 실물의 반 정도 크기로 표현된 사람들이 70명까지 들어간 적도 있었다.

이런 사실 한 가지만으로도 폴리그노토스가 그린 작품의 규모에 대해 상상할 수 있을 것이다. 그렇게 많은 사람들의 조화로운 모습을 한 작품 안에 담기 위해서 그는 색상의 농도와 진하기의 단계화라는 대담하고도 혁신적인 생각을 하게 되었다. 고대의 증인들에 따르면 그는 인물들을 공간 안에 암시되어 있는 기준선을 이용해 각기 구분된 화면에 자유롭게 배열했다. 이런 방식은 대단히 개혁적이고 어떤 면에서는 미래지향적이기까지 했는데, 그 덕분에 후대 화가들이 양식적이고 기술적인 요령을 배워 수많은 사람들의 모임을 표현할 수 있게 되었다.

폴리그노토스는 더구나 이런 인물들 각각에게 생명까지 불어넣는 작품을 그렸다. 그가 표현한 사람들은 기존의 그림들과는 달리 입체적이고 사실적이었으며, 아리스토텔레스가 말했듯 진정한 특징(단순히 밋밋한 그림자가 아니라)을 지니고 있었다. 여기에 관해서는 전문적 지식을 갖춘 믿을 만한 고대의 보증인이 있었다. 기원후 1세기에《박물지》를 썼던 로마 학자 플리니우스이다.

《박물지》는 당시에 통용되던 백과전서적인 지식의 소중한 편람이었다. 교양인으로 인정받고 싶은 사람에게 이 책은 최종적인 테스트의 역할을 하기도 했다. 그런데 이 책 속에는 회화에 대해 심도 있게 다룬 부분도 있는데, 그 내용은 이 분야의 역사에 관한 중요한 자료가 되고 있다. 여기서는 예를 들어서 어떤 기구들이(핀셋 혹은 주걱) 사용되었는지, 어떤 색깔들이 사용되고 그것이 어떻게 만들어졌는지 설명되어 있었다. 폴리그노토스는 황토를 그림에 도입한 화가로 소개되어 있다. 어쨌든 오늘날 그는 그림에 네 가지 색깔인 검정색, 흰색, 빨간색, 노란색을 즐겨 사용한 화가로서 소위 4색 회화의 대표자로 여겨지고 있다.

투명한 의상

또한 플리니우스는 폴리그노토스의 재능, 즉 생생한 인물 표현에 대해서도 매우 분명하게 증언해 주었다. 그의 설명에 따르면 폴리그노토스는 "최초로 투명한 의상을 입은 여성들을 그렸고, 그녀들의 머리에 화려한 머리 장식품을 그려넣었으며, 최초로 열려진 입을 표현하고, 치아를 그리고, 이전까지의 경직된 표정 대신에 사람마다 각기 다른 표정들을 표현함으로써 회화의 수준을 아주 멀리까지 진보시킨 사람이었다."

폴리그노토스는 차츰 고대의 미술계에서 선두 그룹에 오르게 되었다. 우리가 쉽게 확인할 수 있는 것처럼 그는 화가라는 직업에 근본적인 자극을 준 사람이었다. 그러므로 그에게 '회화의 창시자'라는 호칭을 부여할 수는 없을지라도 트렌드세터라는 수식어를 덧붙이는 것에는 누구도 이의가 없을 것이다. 또한 그가 회화기법적인 측면에서 중요한 업적을 남겼다는 점도 고려해야 한다.

사람들은 특히 폴리그노토스를 석고 가공법 혹은 납화법과 연관시키는데, 그가 이 방식을 자신의 기념비적인 벽화들에서 활용했기 때문이다. 플리니우스가 간략하게 언급한 바에 따르면 전문지식을 갖춘 자신을 비롯해서 미술역사가들이 납화법의 정확한 과정에 대해 잘 이해하지 못했다고 한다. 납화법이란 기본적으로 열기와 관련이 있다. 왜냐하면 이 기법의 명칭 자체가 그리스어의 동사 '가열하다' 혹은 '구워 그려넣다'에서 유래했기 때문이다. 왁스도 중요한 역할을 했다. 플리니우스는 폴리그노토스를 통해 이 기법을 "왁스로 그리고 그림을 지져서 그려넣는 것"이라고 이해했다. 왁스는 색소를 위한 결합제로 사용되었다. 먼저 색채를 기존의 방식으로 칠한 다음에 가열을 통해 색깔이 그림의 바탕에 녹아들게 한 것이다.

아테네에서의 성공

그렇다면 폴리그노토스는 과연 어떤 사람이었을까? 오늘날 그의 그림들을 더 이상 볼 수 없다면 최소한 그의 개인적인 사항에 대해서는 알 수 있을까? 그러나 불행히도 생전에 그가 차지했던 대단한 인기에 비해 그의 생애에 대한 정보를 제공하는 문헌은 결코 많지 않다. 당연히 그의 경력에 대한 기록도 조금밖에 남아 있지 않다. 폴리그노토스는 학술적으로 그리고 문화적으로 대단히 번성했던 기원전 5세기에 활동한 화가였다. 그의 정확한 출생 날짜와 사망 날짜는 알려져 있지 않다. 확실한 것은 그가 미술가로서 특히 문화의 수도인 아테네에 많은 영향을 끼쳤지만 그의 고향은 에게해 북쪽에 있는 아름다운 타소스 섬이라는 점이다. 이 섬은 건너편 대륙에 금 광산이 있었던 탓에 부와 안락함의 오아시스로 여겨지던 곳이었다.

폴리그노토스는 아버지가 같은 분야에 종사한 덕분에 아테네에서 빠르게 성공할 수 있었다. 또한 그가 당시에 아테네에서 가장 영향력 있는 정치가 중 한 명이었던 키몬과 알게 된 것도 큰 도움이 되었다. 키몬은 폴리그노토스에게 아테네의 중요한 사회 인사들과 만날 수 있는 기회를 제공했다. 한때 키몬의 여동생인 엘피니케와 폴리그노토스 사이에 스캔들이 있기도 했지만 이것이 그의 명성에 지속적인 해를 끼치지는 않았다. 이 사건의 공식적인 해명이 두 사람의 밀회와 관련한 그의 책임 부분을 감소시켜 주었기 때문이다. 당시의 평판에 따르면 엘피니케는 행실이 단정한 여성이 아니었고 심지어 그녀가 폴리그노토스를 성폭행했다는 소문도 있었다. 그렇지만 이 화가에게 엘피니케가 그렇게 무의미한 존재는 아니었던 것으로 보인다. 왜냐하면 그가 언젠가 프리아모 왕의 딸인 라오디케를 그렸을 때 이 그림을 본 사람들은 금방 이 트로이 여성에게서 엘피니케의 모습을 떠올렸기 때문이다.

무료로 그림을 그리다

시간이 흐르면서 부유한 키몬은 더 이상 화가 폴리그노토스를 경제적으로 도와줄 필요가 없었다. 폴리그노토스는 이제 돈 걱정을 하지 않아도 될 정도가 되었다. 그래서 그는 공적인 계약에 대해서는 보수를 받지 않고 일을 했다. 물론 아테네인들은 그의 대범함에 매우 기뻐했고 우호적인 마음으로 아테네 시민권을 선사함으로써 고마움을 표시했다.

원래 고대 사회의 엘리트 계층은 어떤 일에 대해 보수를 받는 것이 자유시민에게 합당하지 않다고 여겼다. 같은 생각을 했던 전기작가 플루타르코스는, 돈과 같이 세속적인 것으로 순수한 미술작업의 가치를 떨어뜨리지 않은 폴리그노토스의 고귀한 결정을 칭찬했다. 플루타르코스는 직업적인 자부심을 가진 이 화가의 행동에 매우 만족해 하면서 동의하는 입장을 확실히 밝혔다. 그는 폴리그노토스가 결코 '수공업자'가 아니기 때문에 돈을 위해서가 아니라 도시의 명예를 위해 그림을 그린 화가라고 평했다.

플루타르코스는 이런 의견을 더욱 강하게 주장하기 위해서 고대의

예술 전문가이자 화가였던 멜란티오스의 말을 인용했다. 멜란티오스
는 기원전 4세기에 위대한 우상 폴리그노토스의 4색 기법을 받아들
여 당대의 가장 유명한 화가 대열에 끼는 데 성공한 사람이다. 심지
어 그의 그림들은 알렉산드리아의 프톨레마이오스 왕들이 몰두했던
전설적인 그림 수집 목록에 포함되기까지 했다. 그 외에도 그는 회화
에 대한 최초의 논문을 쓰기도 했다. 이 논문에서 특히 눈에 띄는 내
용은 플루타르코스가 언급한 것처럼 아테네의 재정 담당자가 기뻐할
폴리그노토스의 예술활동에 대한 그의 해설이었다. "폴리그노토스
는 자신의 돈을 들여가며 여러 신들의 신전과 케크롭스 광장을 장식
할 만큼 영웅적인 면모를 보여주었다."

정치적으로 올바른 예술

한편 멜란티오스는 이 논문에서 함축적으로 화가 폴리그노토스의
창작과 관련된 근본적인 특징들을 설명했다. 여기에 따르면 폴리그
노토스는 주로 신화적이거나 역사적인(그리스 사람들은 이 두 가지를 구분
하지 않는다) 소재에 몰두했고, 자신의 그림이 신전이나 혹은 공개적인
장소에 전시되는 것을 좋아했다(앞에서 언급한 '케크롭스 광장'은 아테네인
들의 전설적인 도시 수호자인 케크롭스의 신전 옆에 위치해 있다). 그런 면에서
폴리그노토스는 국가적으로 중요한 화가였으며, 그의 그림 소재는
아테네인들의 자랑스러운 폴리스(고대 그리스의 도시국가) 이데올로기와
잘 조화를 이루었다. 아마도 후원자인 키몬으로부터 받은 영향 때문
이었을 것이다. 키몬은 유능하고 성실하며 신뢰할 수 있는 보수적인
아테네인이기도 했지만, 이와 더불어 예술의 정치적인 기능, 즉 예술

을 통해 폴리스 시민의 자의식을 높이는 효과와 의미를 잘 알고 있을
만큼 충분히 진보적이기도 했다.

우리가 고대의 문헌들을 통해 확인할 수 있는 작품들을 관찰해 보
면 이러한 점이 분명하게 나타난다. 그렇다면 폴리그노토스는 어떤
모티브를 가지고 그림을 그렸을까? 그리고 고대의 미술 애호가들은
그의 작품들의 어떤 점을 보고 감탄했을까? 우선 폴리그노토스는 아
테네의 '채색된 전당', 즉 원어로 '스토아 포이킬레'라고 불리던 대
중적인 건축물을 위해 도시 트로이의 함락을 테마로 한 그림을 그렸
다. 이 주제는 모든 그리스인에게 대단히 교화적인 소재로 예술가들
이 이 주제를 다룰 때는 결코 실수를 하는 일이 없었다. 폴리그노토
스는 그리스의 영웅들이 트로이의 적들을 포로로 잡는 장면을 그림
으로 표현했고, 그 포로들 중에는 염세적이지만 현실적인 예언으로
유명한 예언자 카산드라도 있었다.

그 외에도 최소한 아테네의 다른 세 장소에서 폴리그노토스의 작
품들을 볼 수 있었다. 우선 제우스의 아들들인 디오스쿠로이의 신전
에는 그들이 납치한 레우키포스 딸들의 결혼식 그림이 그려져 있었
다. 또한 폴리그노토스는 크노소스의 미로에 있는 미노타우루스를
이기고 아리아드네의 실을 이용한 트릭 덕분에 살아난 아테네의 영
웅 테세우스의 기념 장소에 이 영웅의 생애 중에서 적합한 장면을 골
라 그림으로 그렸다. 또한 아크로폴리스의 서쪽 입구, 즉 신전 입구
의 피나코테크(아테네의 아크로폴리스 언덕 위에 있는 프로퓌라이온 옆의 작은
방에 봉헌화를 보존한 곳을 이렇게 불렀다)에 호메로스의 서사시에 나오는
장면들을 그림으로 표현했다.

폴리그노토스는 제2의 고향인 아테네에서만이 아니라 그 외의 곳에서도 작품활동을 했다. 특히 역사적 의미가 있는 장소들이 그의 관심을 끌었다. 그런 면에서 플라타이아이라는 지명은 진정으로 모든 아테네인의 가슴을 뛰게 하는 곳이었다. 이곳의 키타이론 산맥 아래에서 그리스인들은 기원전 479년에 페르시아의 침입자들을 상대로 유명한 결전을 치렀다. 폴리그노토스가 플라타이아이에서 그림을 그린 시기는 이 전쟁이 끝난 지 그리 오래되지 않은 때였다. 그래서 이곳의 아테나 여신 신전의 주랑에 그려진 그의 멋진 벽화의 주제는 학살이었다. 여기서 표현된 학살이란, 트로이 전쟁을 끝낸 오디세우스가 신들 때문에 뒤늦게 귀향한 후에 지조 있는 아내 페넬로프를 괴롭혔던 남자들을 상대로 벌인 복수전이었다. 그런데 이 아테나 신전은 페르시아를 상대로 한 그리스의 역사적인 승리 후에 바로 지어졌다. 그러므로 누구든 주의력이 있는 방문자라면 오디세우스의 대대적인 복수와 동쪽으로부터 온 초대하지 않은 손님들을 추방한 사건의 직접적인 연관성을 생각해 낼 수 있었다.

델포이에 있는 뛰어난 걸작들

그러나 고대 증인들의 한결같은 의견에 따르면 폴리그노토스의 가장 중요한 그림들은 미래를 점치는 신관 피티아가 있다는 델포이에 그려져 있었다. 피티아는 아폴론 신과 협조해서 이중의 의미를 지닌 신탁의 말을 해준다고 알려져 있었다. 대부분의 그리스 도시들은 이곳에서 모임을 가졌는데, 그 이유는 델포이가 단지 종교적일 뿐 아니라 경제적인 문제들을 다루는 장소였기 때문이다.

트로이 전쟁의 영웅들

폴리그노토스는 도시 크니도스에도 두 점의 걸작을 그렸다. 한 작품은 오디세우스의 지하세계 방문을 묘사한 〈네키아〉이고, 또다른 작품은 폴리그노토스가 다시금, 이번에는 완벽을 기해 트로이의 함락을 표현한 〈일리우페르시스〉이다. 기원후 2세기에, 즉 폴리그노토스가 죽고 몇 세기 후에 그리스의 여행작가 파우사니아스가 델포이에 와서 이 그림을 보게 되었다. 오늘날까지도 많은 미술 애호가들은 그가 누린 이런 특권에 대해 부러운 마음을 감추지 못한다. 다행히도 파우사니아스는 이 그림에 대해 매우 정밀한 묘사를 남겼고 그 덕분에 우리는 이 그림이 비록 오래전에 사라졌어도 폴리그노토스의 회화기법과 프레스코 기법에 대한 중요한 내용을 알 수 있게 되었다.

파우사니아스는 다음과 같이 매우 상세하게 작품 설명을 시작했다. "우리가 건물 안으로 들어가자 그림의 가장 오른쪽에 트로이의 함락과 그리스인들의 출발이 그려져 있었다." 폴리그노토스는 많은 인물들을 한 작품 안에 담을 수 있었기 때문에 이 그림에는 트로이 전쟁과 관련된 모든 중요 인물들이 모여 있었다. 그리고 그 다음 설명이 보여주고 있듯이 관람객이 이 그림을 보면 직접 이 대대적인 사건에 동참한 것 같은 느낌을 받았다.

"트로이의 여성들은 이미 붙잡혀서 불평을 하는 것처럼 보인다. 안드로마케가 그려져 있고 그녀의 아들은 옆에서 엄마의 가슴을 쥐고 있다. 안드로마케와 메데시카스테는 베일을 걸치고 있고, 폴리크세네는 처녀의 관습대로 땋은 머리를 하고 있었다. (……) 메두사 옆에는 대머리로 머리를 깎은 노인 혹은 환관이 서 있고 벌거벗은 아이를 무릎 위에 데리고 있다. 아이는 마치 두려움에 차 눈을 손으로 가리고 있는 것처럼 표현되어 있다."

모방자들

위의 글만큼 폴리그노토스가 인물 각각의 개성적인 표정을 그리는 데 얼마나 특별한 재능을 지녔는지를 뚜렷하게 보여주는 것은 없을 것이다. 그리고 우리는 비록 그의 그림들을 직접 볼 수 없지만 왜 그의 동시대인들이, 그리고 파우사니아스와 같은 후대의 관람객들이 언제나 그의 그림 앞에서 진정으로 뛰어나고 대단한 작품이라는 인상을 받았는지 짐작할 수 있다. 그러므로 근대의 미술가들이 고대인들의 설명과 묘사를 이용해 폴리그노토스의 그림들을 재현하려는 어려운 과제를 끊임없이 시도했던 것도 놀랄 일이 아니다. 가장 잘 알려진 사례가 프란츠와 요하네스 리펜하우젠 형제의 그림이었다. 이 두 사람은 티슈바인의 제자들로 1803년에 바이마르 미술 애호가의

괴테 협회가 주최한 현상공모에 폴리그노토스 양식의 그림들을 출품
했다. 이들의 그림은 의심의 여지없이 훌륭했지만 이들이 진정으로
고대의 진정한 대가 폴리그노토스와 견줄 만할 정도였는지에는 당연
히 의구심이 생긴다.

소크라테스

기원전 469-399.
아테네 출신의 철학자. 대화로 사람들을 이끌었으며
무지의 단계와 실질적이고 진정한 인식에 대해 설교했다.

오늘날 우리가 일상적으로 사용하는 많은 개념들이 그렇듯이 '교육자'라는 말도 (고대) 그리스어에서 유래했으며 말 그대로 번역하자면 '소년 지도자'라는 뜻이다. 그러나 현대의 교사라는 직책은 이런 독특한 표현과는 잘 맞지 않을 것이다. 그렇다면 조금 우회적인 방법으로 '젊은이들의 지도자'라는 중립적인 표현이 적당할 것이다. 물론 이 말도 여전히 낡은 표현으로 들리기 때문에 아주 만족스럽지는 않지만 말이다. 그러나 이런 표현은 우리가 일반적으로 '고대의 철학자'로 분류하는 소크라테스가 스스로 자신의 역할이라고 인정했던 개념과 상당히 유사하다. 혹은 의미를 보충해서 '젊은이와 인류의 지도자'라는 말도 좋을 것이다.

철학자보다는 교육자

만약 우리가 철학자를 신과 세상에 대해 고민하고 얻은 생각에 어느 정도 완성된 틀(칸트의 철학과 헤겔의 철학처럼)을 부여하는 학식 있는 사람으로 이해한다면 실제로 소크라테스는 철학자이기보다는 교육자였다. 물론 소크라테스도 철학을 했지만 어떤 견고한 철학적 학문 체계를 세운 것은 아니었다. 그에게 보다 중요한 것은 젊은 사람들이나 혹은 조금 나이든 사람들에게 독립적인 사고를 하도록 지도하는 일이었다. 이런 면에서 그는 이미 믿을 수 없을 정도로 현대적인 교육 수준에 근접해 있었다. 간단히 말하자면 그에게 중요한 것은 내용보다는 방법이었다. 그는 바로 이런 측면에서 '교육자'라는 명예로운 직함을 얻을 자격이 있다. 만약 가상의 임명장이 있다면 거기에는 이런 영예를 단순히 '소년 지도자' 소크라테스로서가 아니라 비판적인 질문을 통해 사람들을 진정한 인식으로 이끌려 했던 세계지향적인 학자로서 받는 것임이 분명하게 쓰여 있어야 할 것이다.

소크라테스에게 걸리지 않게

가장 원조이면서 위대한 교육자 소크라테스의 특징은, 제자들이 그를 찾은 것이 아니라 그가 제자들을 찾았다는 점이다. 그러나 그는 부자 가정을 방문해서 버릇없는 소년들에게 기본적인 학문을 가르치는 개인교사와는 전혀 달랐다. 소크라테스는 대부분의 시간을 아테네의 활기 넘치는 거리와 광장에서 보냈다. 그리스 세계의 분주한 중심지였던 아테네에서 커다란 머리와 땅딸막한 체형을 한 이 특별한 남자는 이곳의 일상적인 모습에 속했다. 그래서 많은 사람들이 일종

소크라테스, 나폴리

의 사전경보시스템을 구축하게 되었다. 왜냐하면 아주 급한 볼일이 있는 사람이라면 소크라테스가 있는 길을 피해서 가는 것이 낫기 때문이었다. 소크라테스는 스스로에게 부과한 전반적인 교육의 임무를 분명히 인식하고 지나가는 사람들을 붙잡고 거리낌 없이 말을 걸었고, 마침 직장 혹은 미용실 등에 가는 중인 사람들에게 진정한 인식을 가르치려고 했다. 그러나 모든 사람들이 이런 가르침을 받기에 충분한 여유가 있었던 것은 아니었다. 그 때문에 당시의 아테네 거리에는 신전이나 건물 기둥 옆으로 숨거나, 몰래 지나갈 수 있는 방법을 최대한 이용하거나, 진땀을 흘리며 좌우를 살피거나 하면서 소크라테스에게 걸리지 않기를 바란 아테네인들이 많았다.

질문하는 교육자

소크라테스 때문에 가던 길을 멈추게 된 사람은 그날의 나머지 시간을 위해 더 이상 아무것도 계획할 필요가 없었다. 그러나 사람들은 금방 이 독특한 남자와의 만남이 대단히 유용하고, 그가 독창적이면서도 대단히 효과적으로 가르칠 줄 아는 비범한 스승이라는 사실을 어렴풋이 깨달았다. 대화의 진행은 언제나 동일했다. 소크라테스는 먼저 지극히 단순해 보이는 질문을 던진다. 예를 들면 "행복이란 무엇인가?" 혹은 "정의란 무엇인가?" 혹은 "경건함이란 무엇인가?" 등의 질문이었다. 질문을 받은 사람은 처음에는 당황했지만 그 다음에는 지극히 소크라테스의 계획에 들어맞는 대답을 했다. 즉 그들은 감히 어떤 정의를 내리지는 못하고 행복 혹은 정의 혹은 경건함과 관련된 구체적인 상황을 설명함으로써 곤경으로부터 벗어나려고 했다. 예를 들면 "행복이란 내가 추첨에서 당첨되었을 때"와 같은 식의 설명으로 말이다.

나는 아무것도 모른다

소크라테스는 이런 방식의 대답을 예상했지만 그런 점을 결코 겉으로 드러내지 않았다. 이런 대답들은 그로 하여금 그 뒤에 숨겨져 있는 오류들을 지적해 줄 수 있는 기회를 제공했기 때문이다. 그에게 중요한 것은 개별적 사례가 아니라 개별적 사례 뒤에 놓인 일반적인 인식이었다. 그의 가련한 상대자는 일련을 질문들을 통해서 점점 더 방어적인 태도를 취하게 된다. 결국 점점 더 모순 속에 얽혀들면서 더 이상 아무것도 모르는 것 같은 느낌만을 갖게 된다. 만약 소크라테스가 이 시점에서 갑자기 집으로 돌아가기 위해 대화를 중단했다면 그는 당연히 위대한 교육자로서 역사에 남지 못했을 것이다. 그것은 마치 복잡한 치아의 뿌리 치료 중에 점심식사를 하기 위해 환자를 홀로 놔두고 나가버리는 치과의사와 같을 것이다.

물론 소크라테스는 가학행위를 즐기는 사디스트는 아니었다. 처음에 대화의 파트너를 코너로 몰아서 그들이 자신들의 의견에 대해 의구심을 갖도록 만드는 것은 소크라테스의 기본 전략이었다. 소크라테스가 말했던 것처럼 사람들은 아포리아, 말 그대로 '난관'에 부딪혀 보아야 한다. 이처럼 무지의 인식(나는 내 자신이 아무것도 모른다는 것을 알고 있다)으로부터 시작하는 교육을 받은 사람은 소크라테스의 인도하에(다시 한 번 언급하지만 이 모든 일이 대형 도시인 아테네의 온갖 소란 속에서 이루어졌다) 참된 진실을 추구할 수 있게 되었다.

소크라테스의 전문 분야, 즉 어떤 일의 진실을 알아내는 것을 그는 스스로 '산파술'이라고 칭했다. 소크라테스가 이렇게 특별한 개념을 사용한 것은, 진실이란 것은 갓난아이처럼 세상의 빛을 보아야 하는 것인데 이때 전문적인 도움이 필요하다고 생각했기 때문이다. 이와 관련해서 소크라테스는 가정의 영향을 받은 셈인데, 그의 어머니 파이나레테의 직업이 바로 산파였다. 어머니가 하는 일을 보고 대단히 깊은 인상을 받은 소크라테스는 인구통계학적으로 중요했던 어머니의 기술을 자신의 교육방법론에 적용했던 것이다.

중심에는 언제나 인간이 있다

소크라테스가 아테네 거리와 광장을 돌아다니면서 가르쳤던 방식은 대단히 혁신적이었다. 로마의 정치가이며 철학자인 키케로의 표현에 따르면 소크라테스는 "최초로 철학을 하늘에서 땅으로 가지고 내려온 사람이었다." 실제로 그는 예를 들어서 밀레토스 출신의 탈레스와 그의 주변에 있던 소아시아의 위대한 자연철학자들이 지금껏 지향했던 높은 차원의 영역에 대해서는 관심이 없었다. 그들은 세상을 구성하는 기본 물질에 대한 이론을 정립하기 위해 노력한 학자들이었다. 그러나 소크라테스에게는 사람이 중요했고, 사람이기 때문에 겪어야 하는 문제들이 중요했다. 이런 면에서 그는 윤리를 가르침의 중심에 놓은 최초의 철학자라는 수식어에도 적합할 것이다.

그렇다면 우리는 이런 관점의 변화가 어떻게 소크라테스에게 일어나게 되었는지 궁금해진다. 그러나 유감스럽게도 소크라테스의 성장 과정에 대해서는 거의 알려진 바가 없다. 그가 때때로 사로잡히곤 했던 오만함의 순간에는 자신의 이런 가르침의 기술이 신적인 영감 때문이라고 스스로 말한 적이 있다고 한다. 그러나 소크라테스처럼 자세한 사항이 알려져 있지 않은 인물의 경우에는 그런 일이 실제로 있었는지를 완전히 믿을 수가 없다.

인식으로의 길

그렇다면 소크라테스는 구체적으로 어떻게 자신의 제자들을 안타깝지만 필연적으로 거쳐야 할 아포리아의 상태에서 다시 벗어나게 했을까? 과연 진정한 인식이란 어떤 것이었을까? 상대와 대화를 하다가 어느 순간 소크라테스가 질문을 그만두고 이제는 그의 생각을 이야기해야 하는 시점이 오곤 했다. 이때 그를 이끌어준 힘은, 사람들에게는 각각의 차이점을 넘어서 공통으로 갖고 있는 선함이라는 상위원칙이 있다는 굳은 확신이었다. 그런 확신이 있었기 때문에 그는 각기 다른 모습의 사람들에게 항상 같은 기술을 사용할 수 있었다. 소크라테스의 의견에 따르면 이런 근본적인 선함이 거의 모든 사람들에게서 사라졌기 때문에 더 이상 이런 사실조차 인식할 능력이 없다. 이런 면에서 아포리아, 즉 난관에 빠지는 경험은 사람들로 하여금 산파술을 통해 잘못된 생각과 편견에서 벗어나 새로운 사고를 시작할 수 있게 하는 전제조건이다.

"선함이란 배울 수 있는 것이다." 이것이 위대한 교육자 소크라테스의 신조이자 중심 메시지였다. 그리고 이런 믿음과 그 다음 두 번째의 낙관적인 생각이 연결되어 있었다. "아무도 자발적으로 옳지 않은 일을 행하지는 않는다." 그러나 여기까지가 그가 할 수 있는 전부였다. 소크라테스라는 의사는 환자들에게 더 이상의 도움을 주지는 않았다. 거리에서 소크라테스로부터 질문을 받고 대화를 나눈 사람들이 치료 후에 마치 눈에서 껍질이 벗겨지듯 어떤 영원한 진실을 발견하리라고 생각하는 것은 큰 착각이었다. 스승 소크라테스는 늘 끈질기게 유혹당했던 교만으로부터 완전히 자유롭지는 못했지만 적어도 자신의 한계는 알고 있었다. 그는 선, 정의, 그리고 진실의 절대적인 인식을 불가능한 것으로 여겼다. 이런 특권은 오로지 신들에게만 주어지는 것이라고 생각했다. 그래서 소크라테스는 사람들이 기존의 생각에 대해 의심하는 과정을 거쳐 새로운 생각의 길로 향하고, 그럼으로써 진정한 인식에 근접하는 것이 자신의 목표라고 생각했다.

영리한 제자

스스로 인정한 거리의 교육자로서 소크라테스는 오로지 말을 통해서만 가르침을 전달했다. 그래서 글을 쓰는 일은 완전히 포기하게 되었지만 그는 혼자가 아니었다. 그의 주변에는 대단히 열성적으로 그를 따르지만 아직은 그다지 순종적이지 않은 한 무리의 사람들이 모여 있었다. 이들은 소크라테스의 말이 단 한 번의 연설로 역사 속으로 사라지기에는 너무 큰 가치를 지녔다고 생각했다. 그들 중에서 가장 대표적인 사람이 소크라테스의 유명한 제자 플라톤이었고 그는 스승이 남긴 유산을 정리하는 것을 자신의 소명이라고 생각했다. 그렇지만 아테네인들이 소크라테스 대신 플라톤 앞에서 꾸지람을 듣게 되는 상황이 벌어질 만큼 그의 충성이 지극하지는 않았다. 플라톤은 거리의 모퉁이에 서서 지나다니는 사람들을 기다리는 일은 하지 않았다. 그는 소크라테스가 죽은 뒤 12년 후에 고대에 가장 영향력이 컸던 철학 학술원 중 하나인 아카데미를 세웠다.

소크라테스와는 달리 플라톤은 많은 글을 썼고 수많은 철학적 안내서들을 남겼다. 이런 저서들 속에서 주요한 역할을 하는 인물은 바로 소크라테스였다. 대부분 소크라테스가 올바른 길로 이끌고자 했던 사람들과의 대화를 제자 플라톤이 글로 적은 것이다. 그러나 플라톤이 자신의 책에 등장시켰던 소크라테스가 진정으로 실존했던 소크라테스와 똑같다고 믿어도 좋을까? 여기에 대해서는 부정적인 의견들이 있다. 플라톤이 쓴 소크라테스는 실제의 모습보다 플라톤의 생각이 훨씬 더 많이 반영된 존재였다. 플라톤은 한마디로 자신의 철학적 견해를 표현하기 위해 스승의 유명세를 이용했고 덕분에 그의 견해는 대단히 높은 권위를 얻었다.

조각가의 아들

소크라테스가 진정으로 어떤 사람이었는지를 재구성하는 일은 빈약한 문헌 기록 때문에 결코 쉽지 않다. 그러나 항상 몇 가지 안되지만 확실한 기본 자료들은 있는 법이다. 그는 기원전 469년에 아테네에서 태어났다. 이때는 아테네인과 그 외의 그리스인들이 페르시아의 침입자들을 물리쳤던 플라타이아이의 대대적인 전투가 있은 지

10년이 흐른 뒤였다. 그의 아버지는 조각가였고, 당시에는 대부분 아버지의 뒤를 이었기 때문에 소크라테스도 조각가가 되었다. 그러나 정확히 알 수 없는 어떤 시점에 그는 당시에 명예로웠던 이 직업을 그만두었고 오로지 아테네 시민들을 교육하는 일에 몰두하게 되었다. 일반적으로 교육을 잘 받은 계층의 사람들은 신이 자신에게 어떤 임무를 부여했는지 알고 싶어했다. 소크라테스도 그런 생각을 했고 교육이 바로 신이 부여한 자신의 임무라고 주장했다. 물론 그의 생각이 틀렸을지도 모르지만 그가 이런 주장을 한 것은 결코 어리석지 않았다. 왜냐하면 당시에 조각가를 그만두고 교육가를 선택한 소크라테스의 결정을 이해하지 못한 사람들에게 적절한 설명이 되었기 때문이다.

무료 교습

그는 진실을 위해 봉사하는 자신의 활동에 대해 돈을 받지 않았다. 이런 점이 다행스럽게도 그를 단순히 '현인들'을 뜻했던 소피스트(그리스 전역을 돌아다니며 변론술과 입신출세에 필요한 백과사전적 지식을 가르치고 많은 보수를 받았다 - 옮긴이)와 분명히 구분시켜 주었다. 소피스트는 여럿이서 나라 전체를 돌아다니면서 부유한 귀족들에게 원하는 주제에 대해 그때그때의 상황에 적합한 강연을 하고 보수를 받았다. 이런 동시대인들이 이상주의적인 소크라테스에게는 혐오의 대상이었다. 그렇게 고귀한 행위를 어떻게 간단히 속물적인 재물로 보상받을 수 있단 말인가? 그는 그럴 수 없다고 생각했다. 그에게 중요한 것은 진실과 도덕적인 선(善)이었지 결코 물질적인 것이 아니었다. 물론 이 시점에서 그의 대화 상대자들은 먼저 대화를 시도한 사람은 자신들이 아니라 소크라테스였으므로 어차피 그가 자신의 가르침에 대해 돈을 요구할 수는 없다고 이의를 제기할 수도 있을 것이다. 어쨌든 그는 분명 보수를 받지 않았기 때문에 그런 논쟁은 불필요한 것으로 보인다.

시위적인 무욕의 삶

그렇다면 소크라테스는 어떻게 자신의 생계를 꾸려나갔을까? 이 부분에서 교육학의 트렌드세터 소크라테스의 경력에서 진정으로 어두운 면이 언급되어야 한다. 아마도 그는 아버지로부터 유산을 물려받았겠지만 그 재산이 아주 많지는 않았을 것이다. 그렇다면 그는 자신의 부유한 제자들로부터 희사를 받았을까? 아마도 그랬을 것으로 보인다. 그러나 소크라테스는 거의 시위하듯이 많은 돈을 필요로 하지 않는 소박한 삶을 살았다. 사람들은 언제나 그가 소박한 모직 외투를 입고, 신발을 사치로 여겨서 모든 금욕자의 오랜 전통대로 맨발로 다니는 모습을 보았다. 또한 식사를 할 때에도 뚜렷하게 절제하곤 했다. 소크라테스는 아테네인이면서도 마치 스파르타인처럼 겸손하고 소박한 정도의 비용만을 소비하는 삶을 살았다. 그리고 그의 추종자들(혹은 그의 반대자들이었을까?)이 주장했던 것처럼 소크라테스가 진정으로 한 번도 술에 취한 적이 없다면 그것은 그리스인으로서는 대단히 특별한 경우였다. 또한 그는 가장 선호했던 일터, 즉 아테네 도심에서 전문가로서 활동하면서 이곳의 시장에 제공되는 수많은 상품들을 보고는 이렇게 외쳤다고 한다. "내게 필요하지 않은 물건이 왜 이렇게 많단 말인가!" 이런 생각은 철학적으로는 의미가 깊을지는 모르지만 현대적인 시각에서 볼 때는 국민경제를 위축시키는 소비 포기에 대한 호소로 해석될 수도 있다.

악처 크산티페에 관한 소문

소크라테스의 인생 전환으로 가장 걱정이 많은 사람은 의심할 여지없이 아내 크산티페였다. 남편이란 사람은 꼭두새벽에 집을 나가 늦은 저녁에야 돌아왔다. 그는 돈을 벌어오지도 않았고 단지 자신의 산파술 전략에 대한 실패 혹은 성공의 이야기들만을 가지고 왔다. 아내가 이런 상황에서 때때로 화가 폭발하는 것은 지극히 이해할 만한 일이었다. 그는 왜 다른 남자들처럼 이성적이고 안정적인 일을 하지 않았을까? 왜 그는 세 아이들을 키우는 일에 거의 신경을 쓰지 않았을까?

전해지는 기록에는 크산티페가 흔히 악처의 전형으로 나타나곤 한다. 위대한 과제를 수행해야 하는 남편에게 생계유지와 같은 일상적인 걱정으로 부담을 줌으로써 재능 많은 철학자이자 교육자인 소크라테스의 삶을 힘들게 한 여성이라고 말이다. 그러나 이런 편견은 부당하다. 크산티페는 매일 남루한 옷으로 집을 나가는 남편을 보면서 어떻게 그가 훗날 유럽의 정신사상사에서 결정적인 지위를 차지하게 될 것이라고 예감했겠는가? 그러므로 우리는 크산티페를 조금 더 대범한 마음으로 이해해야 한다. 중요한 일을 하는 남편을 힘들게 하는 몰이해한 아내의 전형이 될 만한 인물을 우리는 다른 곳에서 찾아보아야 할 것이다.

열정적인 애국자

그런데 중요한 것은 소크라테스의 삶의 방식이 평범하지 않고 자유분방했음에도 불구하고 국가에 대한 의무를 완수하는 데에는 결코 소홀함이 없었다는 점이다. 오늘날 사람들이 흔히 말하듯 그가 열정적인 애국자였다는 것은 소크라테스라는 특별한 인물이 가진 많은 단면들 중 하나였다. 자율적이고 스스로 통치가 이루어지는 도시국가 폴리스의 기본 이념을 이 똑똑한 대가는 한 번도 의문시한 적이 없었다. 때문에 국가가 병역을 소집한다면 언제라도 달려갈 준비가 되어 있었다. 그는 자신의 고향과 스파르타 사이의 대규모 전쟁이었던 펠로폰네소스 전쟁에도 당연히 적극적으로 참여했고, 기원전 429년에는 그리스 북부의 도시 포테이다이아에서 벌어진 전투에 참가했다. 또한 기원전 5세기에 아테네를 지배했던 민주주의 체제에서 그는 시민으로서의 의무도 등한시하지 않았다. 특히 그는 확신이 서는 일이면 사람들의 지지를 받지 못하는 의견일지라도 지지하는 용기를 보였다. 이런 모습을 통해 아테네인들은 광장에서 영원히 토론이나 하고 있을 것 같은 소크라테스의 전혀 다른 면들을 알게 되었다.

비판의 중심에 서다

소크라테스의 삶은 어떻게 끝났을까? 동시대인들은 과연 그의 교육 활동을 인정했을까? 또한 폴리스와 민주주의를 적극 지지한 그를 이해했을까? 안타깝게도 소크라테스의 마지막 몇 개월은 그의 인생에서 가장 슬픈 시간이었고 아테네라는 도시국가에게도 결코 명예로운 시간이 아니었다. 그러나 소크라테스는 이런 어려운 시기에도 일관된 태도를 유지함으로써 자신의 명성을 더욱 높였다. 인생 후반의 소크라테스는 처음부터 평범하지 않았던 삶에 다시 한 번 진한 흔적을 남긴 것이다.

기원전 399년에 70세가 된 소크라테스는 아테네 시민들에 의해 재판을 받게 되었다. 그가 고소를 당한 것은 두 가지 이유 때문이었다. 첫째로 사람들은 그가 아테네의 신들을 믿지 않았다고 비판했고, 둘째로 젊은이들을 타락시켰다고 질책했다. 그러나 이런 비난들은 모두 근거가 매우 빈약한 주장이었다. 그가 어떻게 젊은이들을 망쳤단 말인가? 오히려 그 반대였다. 소크라테스는 진정으로 젊은이들을 올바른 인식의 길로 이끌려고 노력했다. 그리고 그가 신을 불신했다는 주장도 속이 훤히 들여다보이는 계략이었다. 사람들은 언제나 더 좋은 구실이 떠오르지 않으면 초현세적인 힘을 일에 끌어들이게 마련이다.

보다 더 근본적으로 문제가 된 것은 소크라테스라는 인물이 아테네에서 정치지도자 그룹에게 매우 불편한 존재였다는 점이다. 아테네는 스파르타와의 전쟁에서 패배했고 5년 전 항복조약서가 체결되었다. 나라 안의 정치적, 사회적 분위기는 현저히 악화되었다. 곳곳에 예민함이 팽배해 있었다. 이런 시기에 소크라테스와 같이 독립적 사고를 하는 학자는 일종의 도발을 의미했다. 어째서 그는 이런 상황에서 진실과 인식에 대한 장황한 이야기들을 중단하지 않았던 것일까? 당시의 아테네인들에게 진정으로 필요한 것은 공동체의식과 같은 것이었을 뿐, 모든 것을 혼란스럽게만 만드는 부담스러운 학자의 파고드는 질문이 아니었는데 말이다.

왜 잘난척을 했을까?

민주적인 아테네에서 흔히 행해지던 대로 재판은 배심원 방식으로 열렸다. 501명의 시민들이 소크라테스의 운명을 결정해야 했다. 형식적인 절차들이 민망할 만큼 정확하게 지켜졌다. 첫번째 단계에서는 유죄 혹은 무죄에 대한 주장이 펼쳐졌다. 플라톤의 변론(《소크라테스의 변명》)은 저명한 피고인 소크라테스의 무죄를 현실적으로 논증하는 일에서 애매한 인상을 준다. 소크라테스는 신들을 경시한 적이 없었고 오히려 신들로부터 임무를 부여받았다고 여긴 사람이라고 플라톤은 주장했다. 소크라테스가 젊은이들을 타락시켰다고? 오히려 정반대로 그는 교육자였기 때문에 젊은이들을 윤리적으로 교화시켰다고 플라톤은 주장했다. 그후에 투표가 이루어졌다. 결과는 소크라테스에 반대하는 표가 280명, 옹호하는 편이 221명이었다.

이 결과는 사실 좋은 징조였다. 고집스러운 교육자 소크라테스는 재판을 받고 있는 중에도 사람들이 생각했던 것보다 더 많은 호감을 얻고 있었던 것이다. 이어지는 재판의 2부에서 처벌의 정도가 결정될 터였다. 일의 상황으로 볼 때 극단적인 일이 벌어질 가능성은 거의 없었다. 너무 많은 배심원들이 피고인의 무죄에 대해 말하고 있었다. 이제 필요한 것은 소크라테스의 적절하고 겸손한 자기 변론뿐이었고 그 다음에는 과하지 않은 상징적인 처벌만이 내려질 것으로 보였다.

그런데 소크라테스는 이렇게 많은 관중들 앞에 선 이상 최고로 멋진 연설을 해야 하고 자신의 모든 지식을 펼쳐보여야 한다고 생각했던 모양이다. 그의 발언은 재치와 풍자가 넘쳤지만 유감스럽게도 거만해 보였다. 아테네인들은 그의 이런 점을 용서하지 않았다. 왜 고집스런 그는 단 한 번만이라도 분별력 혹은 겸허함 같은 것을 보여주지 못했을까? 그런 면을 보여주기는커녕 오히려 자기가 이룬 공적에 대해 아테네 시청(훌륭한 요리로 알려져 있는 곳이므로)에 국가 비용으로 자신의 평생 식대를 제공하라고 요구했다. 물론 이런 요구는 평소에 그의 절제된 식사 방식에 맞지 않기도 했지만 결과적으로 그후 거행된 투표 결과를 완전히 뒤바꿔 놓았다. 사람들은 그의 사례가 하나의 본보기가 되어야 한다는 데 합의했다.

두 번째 투표에서 369명의 재판관들이 사형에 찬성했다. 그러니까 그의 무죄를 확신했던 사람 중에서 많은 사람이 마음을 바꾼 것이다. 유죄선고를 받은 소크라테스는 감옥에서 독약을 이용한 사형집행을 기다리게 되었다. 플라톤은 이 마지막 며칠의 이야기를 자신의 저서 《크리톤》과 《파이돈》에서 자세히 묘사했다. 아마도 그는 이때 소크라테스가 주도적인 역할을 했던 그의 다른 작품들보다 훨씬 더 현실에 충실하게 쓸 수 있었을 것이다.

친구들은 70세의 소크라테스에게 도피를 종용했다고 한다. 그러나 소크라테스는 고집스럽게 자리를 지켰다. 그가 말하기를 물론 판결은 정당하지 않지만 합법적으로 내려진 것이므로 부당한 판결에 도피라는 부당한 방식으로 대응한다면 그것도 부당한 일이라고 했다. 지극히 소크라테스다운 생각이라고 제자들은 생각했을 것이다. 그는 죽음 앞에서도 지적으로 보이고 싶고 동시에 국가의 결정에 충실히 따르겠다는 의지를 시위하고 싶었던 것이 틀림없다. 또한 제자들은 소크라테스가 도피를 하지 않겠다는 두 번째 이유도 충분히 이해할 수 있었다. 그는 낯선 곳에 가기에는 너무 나이가 들었고 아테네는 늘 그의 고향이었기 때문이다.

죽음과 사후의 명성

마지막 날 크산티페가 소크라테스를 방문했다. 이날만큼은 확실히 부부싸움이 없었던 것으로 보인다. 오히려 크산티페는 흔히 여자들이 하듯이 소리 내어 울고 비통해 했다고 한다. 플라톤이 자신의 책에서 결론을 내고 있듯이, 뛰어나고 이성적이고 가장 정의로웠던 남자 소크라테스는 결국 자신에게 제공된 독배를 비웠다.

그러나 그의 전성기는 죽음과 함께 비로소 시작되었다. 조금은 그의 자만심에 아첨하는 말처럼 들리겠지만 후대에는 그리스의 철학자들이 '소크라테스 이전의 철학자'와 '소크라테스 이후의 철학자'로 나뉘게 되었고, 그럼으로써 유럽 정신사에서 차지하는 그의 의미가 분명하게 증명되었다.

역사학
투키디데스

기원전 460-396년.
아테네 출신의 역사가. 그가 쓴 《펠로폰네소스 전쟁사》는
오늘날까지 유용한 자료가 되고 있다.

일반적으로 역사가는 과거를 다루는 일을 한다. 그렇지만 과거라고 해서 반드시 아주 오래전으로 거슬러 올라갈 필요는 없다. 이런 측면에서 비교적 최근의 일부터 가장 최근의 일까지 다루는 현대사라는 분야가 있다. 그러나 어떤 경우에든 역사가들이 다루는 이야기가 이미 벌어진 사건이고 그것을 진정한 역사라고 본다면 이들에게는 유리한 점이 있다. 왜냐하면 근본적으로 어떤 사건의 의미를 올바르게 파악하고 평가하는 것은 회고를 통해서만 가능하기 때문이다. 반면에 동시대인들은 지금 벌어지고 있는 사건을 함께 체험한다는 장점을 누릴 수 있지만 그들에게는 그 사건의 올바른 평가를 위해 필수적인 시간적, 내적 거리감이 어쩔 수 없이 결여된다.

이런 설명은 충분히 이해할 만한 이야기이지만 여기서 지금 역사에 관한 이런 깊은 고찰이 왜 필요한지 의문이 생길 수도 있을 것이다. 그 대답은 간단하고도 동시에 놀랍다. 고대의 최고 역사가는 아니지만 그런 사람들 중 한 명이면서 역사적 사건들을 학술적인 방식으로 다룬 최초의 인물인 한 작가가 위에서 말한 것과는 전혀 다른 방식으로 역사를 다루었기 때문이다. 즉 그는 작업을 시작했던 시점에 아직 일어나지도 않았고 그래서 말하자면 현재이고 미래였던 역사에 대해 글을 썼다.

진정한 역사 서술의 시작

아테네인 투키디데스가 이 작품을 완성하고 나서 한참 뒤인 18세기에 영국의 철학자이자 역사가인 데이비드 흄은 결코 흉내낼 수 없는 기막힌 표현으로 그를 칭송하였다. "투키디데스의 첫번째 페이지는 모든 진정한 역사의 시작이었다." 이 말은 우리의 호기심을 자극하는데, 흄의 말을 그대로 믿는다면 "투키디데스의 첫번째 페이지"에는 과연 어떤 내용이 들어 있는지 궁금해진다. 우리가 그리스어를 모르는 탓에 시중에서 구할 수 있는 많은 번역본들 중 하나를 선택해서 들여다보면 다음과 같은 내용을 읽을 수 있다. "아테네의 투키디데스는 펠로폰네소스인과 아테네인들이 서로를 상대로 벌였던 전쟁을 기록했다." 이 문장은 전혀 특별히 흥분되거나 자극적으로 들리지 않는다. 혹시 뛰어난 학자 흄이 혼동을 했던 것일까? 아니면 혹시 이것이 "투키디데스의 첫번째 페이지"가 아니란 말인가?

그러나 우리는 바로 다음 문장에서 대단히 특이한 글과 만나게 된다. 고대의 문학에서 흔히 그렇듯이 저자는 지극히 겸손하게 자신을

투키디데스, 개인 소장품

3인칭으로 나타내면서 다음과 같이 적고 있다. "그는(그러니까 투키디데스는) 이 전쟁이 매우 중요하며 이전의 다른 어떤 전쟁보다도 큰 의미를 지니게 될 것이라는 기대감 속에서 전쟁이 발발하자 곧 기록 작업을 시작했다." 어떻게 그가 이처럼 뛰어난 예언적인 평가를 하게 되었는지 의심스러워하는 독자들을 위해서 투키디데스는 이어지는 글에서 다음과 같은 설명을 준비해 놓았다. "그는 힘이 가장 막강한 두 나라가 전쟁을 시작했다는 점에서 그런 결론을 내렸고, 또한 그는 다른 모든 그리스인들이 각각의 생각대로 한쪽 편을 선택하는 것을 보았기 때문이다."

아테네와 스파르타의 전쟁

투키디데스가 그 규모와 중요성을 초기에 바로 인식해서 즉시 역사적인 기록 작업을 시작했던 이 전쟁은 '펠로폰네소스 전쟁'이라고 불리게 되었다. 그리고 마치 참가국들이 이 역사가의 대담한 예언을 확인시켜 주기라도 하듯 전쟁은 27년을 넘어서까지, 즉 기원전 431년부터 404년까지 계속되었다. 양쪽 편은 당시 그리스에서 가장 막강한 두 나라였고 여기에 각각의 동맹국들이 있었다. 한편에는 펠로폰네소스 반도의 무시무시한 호전적 민족인 스파르타가 있었고, 다른 한편에는 사교에 능숙하고 민주적인 아테네가 있었다. 아테네인들은 기원전 5세기 초에 페르시아의 침입을 강력한 함대의 도움으로 이겨 낸 후 스파르타를 진지한 경쟁자로서 대적하는 법을 알게 되었다.

수개월 동안 호전적인 위험한 상황이 지속되다가 기원전 431년 봄에 서로에게 책임을 전가하면서 두 나라 사이의 적대감은 폭발하고 말았다. 마침내 스파르타가 동맹국들과 함께 아티카로 쳐들어왔다. 그런데 이곳에는 그들과 싸울 상대가 없었다. 왜냐하면 아테네의 정치지도자인 페리클레스가 시민들에게 수비 전략을 미리 알려서 아티카의 농부들을 포함해 모든 사람들을 안전한 도시 성벽 뒤로 피신시켰기 때문이다.

역사가라는 직업

당시 아테네에 있던 사람들은 싸울 태세를 갖춘 적수가 없으니 스파르타의 침입이 허사가 될 것이라는 페리클레스의 낙관주의에 동조하였다. 그들 중에는 마침 이 전쟁의 역사적인 동행자가 되기로 결심한 아테네인 투키디데스도 포함되어 있었다. 그는 전쟁 상황을 기록하면서 많은 어려움을 겪었지만 결코 자의식 부족으로 괴로워하지는 않았기 때문에 훌륭한 역사가가 될 것이라는 확신이 있었다. 그렇지만 이런 그가 당시 사람들에게 특별히 위대한 본보기가 되었던 것은 아니다. 당시 그리스에서는 역사라는 분야가 학교나 다른 교육기관에서 중시하는 기본 과목이 아니었기 때문이다. 더 정확히 말하자면 이 시기에는 아직 역사에 대한 제대로 된 학문이 존재하지 않았다.

오늘날에는 특정하게 과거의 사건과 일을 다루는 직업적인 전문가와 전달자를 '역사가'라고 부르지만 당시에는 어떤 직업에서든 연구자로서 종사하는 모든 사람을 통칭하는 말이었다. 그래서 투키디데스가 아직 벌어지지도 않은 일에 대해서 빠른 판단을 하고 기록을 남긴 일이나 역사가(현대적인 의미에서의)가 전혀 존재하지 않던 시대에 역사가로서 활동한 점은 그에 대한 호기심을 갖게 하는 계기가 되었다. 물론 호메로스도 과거의 일을 글로 적는 작업을 했지만, 그것은 트로이를 둘러싼 전설적인 전쟁과 오디세우스의 방랑을 적은 것으로 결코 역사적인 현실의 재구성은 아니었다. 서사시는 문학적인 허구의 자유를 누릴 수 있는 장르였기 때문이다.

경쟁자 헤로도토스

한편 투키디데스에게는 만만치 않은 경쟁자가 있었는데, 그의 존재가 투키디데스의 명예욕을 더욱 자극했다. 사실 펠로폰네소스 전쟁의 모든 것을 담고 있는 투키디데스의 역사서도 이 부담스럽고 만만치 않은 동료와의 심리전에서 지지 않고 이루어낸 작품이었다. 그는 자신이 경쟁자를 의식하고 있다는 인상을 주지 않기 위해서 구체적인 이름을 언급하지는 않았지만 이 작품에서 분명하게 상대의 역사 서술 방식을 비판했다. 그럼에도 불구하고 투키디데스는 이 경쟁자를 밀어내는 데 성공하지 못했다. 오히려 그 반대였다. 이쯤에서 경쟁자의 이름을 밝히자면 그는 바로 헤로도토스였다. 헤로도토스는 투키디데스와 함께 오늘날까지 그리스 고전시대에 활동했던 역사 서술의 대표적 인물로 꼽힌다.

소아시아 남서부에 있는 할리카르나소스, 즉 오늘날의 보드룸에서 태어난 역사가 헤로도토스는 투키디데스보다 30년 전에 태어났다는

장점을 지니고 있었다. 그래서 그는
당시까지 전혀 정립되어 있지 않았던
역사 편찬이라는 분야를 최초로 점령
할 수 있었다. 또한 그는 특별한 주제
를 따로 찾을 필요가 없었다. 기원전 5
세기 초반에 승리에 익숙해져 있던 페
르시아인들의 침입은 그리스 세계를
20년 동안 숨막히게 했다. 그러나 그
후 그리스인들은 자랑스러운 승자로
서 스파르타와 아테네의 주도하에 전
쟁에서 벗어날 수 있었고, 동쪽에서 온

헤로도토스, 뉴욕

초대받지 않은 손님들은 자존심에 상처를 입은 채 빈손으로 고향에
돌아가야만 했다.

헤로도토스는 바로 이 전쟁의 이야기를 기록했다. 동양으로부터
소아시아로 향해 불어온 비판적, 합리적 사상으로부터 자극을 받은
그는 단지 추측만으로 사건을 설명하는 방식을 지양했다. 헤로도토
스는 사건들을 보다 더 정확하게 파악하고자 했고, 이를 위해 먼 여
행을 다니고 시대적 증인들을 인터뷰하고 기록을 찾아다녔다. 그리
고 끝으로 모든 종류의 민족학적, 지리학적, 문화역사적인 설명과 일
상생활의 흥미로운 사건들이 어우러진 총체적 작품을 선보였다.

그런데 당시의 문학은 개인적인 공간에서 읽히는 것보다는 공개적
으로 낭독되는 경향이 강했다. 한 작가가 자신의 작품을 널리 알리고
싶으면 순회공연을 다녀야 했고 극장이나 오데온(음악당, 극장, 영화관

등으로 사용되던 곳 - 옮긴이)에서 작품을 발표해야 했다. 헤로도토스도 지속적으로 이런 공연을 했는데 도처에서 관객들이 열광적인 반응을 보였다. 언젠가 헤로도토스가 아테네에서 낭독회를 열었을 때 투키디데스도 관중 속에 끼어 있었다고 한다. 그는 동료인 헤로도토스의 발표를 듣고 눈물을 흘렸는데, 이 눈물이 감동 때문인지 깜짝 놀랐기 때문인지는 알 수 없다. 아마도 후자의 경우가 맞을 것으로 보인다. 엄격하고 지극히 이성적인 투키디데스라는 인물에게 화려하면서도 긴장감 넘치는 헤로도토스의 스타일은 혐오의 대상이었기 때문이다.

투키디데스는 자신의 작품에서 헤로도토스와 그의 숭배자들을 "듣는 즐거움을 위해 모든 것을 제공하되 진실은 전혀 제공하지 않는" 사람들이라고 혹평했다. 그리고《펠로폰네소스 전쟁사》의 첫부분에서 독자와 청중에게 이렇게 경고했다. "결코 시적이지 않은 이런 글을 듣는 것이 어쩌면 조금은 편안하지 않을 수도 있다. 그러나 이 글은 단 한 번 듣고 잊히는 구경거리가 아니라 지속적인 소장을 위해 쓰였다." 그러나 이렇게 말하는 것은 일반인들에게 대단히 어려운 요구를 하는 셈이었다. 이와 달리 헤로도토스는 충분히 조사한 내용에 매력적인 문체라는 의상을 입힌 작품을 썼고 그리스 역사상 중요한 일들을 친절하게 설명해 주었다. 그러나 투키디데스도 중요한 일을 계획하고 있었다. 그 계획이란 과거에 대한 지식을 통해서 각자의 현재를 더 잘 이해할 수 있도록 만드는 일이었다.

계속되는 전쟁

투키디데스는 우선 역사 편찬이라는 선구적 작업의 소재로 선택한 이 전쟁에서 모든 과정을 체험해야 했고 또한 당연히 살아남아야 했다. 그가 가까스로 피할 수 있었던 파괴적인 페스트 전염병은 아테네 전체에 퍼져서 많은 사람들이 죽었고 그 중에는 페리클레스도 포함되어 있었다. 이 전염병에 대한 설명도 투키디데스의 역사서에서 가장 인상적인 부분에 속한다.

그후 기원전 424년에 역사가 투키디데스는 정치적, 군사적으로 적극적인 활동가로 변신하였다. 그리고 그에게 쉽지 않은 임무가 주어졌다. 당시에 에게해의 북쪽에서는 스파르타와 아테네 사이에 전략적으로 중요한 도시인 트라키아 해안의 암피폴리스에 대한 소유권을 두고 접전이 벌어지고 있었다. 한 작전에서 큰 직책을 맡게 된 투키디데스는 함대를 이끌고 스파르타를 몰아내야 했다. 그가 이런 임무를 맡게 된 것은 그가 이 지역에 대해 잘 알고 있었기 때문이다. 그는 이미 오래전부터 아테네에서 살고 있었지만 그의 가족은 트라키아 출신이었다. 그리고 이곳에 몇 개의 금광도 소유하고 있었다. 그러나 그가 이 작전에서 성공하기에는 때가 너무 늦었다. 암피폴리스는 스파르타의 수중으로 넘어가고 말았다. 아테네인들은 이런 패배에 대해 결코 너그럽지 않았다. 실패한 해군 대장 투키디데스는 결국 아테네로부터 추방되었다.

예민한 사람이라면 이런 일로 큰 충격을 받았을지도 모른다. 그러나 투키디데스는 그렇지 않았다. 그는 이 모든 상황을 실용적으로 받아들여서, 전쟁에 참가한 역사적인 관찰자로서 자신의 작업에 유용한 기회라고 여겼다. 그는 이제 여러 측면에서 주변을 둘러볼 수 있고 편안하게 자세한 내용을 알아볼 수 있는 여유가 생겼다. 또한 그는 대단히 효과적인 정보 전달의 체계로부터 도움을 받았다. 도처에 있는 정보 제공자들이 그에게 가장 최근의 새로운 소식들을 알려주었다. 물론 정확하면서도 의심이 많은 그는 이런 소식들을 항상 상세히 검토했다. "나는 직접 체험한 것을 쓰는 작가이며 다른 사람들로부터 온 소식은 하나씩 자세히 검사했다"고 그는 말했다. 이런 방식으로 그는 마침내 지친 참가자들이 어떻게 기원전 421년에 평화협정을 맺게 되었는지 기록하였다. 물론 이들은 아무도 진정으로 평화를 지키려고 하지 않았다. 6년 뒤 시칠리아를 향한 아테네의 대대적인 해군 원정을 통해 전쟁은 다시 시작되었다. 그리고 이 원정은 무모한 공격자에게 심각한 재앙을 안겨주었다. 투키디데스는 마침내 아테네의 멸망을 지켜본 증인이 되었다. 기원전 404년에 스파르타가 페르시아로부터 엄청난 경제적, 도덕적 지지를 얻어내게 되자 아테네는 결국 항복할 수밖에 없었다.

중단된 작업

그리스 전쟁의 종식은 투키디데스에게는 개인적으로 그의 추방이 끝났음을 의미했다. 그는 이제 다시 아테네로 돌아갈 수 있었다. 이곳에서 그는 지난 27년 동안 벌어진 많은 사건들을 하나의 역사적인 총체적 꾸러미로 묶기 위해 노력했다. 그러나 안타깝게도 투키디데스는 이 작업을 완전히 끝내지 못했다. 그의 기록 작업은 기원전 411년에 중단되었다. 이 역사가에게는 그 나머지 사건들까지 서술하고 글로 남기는 일이 허용되지 않았던 것이다. 이런 점이 온갖 추측을 낳는 동기를 제공했다. 그러나 단순히 전쟁 말기에 이미 약 60세가

되었던 투키디데스가 그의 걸작을 완성하기 전에 죽었을 가능성이
가장 높아 보인다.

이것은 세계사적으로 중요한 사건들을 기록하는 의미 깊은 계획의
중단을 의미했다. 그래서 그는 작품에서 발견되는 몇 가지 모순을 해
결하고 불충분함을 보충할 기회도 갖지 못했다. 엄격한 비판가들은
이런 면을 항상 《펠로폰네소스 전쟁사》의 단점으로 주장한다. 그렇
지만 고대 그리스에는 흔히 작가들의 민감한 심리를 배려해 가며 대
단히 신중하게 오류와 실수를 바로잡으려는 편집자가 아직 존재하지
않았다.

동시대인들은 중단된 역사서에 관해 여러 가지 추측을 내놓았는
데, 그런 이야기에 따르면(그 외에는 전혀 알려지지 않았던) 투키디데스의
딸이 실제로 미완성으로 보이는 《펠로폰네소스 전쟁사》의 마지막 장
을 썼다고 했다. 고대의 한 투키디데스 전기작가는 이런 주장을 혹독
하게 비판하면서 그 근거로 다음과 같은 말을 했는데, 그 말도 우리
는 이해하기 힘들다. "그렇게 수준 높은 작업을 완성하고 기록하는
기술을 모방하는 것은 여성으로서는 불가능한 일이다."

사실 우리는 투키디데스에 대해 그 외에도 여러 가지 이의를 제기
할 수 있을 것이다. 예를 들면 오늘날의 기준에서 볼 때 그의 역사서
는 정치적, 군사적인 사건에만 집중되어 있고 문화, 경제, 종교, 그리
고 일상의 부분들은 완전히 무시되었다. 또한 이 책에서는 벌어진 사
건에 대한 저자의 주관적인 시각이 많이 드러난다. 그리고 그다지 읽
기가 쉽지 않은 언어를 썼다는 점도 문제였다. 투키디데스의 역사서
를 그리스어 원서로 읽으려고 시도한 학생들은 번역을 할 때 큰 어려

움을 겪어야 한다. 그러나 이 모든 문제점들에도 불구하고 위대한 역사가 투키디데스가 차지하는 높은 위상은 결코 흔들리지 않는다. 왜냐하면 그는 '영원한 유산'을 남기겠다는 자신과의 약속을 지켰기 때문이다.

이 역사서가 지닌 중요성과 가치는 그가 민주적인 아테네에 대해 경의를 표하며 썼던 그 유명한 '페리클레스의 장례식 추도 연설' 부분이나 결코 명성이 덜하지 않은 '멜로스 회담'에 관한 글처럼 단지 몇몇 대표적인 부분에만 해당되는 것이 아니다.

후손에게 주는 메시지

투키디데스는 무엇보다도 역사서의 제일 첫부분에 있는 '방법에 관한 장'을 통해 위대한 인물로서 불멸의 명성을 얻었다. 여기서 그는 역사에 대한 자신의 생각을 피력했고 역사를 다루는 일이 얼마나 가치 있는 일인지 설명했다. 당시에 많은 동시대인들은 이 책에 신에 대한 언급이 전혀 없다는 사실을 당황스러워했을 것이다. 그러나 투키디데스가 이 책을 통해 사람들의 마음에 깊이 새겨넣은 것이 있었다. 즉 역사를 만드는 것은 인간이다, 그리고 인간은 그 본성이 지속되기 때문에 변하지 않는다, 인간 행동의 자극제는 결국 권력을 얻기 위한 노력이다, 다른 어떤 것보다 이 목적이 상위에 놓인다, 아테네와 스파르타 사이의 전쟁도 스파르타인들이 점점 더 강해지는 아테네를 보면서 그리스에서 자신들의 위치가 위태롭다고 여겼기 때문이다, 등의 내용이었다.

한편 투키디데스는 자신의 역사서와 관련해서 '영원한 유산'이라는 말을 사용하기는 했지만 실제로 사람들이 이런 전쟁의 엄청난 손실과 피해를 알게 된다고 해서 진정한 교훈을 얻게 될 것이라는 환상에 빠지지는 않았다. 오히려 그 반대였다. 그는 인간의 본성이 변하지 않기 때문에 언제나 반복해서 전쟁이 발생할 것이라고 생각했다 (우리가 알고 있듯이 유감스럽게도 지극히 올바른 견해였다). 그렇다면 이런 선구적인 깨달음과 관련해서 '영원한 유산'이란 무엇을 뜻하는 것이었을까? 여기에 대해서는 아마도 그가 직접 표현했던 말보다 더 나은 설명이 없을 것이다. "과거의 일을 분명하게 인식하기를 원하고, 그럼으로써 인간의 본성에 따라 똑같거나 유사하게 다시 일어날 미래의 일들을 알고자 하는 사람, 그런 사람은 이런 기록을 매우 유용하게 여길 것이고 그것만으로도 내게는 충분하다."

웅변술
데모스테네스

기원전 384-322년.
아테네 출신의 정치가. 웅변술 습득을 위한 놀라운 방법을 개발했고
그 스스로도 당대의 가장 위대한 연설가였다.

데모스테네스, 고대 그리스의 가장 유명한 연설가? 그렇다면 그는
아주 특별한 자질을 갖추고 있었음이 틀림없다. 왜냐하면 그가 활동
했던 기원전 4세기의 그리스에는 진정으로 뛰어난 연설가들이 매우
많았기 때문이다. 당시는 아테네 민주주의의 전성기였다. 시민들은,
권리를 가진 자들이 자유로운 결정을 내리고 다수의 의사를 반영해
국가의 중대사를 결정하는 정치체제에 자부심을 느꼈다. 그러나 군
주제와는 달리 민주주의에서는 사람들이 어떤 사안을 관철시키고자
할 때 자신의 의견을 선전해야만 했다. 그렇기 때문에 아테네의 모든
정치가들에게 웅변술 능력은 포기할 수 없는 기본 자질에 속하게 되
었다. 아테네 헌법을 만든 선조들도 민주주의의 영역에서 공식적인
연설이 지니는 대단히 높은 가치를 인정해서 모든 사람이 연설에 대

해 동일한 권리를 가지고 있다는 점을 특별히 언급하기도 했다. 정치가들은 대중 모임에서, 의회에서, 재판에서, 혹은 단순히 아테네의 정치경제적 중심지인 아고라에서 시민들을 직접 만나 필요한 설득작업을 할 기회가 많았다.

성공을 위한 힘겨운 길

그러나 데모스테네스보다 설득하는 법을 더 잘 아는 사람은 없었다. 웅변 경쟁은 대단히 치열했지만 동시대인들은 그 누구도 데모스테네스를 능가할 수 없다는 데 동의했다. 그렇다면 그는 어떻게 그토록 뛰어난 연설가가 되었을까? 우리가 62년간의 그의 삶을 살펴보면 그에게는 어떤 것도 힘 안 들이고 된 것이 없었다는 지극히 바람직한 확신에 도달하게 된다. 성실한 트렌드세터가 흔히 겪는 과정이듯이 데모스테네스가 최고까지 도달한 길은 험난한 가시밭길이었지만 결국 성공이라는 목적을 이루었다.

사람들이 일반적으로 뛰어난 인물에 대해 지어내는 전설 중에는 그들의 특별한 소질이 아주 오래전, 즉 소년시절 혹은 유아시절부터 두드러졌다는 이야기들이 포함되어 있게 마련이다. 데모스테네스의 경우도 다르지 않았다. 그의 전기를 쓴 플루타르코스에 따르면 데모스테네스도 일찍이 아주 특별한 방식으로 깨달음의 체험을 했

데모스테네스, 코펜하겐

다고 한다. 그는 평범한 아테네의 소년들과는 다르게 어느 날 한 재판에 참석하기 위해 법정에 들어가게 되었다. 거기서 사람들의 뛰어난 달변을 들은 어린 데모스테네스는 깊은 인상을 받았다. 플루타르코스에 따르면 그는 이때부터 다른 교과목들과 일을 옆으로 밀어놓았고 언젠가는 꼭 유명한 연설가가 되기 위해 오로지 말하기 연습에만 몰두했다고 한다.

직접 변론해야 하는 시스템

사실 데모스테네스가 연설의 대가가 되기 위해 많은 노력을 기울였던 것은 지극히 현실적인 이유 때문이었다. 그가 7세가 되었을 때 무기 제조업자였고 재산도 적지 않았던 아버지가 세상을 떠났다. 그런데 아버지의 재산을 관리했던 사람들이 자신들의 임무를 저버리고 아버지의 유산을 철저히 그리고 양심의 가책도 없이 가로채고 말았다. 어린 데모스테네스는 거의 무방비 상태로 있을 수밖에 없었지만 훗날에 이들의 분명한 배신행위를 재판을 통해 처벌하리라 마음먹었다. 그러나 아테네의 법정에는 아직 국가의 검사 혹은 전문적인 변호사가 없었다. 때문에 시민들은 각자 자신의 문제를 재판관 앞에서 직접 설명하고 변호해야 했다. 데모스테네스는 재판에서 할 연설을 열심히 준비하면서 다른 연설가들의 발표를 반복해서 들었고 대표적인 전문서적들을 공부했다. 결국 젊은 데모스테네스는 범죄행위를 저지른 배신자들을 탁월한 변론으로 이길 수 있었다. 그가 돌려받은 것은 단지 재산의 일부였지만, 일단 그는 미래의 연설가로서 1차 관문을 통과한 셈이었다.

모든 일의 시작은 어렵다

그러나 데모스테네스는 여기서 만족하지 않았다. 그는 단순히 괜찮은 연설가가 되고 싶은 것이 아니라 아테네 최고의 연설가가 되고 싶었다. 그런데 몇 번의 대중 집회에 참가하면서 자기비판적인 이 젊은이는 스스로가 자신의 높은 목표를 이루기에는 많이 부족하다는 사실을 깨달았다. 플루타르코스에 따르면 그는 첫 무대에서 조소와 비웃음만을 받았고 사람들은 실망을 금치 못했다고 한다. 연설가에게는 최악의 상황이었다. 플루타르코스는 이와 관련해서 데모스테네스의 약점을 정확히 지적했다. 우선 그는 자신의 연설을 ― 전형적인 초보 연설가의 실수지만 ― 지나치게 복잡한 시간 구분과 인위적인 논증으로 볼품없이 만들고 말았다. 그 외에도 청중들은 너무 작게 들리는 목소리, 불분명한 발음, 그리고 연설 중의 호흡 문제 등으로 내용을 잘 이해할 수 없었다. 그래서 청중들은 웃음을 터뜨리면서 연설 장소를 떠났다. 혹은 평소에 늘 우아한 표현만을 쓰는 사람들은 실패한 그의 연설에 대한 인상을 이렇게 돌려서 말하기도 했다. "그리스어는 원래 그렇게 아주 멋진 언어야!"

상당히 충격적인 비판을 받은 데모스테네스는 개선책에 대해 고민했고 결국 몇 가지 특별한 훈련방법을 개발해 냈다. 이 방법은 오늘날까지 웅변술의 모든 교과서에서, 혹은 최소한 이 분야의 역사에 대한 개론서에서 확실한 자리를 차지하고 있다. 그는 엄밀하게 자신의 약점을 해부했는데 최고의 연설가가 되는 데 유전적, 심리적 결함이 있다는 결론에 이르렀다. 즉 그는 대단히 허약한 신체적 조건을 지니고 있었다. 고대의 문헌에 따르면 그는 어린 시절부터 마르고 병약했

다. 운동장이나 체육관에서 또래들과 함께 운동을 해본 적이 없을 정
도였다.

그런데 사람들이 그의 목소리를 제대로 들을 수 없다면 어떻게 그
가 대중 앞에서, 수천 명의 사람들 앞에서 성공적인 연설을 할 수 있
단 말인가? 물론 그는 자신이 스텐토르와 같은 존재가 될 수는 없다
는 것을 알고 있었다. 스텐토르는 호메로스의 《일리아스》에 등장하
는 영웅으로, 작가의 말에 따르면 "50명의 목소리에 필적할 정도로
큰 목소리를 가진 힘센 남자"라고 했다. 주어진 가능성을 가지고 최
고가 되는 것이 그에게는 현실적인 목표였다. 그래서 데모스테네스
는 웅변술 훈련소를 찾아갔고 자신의 결점을 없애기 위한 노력을 시
작했다.

부싯돌을 입에 넣고

그의 최고 치료법은 부싯돌을 이용해서 말하는 능력을 향상시키는
것이었다. 오늘날의 웅변술 코스에서는 이 방법이 별로 쓰이지 않는
다. 그러나 우리가 고대의 기록들을 그대로 믿는다면 데모스테네스
의 경우에는 이 방법이 가장 효과적인 것으로 증명되었다. 그는 입에
돌을 넣은 상태에서 유명한 동시대 작가들의 비교적 긴 문장들을 낭
독하였다. 그럼으로써 불명확한 발음과 혀의 문제점을 개선하려 했
다. 이 훈련의 또다른 응용 방법으로는 입에 돌을 넣은 채로 바다에
가서 부서지는 파도를 향해 있는 힘껏 소리를 지르는 것이었다. 그래
서 이 시기에 아테네의 해변을 산책하는 사람들은 에게해의 파도를
향해 온갖 소리를 지르는 이 특이한 웅변가의 모습을 흔히 볼 수 있

었다고 한다. 이처럼 힘겨운 훈련을 끝낸 데모스테네스는 이제 그 어떤 소란스런 청중도 두렵지 않았다.

산속에서의 훈련

그가 부싯돌 훈련을 하지 않을 때는 주로 아테네의 산속에, 최정상의 높이가 1,413미터 정도에 달하는 파르네스 산에 머무르기를 좋아했다. 그래서 지나가던 등산객들은 단호한 걸음으로 좁은 비탈길을 기어오르면서 끊임없이 단어와 시구들을 중얼거리는, 말 그대로 혹독한 노력을 하는 연설가를 보고 놀랐을 것이다. 누군가 이런 훈련이 무엇을 위해 필요한지 그에게 물어보았다. 그러자 데모스테네스가 설명하기를 호흡 훈련과 목소리 훈련에 도움이 된다고 했다. 또한 그는 이런 준비 과정의 한 부분으로 연설을 전속력으로 빠르게 낭독하기도 했다. 때로는 비밀스런 방에서 훈련을 할 때도 있었다. 거기서 그는 커다란 거울 앞에 서서 제스처와 표정을 연습했다. 이것도 목소리와 호흡 훈련과 똑같이 중요한 일이었다. 갈고 다듬어진 연설은 걸맞은 동작이 더해질 때 그 효과가 현저히 상승하기 때문이다.

연설작가로서의 데뷔

힘든 훈련은 확실히 효과가 있었다. 데모스테네스는 마침내 자신이 원했던 대로 사람들의 귀에 잘 들리는 분명한 목소리를 갖게 되었다. 호흡법도 습득했고 제스처의 레퍼토리도 지니게 되었다. 또한 완벽한 말하기 기술을 위해 집중적으로 신경을 썼는데, 예를 들면 두 개의 짧은 음절이 이어지지 않도록 하는 규칙을 지켰다. 마침내 그는 아테네 최고의 연설가가 될 준비를 마쳤다.

아버지의 유산이 계속해서 줄어들었기 때문에 경제적으로 그의 처지는 낙관적인 상태가 아니었다. 경제적 상황을 개선하는 일이 급선무였다. 당시의 아테네에서는 연설로 돈을 벌거나 심지어 부를 누리는 일이 가능했다. 왜냐하면 전문적인 연설가들로부터 웅변술을 교육받으려는 수요가 아주 많았기 때문이다. 당시에 한창 전성기를 누렸던 이 분야의 대표자들은 '연설작가'라고 불렸는데, 이들은 법정에서의 재판을 준비하는 사람들에게 많은 보수를 받고 각자의 상황에 맞는 연설문을 써주고 고객으로 하여금 이 글을 외워서 재판 중에 발표할 수 있도록 도와주었다. 이런 과정에서 돈이 거래된다는 점을 못마땅하게 여겼던 아테네 지식인들은 연설작가들을 격렬하게 비난했다. 데모스테네스가 이러한 연설작가들의 대표적인 인물이었다. 많은 학생들이 돈을 내고 해변에서, 산속에서, 거울 앞에서 데모스테네스의 연설 방식을 전수받았다.

그러나 데모스테네스는 자신의 모든 인생을 재판 참가자들을 뒤에서 돕는 유령작가로서만 보내기에는 명예욕이 너무 강했고 허영심도 있었다. 민주적인 아테네에서는 오로지 정치적 사건의 최전선에 있어야만 진정한 관심을 끌 수 있었다. 그래서 그는 의도적으로 공개적인 논쟁에 끼어들었다. 그리고 자신의 웅변술, 즉 결코 누구도 모방할 수 없는 완벽한 화술, 적절한 연설 형식, 거기다가 연설을 듣는 사람이 잠이 드는 일(이런 반응은 야유나 조소와 더불어 결코 변명의 여지가 없는 부정적 상황으로 데모스테네스 이후로 모든 연설가들에게 두번째로 두려운 악몽을 의미했다)을 불가능하게 만드는 열의로 청중을 사로잡았다. 플루타르코스가 전하고 있듯이 그의 의욕적인 연설은 많은 사람들의 호응을 얻었다. 물론 흔히 말하는 '더 잘난 사람들'은 그의 제스처가 비천하고 우아하지 못하며 과장되었다고 비난했다. 그러나 이들은 스스로 데모스테네스와 같이 뛰어난 자질을 갖추지 못한 시기자이며 불평꾼들에 불과했다.

야심찬 연설가?

그렇지만 데모스테네스를 웅변가로서의 성공이 주는 광휘 속에 안주하는 야심찬 연설가로만 보는 것은 완전히 잘못된 시각이다. 그는 소피스트, 즉 기원전 5세기 이후로 그리스에서 활동했던 직업적인 연설 교사들 그룹에는 속하지 않았다. 소피스트는 주로 정치지도자들의 자제들에게 터무니없이 비싼 보수를 받고 상황과 주제에 맞게 발표하는 능력을 가르쳤다. 소피스트들의 가장 악명 높은 수업 방식 중에는 학생들에게 처음에는 어떤 특정한 일에 대해 찬성하는 연설을 하다가 바로 그 다음에 그렇게 열정적으로 주장했던 일에 반대하는 연설 기술을 교육시키는 일도 포함되어 있었다.

그러나 데모스테네스는 웅변술을 자신의 정치적인 확신을 관철시키는 유일한 수단으로 보았다. 이런 점이 의심의 여지없이 그의 명성을 높이는 데 한몫을 했다. 뛰어난 연설은 오로지 어떤 좋은 일을 선전하고 알리는 데 사용되어야 한다고 그는 생각했다. 때문에 그에게는 민중의 의견을 알아내서 그것을 자신의 의견으로 주장하는 '민족의 선동자' 내지는 '민족의 유혹자'들이 혐오의 대상이었다. 오늘날 포퓰리즘, 혹은 대중 영합주의라고 부르는 것과 다르지 않았다.

데모스테네스는 정치 연설가로서의 긴 경력 동안 수많은 연설을 했다. 60편 이상의 연설이 글로 전해 내려오고 있고, 그 중에서 절반이 진품으로 인정받는다. 그의 가장 훌륭한 연설들은 당시의 사회를 뜨겁게 달구었던 한 테마에 집중되어 있었다. 당시는 마케도니아의 왕 필리포스 2세가 그리스 세계에서 마침 지도자 역할을 넘겨받으려던 시기였다. 데모스테네스는 바로 이 필리포스 2세의 완강한 반대자로서 명망을 얻었다. 그는 그리스의 자유에 대해 걱정했고, 이미 그리스가 마케도니아의 신하가 되었다고 보았으며, 페르시아라는 천적을 물리치는 데 도움을 주겠다는 필리포스 왕의 약속도 믿지 않았다.

이때 필리포스 왕에게 반대했던 그의 연설은 전제적 지배자에 반대하는 선동적 연설의 전형으로서 '필리피카'라는 명칭이 통용되게 만들기까지 했다. 그는 아테네의 시민들에게 확고한 웅변적 어법으로 이렇게 경고했다. "여러분은 필리포스 왕과 그가 정복한 사람 모두가 만족할 수 있는 상황이 가능할 것이라고 착각해서는 안됩니다. 그의 목적과 야심은 명성입니다. 그의 방법은 흥정하고 위험을 감수하는 것이며, 그의 최종 목표는 역사상 가장 위대하고 유명한 마케도니아의 왕이 되는 것입니다. 그는 안전보다도 이런 목표 성취를 더 원할 것입니다."

비극적 종말

그러나 모든 사람들이 당시의 상황을 데모스테네스와 똑같이 이해한 것은 아니었다. 필리포스 왕은 그리스에서 많은 호감을 얻었다. 그럼에도 불구하고 데모스테네스는 폭넓은 저항세력을 구축하는 데 성공할 수 있었다. 그러나 보이오티아의 카이로네이아 전투의 패배는 데모스테네스가 우려했던, 그리스의 자유의 종말을 가져오고 말았다. 이제 마케도니아인들이 그리스를 지배하게 되었고 필리포스 왕의 아들 알렉산드로스 대왕이 페르시아를 정복하고 인도까지 이르는 오리엔트 지역을 점령하게 되었다. 그럼에도 영원한 보수파로 알려져 있던 데모스테네스는 자신의 저항적인 태도를 바꾸지 않았다. 알렉산드로스가 일찍 죽은 후에 그리스 도시들의 자치권을 다시 쟁취하려는 그의 시도는 실패했다. 데모스테네스는 아테네로부터 도피해야 했고 다시 부름을 받기는 했지만 결국 마케도니아에게 우호적인 그룹의 의도로 사형을 선고받았다. 기원전 322년에 칼라우레이아의 포세이돈 신전에서 독약으로 자살하고 만다.

영원한 사후 명성

그러나 이러한 불명예스러운 종말도 위대한 연설가 데모스테네스의 신화에는 전혀 해가 되지 않았다. 웅변가로서 그는 뛰어난 업적을 남겼다. 로마의 유명한 연설가 키케로는 데모스테네스를 자신의 본보기로 삼았고 그가 독재자로 여겼던 마르쿠스 안토니우스에 반대하는 연설에 '필리포스의 연설'이라는 명칭을 붙이기도 했다. 또한 고대 이후의 시대에도 그 옛날 부싯돌 덕분에 성공의 길을 걸었던 그는 영원히 위대한 인물로 남아 있었다. 그의 모든 연설은 근대 초기 이후에 번역되어 발표되었다. 만약 데모스테네스가 훗날 자신의 연설이 반복해서 역사의 소도구함으로부터 꺼내어져 정치적 목적으로 사용된다는 것을 알았다면 대단히 기뻐했을 것이다.

　실제로 많은 사람들이 자신의 이득을 위해 데모스테네스의 뛰어난 연설과 애국적이고 자유로운 의식을 자주 이용하였다. 예를 들어서 1453년에 터키인들이 콘스탄티노플을 정복해 세상을 깜짝 놀라게 했을 때 서양의 존속을 걱정하는 기독교 제후들은 소위 데모스테네스의 연설 작품을 이용해서 오리엔트의 새로운 지배자에게 대항하는 십자군 원정이 일어나도록 입김을 불어넣기도 했다. 영국의 엘리자베스 1세는 데모스테네스의 연설문들을 열심히 읽었고 그 덕분에 마케도니아의 필리포스 2세를 그녀의 적수인 스페인의 필리포스 2세와 동일하게 여기고 대처할 수 있는 아이디어를 생각해 냈다. 그 외에도 필리포스 왕에게 반대하는 데모스테네스의 연설은 나폴레옹에게 대항하는 탄약으로 이용되어 나폴레옹을 제국화된 마케도니아의 화신으로 몰아세우려는 시도가 이루어지기도 했다. 또한 두 번의 세계대전에서 연합군으로서 인류를 위해 모인 정치가들은 데모스테네스를 전제적이고 무력적인 지배자에게 저항한 고대의 증인으로 여겼다.

　이처럼 많은 찬사를 받은 덕분에, 근대에 들어서 헤겔의 영향을 받은 몇몇 개혁적인 역사가들이 데모스테네스를 맹목적이고 지나친 이상을 좇는 사람으로 치부하고 시대정신에 대항한 한낱 지방 정치가로 비방했어도 지지자들은 크게 흔들리지 않았다. 만약 기회가 있었다면 데모스테네스는 이런 비판가들에게 분명히 적절한 답변을 했을 것이고, 늘 그랬듯이 뛰어나되 너무 과장되지 않은 웅변술을 훌륭하게 활용했을 것이다.

박물관
프톨레마이오스 1세

기원전 367 - 282년.
이집트의 왕. 알렉산드로스 대왕의 정치적 동반자였고 후에 이집트의 왕으로서
박물관과 도서관을 세움으로써 알렉산드리아를 학자들을 위한 낙원으로 만들었다.

일반적으로 박물관이란 무엇인가 하는 질문은 크게 어려운 문제가 아니다. 박물관이란 대부분 목적을 가지고 특별히 만들어진 공공의 혹은 개인적인 기관이며, 사람들은 여기서 중요한 전시품목들, 예를 들면 그림이나 다른 예술작품, 역사적으로 혹은 자연과학적으로 중요한 물건들을 관람하고 감탄할 수 있다. 조금 더 인상적이고 권위가 인정된 설명은 모든 박물관들의 상부조직인 국제박물관협회의 공식적인 정의이다. "박물관은 이윤을 위해서 설립되지 않았으며 사회와 그 발전에 기여하는 지속적인 기구이다. 이곳은 대중에게 공개되는 곳이다. 또한 박물관은 인류의 활동과 환경의 물질적인 증거들을 연구와 교육, 그리고 즐거움의 목적으로 사들이고 보관하고 연구하고 알리고 전시한다." 이런 설명은 현대의 박물관에 대한 중요하고도 완벽한 정의라고 할 수 있다. 보다 더 간단하게 말하자면, 박물관에는 언제나 무엇인가 볼거리가 있고, 박물관을 떠날 때는 자신의 교양에 무엇인가 도움이 되었다는 느낌을 갖게 된다.

뮤즈 여신들의 신전

그러나 고대 사람들은 박물관에 대해 전혀 다른 대답, 즉 박물관이란 뮤즈 여신들을 기리는 장소라고 말했을 것이다. 뮤즈 여신은 '기억'을 뜻하는 이름을 가진 므네모시네와 제우스 사이에 태어난 9명의 딸들로 예술과 학문의 수호여신들이다. 고대인들은 뮤즈 여신들에게 각각 책임 분야들을 분배하였고 이로 인해 뛰어난 문화적 다양성을 만들어냈다. 박물관(Museum)이라는 단어는 바로 이 '뮤즈'라는 말에서 유래되었는데, 과연 이 여신들의 담당 분야는 어떻게 나뉘어 있었을까? '아름다운 목소리'를 뜻하는 칼리오페는 서사시를 담당했고, '명성'을 뜻하는 클리오는 역사, '기쁨'을 뜻하는 에우테르페는 피리 불기, '춤의 기쁨'을 뜻하는 테르프시코레는 당연히 춤, '사랑스러움'을 뜻하는 에라토는 노래, '노래하는 사람'을 뜻하는 메르포메네는 비극, '축제의 즐거움'을 뜻하는 탈레이아는 희극, '많은 노래들'을 뜻하는 폴리힘니아는 무언극, 끝으로 '천체'라는 뜻을 가진 우라니아는 천문을 담당했다.

이처럼 처음에는 박물관이 뮤즈 여신들을 기리는 장소 내지는 뮤즈 여신의 신전으로서 그에 어울리는 문화 행사들이 열렸던 곳이다. 이런 정의에 근거한다면 박물관의 역사는 아주 일찍부터 시작된 셈이다. 왜냐하면 아르카이크 시대, 즉 기원전 8세기 이후에는 그리스의 도처에 뮤즈 여신들을 위한 숭배 장소가 생겨났기 때문이다. 이런 곳들은 흔히 동굴이나 작은 숲처럼 자연적인 장소를 이용한 신전들이었다. 그러나 아테네의 경우처럼 여러 도시에서도 성스러운 영역을 마련함으로써 뮤즈 여신들을 숭배하는 곳이 생겨났다.

고대의 박물관 vs. 현대의 박물관

고대와 현대의 박물관에 대한 개념에는 차이점이 있다. 일반적으로 현대의 박물관은 성스러운 장소 혹은 뮤즈 여신들을 숭배하는 신전은 결코 아니다. 뮤즈 여신들 자체가 오늘날에는 별 관심의 대상이 아니다. 그리고 이 여신들로부터 입맞춤을 받아 창의력과 영감이 자극되기를 기다리는 예술가도 거의 없다. 이런 면에서 박물관이라는 명칭에 의문이 생기지 않을 수 없다. 우리는 결국 자세한 관찰을 통해서 고대의 박물관과 현대의 박물관 사이에는 명칭 외에는 공통점이 별로 없다는 것을 점점 더 확신하게 된다.

실제로 '뮤즈 여신들의 신전'을 의미하는 명칭과 전혀 어울리지 않는 오늘날의 박물관은 고대의 전통과 직접적인 연관성이 없다. 현대의 박물관은 18세기에 고대의 박물관들과는 전혀 상관없이 생겨났고, 부분적으로는 왕들의 완벽성 추구와 무엇보다도 계몽주의의 교육적 이상을 통해 발달했다. 1759년에 문을 연 런던의 영국 박물관도 그런 경우였다. 이미 예전부터 각 나라들은 물건들을 수집해 왔지만 이것들을 공개하려는 생각, 즉 일반인들의 출입과 접근을 허용하겠다는 생각은 새로운 것이었다. 그러므로 고대와 근대 박물관의 공통점은 단지 뮤즈 여신들로부터 유래된 동일한 명칭을 가지고 있다는 사실뿐이다.

알렉산드리아 박물관

박물관이 뮤즈 여신들을 찬양하고 기리는 장소라는 정의는 기원전 3세기 초까지에만 해당된다. 그 이후 박물관은 대단히 의욕적인 왕이면서 후원자였던 한 사람의 활약을 통해 현대적인 의미와 조금 더 가까워지는 변화를 겪게 되었다. 기원전 280년경 이집트 전체를 지배한 왕 프톨레마이오스 1세는 화려한 수도 알렉산드리아에 이미 세상에서 통용되고 있던 명칭을 붙인 기관, 바로 박물관을 세웠는데, 내용면에서 완전히 새로운 곳이었다. 알렉산드로스 대왕이 50년 전에 건설했던 항구도시인 이곳에 현대적인 개념으로 말하자면 일종의 국제적인 연구센터가 탄생한 것이다. 그 이전까지 뮤즈 여신들을 위한 숭배의 장소로 알려져 있던 박물관의 의미는 거의 찾아볼 수 없었고 오로지 그 명칭만이 여신들을 떠올리게 했다.

그렇지만 정작 프톨레마이오스는 진보를 지향하면서도 전통을 의식하는 사람이었고 이곳이 뮤즈 여신들의 가호를 받고 있다고 믿었다. 그는 심지어 이 기관을 일종의 종교협회 형식으로 조직하였고, 최고 책임자는 왕이 임명한 사제가 맡았으며, 박물관에서 일하는 학자들이 모두 이 협회의 회원이 되었다. 거의 550년 동안 알렉산드리아 박물관은 고대의 연구자들을 위한 최고의 장소로 이용되었다. 이곳에서 누릴 수 있는 대단히 좋은 조건 덕분에 학술적으로도 큰 발전을 이루었다.

우리가 확신할 수 있는 것은 박물관 역사를 쓰고자 하는 사람들이라면 누구나 연대기를 세 부분으로 나누는 작업부터 시작하게 될 것이라는 점이다. 왜냐하면 '박물관'이라는 명칭은 각 시대에 따라 조금씩 다른 의미를 지녔기 때문이다. 제일 처음에 박물관은 단지 뮤즈 여신들을 위한 신전이었고, 그 다음에 프톨레마이오스 1세의 훌륭한 계획에 따라 연구센터가 되었고, 끝으로 18세기 이후에는 대중들이 출입할 수 있는 문화시설로 이해되었다. 그런데 이 마지막 단계의 박물관은 프톨레마이오스의 박물관과 근본적인 차이가 있었다. 프톨레마이오스의 박물관에는 전시된 것이 전혀 없어서 대중들이 그곳에 갈 필요가 없었다. 당시의 박물관은 오로지 학자들만이 방해를 받지 않고 자신들의 연구에 매진할 수 있는 장소였다. 또한 이 기관은 외부로부터의 경제적인 보조도 필요하지 않았다. 왕의 후원으로도 충분했기 때문이다.

박물관 설립자가 되기까지의 먼 길

사실 프톨레마이오스는 언젠가 자신이 세계적으로 유명한 알렉산드리아 박물관의 설립자가 될 것이라고는 결코 예감하지 못했다. 우선 그가 태어났던 시기(기원전 367년)에는 알렉산드리아라는 도시가 아직 존재하지도 않았다. 이 도시가 알렉산드로스 대왕에 의해 건설된 것은 기원전 331년이었다. 마케도니아 출신의 전설적인 정복자 알렉산드로스 대왕이 파라오의 전통이 깊은 땅에 기념비적인 도시를 건설하고 있을 때 프톨레마이오스는 그 현장에 있었지만 결코 자신이 훗날 여기에서 이집트 전체를 다스리게 될 것이라고는 상상도 하지 못했다. 물론 그가 현장에 있었던 것은 우연이 아니었다. 프톨레마이오스는 알렉산드로스의 절친한 친구이자 조언자였던 것이다.

프톨레마이오스는 품위 있는 마케도니아의 귀족 가문 출신이었다. 알렉산드로스 대왕은 기원전 334년에 페르시아로 원정을 떠나면서 프톨레마이오스에게 책임이 큰 자리를 맡기고 같이 길을 나섰다. 그들은 마침내 인도까지 함께 싸우며 전진해 나갔고, 들리는 바에 따르면 알렉산드로스는 언제나 사람들의 주목을 받았던 반면 프톨레마이오스는 항상 눈에 띄지 않는 곳에 있었다고 한다. 그는 바로 눈앞에서 페르시아 왕국의 몰락을 체험했고 마케도니아의 왕 알렉산드로스가 어떻게 세계의 지배자가 되는지 가까이서 관찰할 수 있었다.

그러나 기원전 323년에 알렉산드로스 대왕이 예상치 못하게 갑자기 세상을 떠났다. 유언도 없이 그리고 그의 거대한 왕국을 어떻게 해야 할지 분명한 지시도 없이 세상을 등지고 말았다. 결국 알렉산드로스의 유산을 둘러싸고 마케도니아의 장군들 사이에 악명 높은 '디아도케(후계자라는 뜻)의 전쟁'이 벌어졌다. 20년 동안의 격렬한 싸움 뒤에 그리스에는 새로운 국가 체계가 형성되었다. 알렉산드로스의

프톨레마이오스 1세, 코펜하겐

제국이 개별적인 왕국들로 분리된 것이다. 지혜로운 프톨레마이오스는 처음부터 이집트를 노리고 있었다. 오래된 문화의 나라이면서 농작물도 풍성하고 거기다가 전략적으로 대단히 유리한 곳에 놓여 있었기 때문이다.

프톨레마이오스가 알렉산드로스의 시신에 대해 바로 조치를 취했던 것도

전략적으로 현명한 일이었다. 그는 먼저 시신을 알렉산드로스가 죽은 곳인 바빌론으로부터 멤피스로 운반시켰고 그 다음에 최종적으로 수도인 알렉산드리아로 가져오게 했다. 이런 행동은 최소한 두 가지 중요한 의미를 내포하고 있다. 첫째, 프톨레마이오스는 이런 행동을 통해서 과거에 알렉산드로스 제국의 다른 부분을 지배했던 경쟁자 왕들에게 위대한 알렉산드로스의 모범을 따르자는 자신의 의견을 분명히 밝힌 셈이었다. 둘째, 그는 이로써 오늘날까지 뜨거운 논쟁거리가 되고 있는 문제의 실질적인 토대를 만들었다. 바로 알렉산드로스의 무덤은 어디에 있는가 하는 의문이다. 물론 그것은 알렉산드리아에 있겠지만 정확히 어디에 있단 말인가? 아마도 현대의 건축물들 때문에 이 문제는 절대로 해결되지 못할 것이다.

대단히 의욕적이었던 프톨레마이오스는 또다른 방식으로 알렉산드로스에 대한 추억을 간직하기도 했다. 즉 그는 알렉산드로스의 원정에 대한 이야기를 썼는데, 당연히 그 스스로 참여했던 일이었기 때문에 최고의 정보를 지니고 있었다고 한다. 이 책은 안타깝게도 오늘날 남아 있지 않다.

왜 하필이면 박물관?

프톨레마이오스가 기본적으로 역사에 관심이 있었다는 것은 그가 쓴 알렉산드로스 역사서에서 분명하게 알 수 있다. 이처럼 역사를 담당하는 뮤즈 여신 클리오가 이미 그에게 입을 맞추었다면 다른 뮤즈의 여신들도 당연히 그렇게 하지 않았을까? 그래서 프톨레마이오스가 다양한 분야에 관심을 가지고 박물관을 만들게 된 것이 아닐까?

그러나 실제로 프톨레마이오스가 수도에 세계적 규모의 학술센터를 건설하게 된 동기를 살펴보면 그렇게 이상주의적인 생각은 할 필요가 없을 것이다. 그는 이 '박물관 사업'을 지극히 실용적인 생각에서 시작했기 때문이다.

그 배경에는 그리스의 다른 왕들과 벌였던 끊임없는 경쟁이 있었다. 그리스와 마케도니아에 있는 알렉산드로스의 아류들 사이에서는 반복적으로 무력 갈등이 일어났다. 프톨레마이오스의 경우에는 지속적으로 동료인 셀레우코스와 시리아 남부에 있는 지역을 두고 갈등이 있었다. 또한 그는 다른 왕들에 대해서도 사무친 적대감을 지니고 있었다. 이런 치열한 경쟁 속에서 왕들은 상대보다 유리한 조건을 차지하기 위해 모든 수단을 동원하게 되었다. 그래서 프톨레마이오스는 다른 유사한 시설들을 그늘에 묻히게 할 만큼 세계적인 연구 중심지를 건설하면 권력과 영향력 다툼에서 유리해질 수 있으리라고 생각했다. 그는 재산을 다 털어 학술 분야에서 뛰어나고 이름난 사람들을 모두 알렉산드리아로 불러모으기 시작했다.

그러자 프톨레마이오스가 기대했던 효과가 나타났다. 시리아와 마케도니아에 있는 그의 경쟁자들은 겉으로는 상관없다는 듯 반응했지만 실제로는 프톨레마이오스의 과감한 행동, 특히나 알렉산드리아의 지배자로서의 중요한 시도에 대단히 깊은 인상을 받았다. 그들은 말할 수 없는 충격과 분노에 휩싸였다. 이때 마찬가지로 분노했던 사람들은 왕으로부터 초대를 받지 못해 약 100석에 이르는 박물관의 연구원 자리를 얻지 못한 학자들이었다. 부름을 받고 박물관에 들어온 학자들은 연구에 필요한 모든 자료를 얻었고, 충분한 보수를 받았으며, 연구 작업 외에는 어떤 것에도 신경쓸 필요가 없었다. 이렇게 낙원과 같은 곳이 되자 때때로 시기하는 자들도 생겼다. 한 무례한 동시대인은 박물관의 울타리 안에 있는 지식인들을 가리켜 "박물관이라는 우리 안에서 끝없이 싸우는 살찐 파피루스 줄기들"이라고 표현하기도 했다.

박물관의 엘리트들

이렇게 무한의 지원을 받은 박물관의 엘리트들은 다행히도 후원자의 명예욕 넘치는 기대를 저버리지 않았다. 설립된 지 몇 년이 지나지 않아서 알렉산드리아 박물관은 당시의 연구기관과 문화기관 중에서 확실히 최고의 자리를 차지하게 되었다. 프톨레마이오스는 처음부터 분야의 다양화에 신경을 썼다. 대표적인 예로 박물관에 동물학과 식물학 연구를 위한 시설이 따로 있었고 더 나아가 천문대와 의학연구소를 갖춘 자연과학 분야들이 있었다. 수학자이면서 기술자인 아르키메데스 혹은 지리학자이면서 천문학자인 에라토스테네스(위대한 연구자들의 끝없이 이어질 이름들 중에서 두 개만을 언급하자면)도 여기서 자신들의 학술적 공적을 남겼는데, 단지 그 결과가 이 시설의 설립자가 죽은 후에 나왔다는 점이 아쉬울 뿐이다. 그러나 창설자의 죽음이 지속적인 연구의 갑작스런 중단을 의미하지는 않았다. 마지막 대표자인 클레오파트라를 포함해서 프톨레마이오스 왕조의 거의 모든 후임자들은 창설자의 뜻대로 대범한 후원자로서의 역할을 계속 했기 때문이다.

알렉산드리아 도서관

박물관에서의 중심 연구 분야는 문화와 정신과학(자연과학과 대비되는 의미에서)이었다. 특별히 문헌학, 문법학, 문학 등이 관심의 대상이었으며, 학자들에게 최상의 연구 환경을 제공하기 위해 도서관이 부설되었다. 프톨레마이오스의 박물관과 관련해서는 언제나 최상급만이 존재했기 때문에 당연히 알렉산드리아 도서관도 가장 많은 서적 보유량을 자랑했다. 이 도서관이 보유하고 있던 책, 더 정확히 말하자면 파피루스 두루마리는 전성기에 70만 권에 이르렀다. 각 개인이 이 자료를 모두 읽을 수는 없었고, 또한 그런 의도로 많은 책을 수집한 것도 아니었다. 그보다는 학자들이 필요할 때 참고문헌들을 빨리 찾아볼 수 있게 하는 것이 목적이었다.

그러므로 알렉산드리아 도서관의 관장이라는 지위는 특별한 명성과 연결되었다. 프톨레마이오스가의 왕들이 이 직책을 맡겼던 사람들의 화려한 이름들은 마치 고대의 저명한 학자 명단처럼 여겨지고 있다. 시기하는 비판가의 편견과는 달리 소위 '살찐 파피루스 줄기'들이 황금의 우리 안에서 결코 불필요한 학술적 문제로 논쟁을 벌이기만 한 것은 아니었다. 고대 문학과 관련해서 이곳의 많은 문헌학자와 문법학자들이 해낸 큰 역할은 아무리 높이 평가해도 충분하지 않을 정도이다. 이때 알렉산드리아에서 활동했던 문헌학자들의 활약상을 알 수 있는 대표적 사례는 바로 '70'이라고 번역할 수 있는 셉투아긴타(Septuaginta)의 탄생이었다. 이들은 박물관 설립자의 아들인 프톨레마이오스 2세의 발의에 따라 만들어진 70명의 학자 그룹으로 히브리어로 된 구약성서를 그리스어로 번역했다. 이것은 당시에 타지인 알렉산드리아에 살면서 히브리어를 잊어버린 많은 유태인들을 위한 배려였다.

수많은 똑똑한 인재들이 모인 수준 높은 그룹에서 두각을 나타내기란 쉽지 않은 일이다. 이런 일을 해낸 사람이 바로 박물관 연구원 중에서 가장 유명한 정신과학 분야의 학자이며 키레네 출신인 칼리마코스였다. 프톨레마이오스 1세 때 이미 알렉산드리아로 초대되었던 그는 이후로도 프톨레마이오스 3세 때까지 계속해서 연구에 매진했다. 또한 도서관에 있는 엄청난 양의 보유 서적들을 정리했다. 이런 힘든 임무에도 불구하고 그는 헬레니즘 시대의 가장 중요한 시인으로 자리잡을 수 있을 만큼의 시간과 여유도 누렸다.

서적을 구하는 방법

그런데 알렉산드리아는 그 많은 책들을 과연 어떻게 구했을까? 모든 정황에 따르면 이때 공정한 방법들과 함께 불공정한 수단들도 동원했을 것으로 보인다. 공정한 수단이란 고대시대의 원본을 구해서 이것을 필사하는, 즉 필기 전문가들이 베껴 쓰는 방식이었다. 보다 더 공정한 수단은 뛰어난 학자들을 갖추고 있는 박물관이 지체없이 할 수 있었던 일로서 학자들에게 새로운 책을 쓰도록 하는 일이었다. 그러나 이런 공정한 방법으로는 70만 권이라는 엄청난 보유량을 채우기에는 턱없이 부족했다. 그래서 프톨레마이오스가의 왕들은 몇 가지 불공정한 방법을 쓰기도 했다.

그런데 여기서 짚고 넘어가야 할 점은 프톨레마이오스 왕조가 이룬 경제적이고 문화적인 성공 때문에 시기하는 자들이 많이 생겼고,

이들은 모든 기회를 이용해 프톨레마이오스에 대한 부정적인 이야기를 알리려 했다는 점이다. 다른 말로 하자면 우리는 고대의 문헌에 기록되어 있는 모든 내용을 그대로 믿어서는 안된다는 뜻이다. 때문에 당시 사람들이 모든 것이 충족된 알렉산드리아 도서관에 대해 제기한 비난의 진위 여부는 확실하지가 않다. 어쨌든 전해지는 바로는 알렉산드리아의 항구에는 외부로부터 들어오는 모든 배들을 검사하고 여행객들이 가져온 책을 압수하는 첩보원들이 배치되어 있었다고 한다. 이 책들은 즉각 도서관의 서가로 옮겨졌다. 만약 이런 비난이 사실이라면 여행객과 상인들은 알렉산드리아 여행 중의 독서는 포기했을 것이고 빛나는 바다를 쳐다보는 일만으로 시간을 보내야 했을 것이다. 그러나 이런 이야기는 전성기를 이루었던 당시의 박물관과 도서관에 얽힌 다른 헛소문들처럼 별로 신빙성이 없어 보인다.

또다른 소문으로는 알렉산드리아 도서관 관계자들이 아테네의 동료들에게 아테네 출신의 비극작가들이 쓴 작품을 베껴 쓰기 위한 목적으로 빌려달라고 부탁했다고 한다. 선량한 아테네인들은 그 소중한 책들을 알렉산드리아 사람들에게 빌려주었고 얼마 후에 다시 돌려받았다. 그런데 이때 그들은 너무 놀랍게도 자신들이 돌려받은 책들이 복사본이라는 사실을 확인해야 했다. 이 일은 매우 바람직한 장기 대여 체계를 지원했던 아테네 도서관들의 협조가 완전히 끝났음을 의미했을 것이다.

파피루스와 양피지

한편 프톨레마이오스 왕들과 페르가몬의 왕들 사이에 도서관 문제로 격렬한 다툼이 일어났다. 이런 다툼은 프톨레마이오스 1세가 죽은 뒤에도 계속되었다. 소아시아 서부 출신인 페르가몬의 왕들은 기원전 3세기 중반부터 헬레니즘 왕국들 사이의 영향력 경쟁에 열정적으로 끼어들었다. 그들도 프톨레마이오스의 왕들처럼 영향력과 특권을 얻기 위한 경쟁에서 문화사업이 유용한 도구라고 생각했다. 알렉산드리아 박물관 측은 물론 달가워하지 않았지만 페르가몬의 왕들은 의욕적으로 대규모의 도서관 건설사업에 몰두했다. 그러나 그들이 수집한 장서는 알렉산드리아 도서관 규모에는 결코 근접하지 못했다.

그럼에도 불구하고 페르가몬가의 도서관 건설사업은 프톨레마이오스 궁정에서 보기에는 대단히 불쾌한 행위로 여겨졌다. 당연히 프톨레마이오스가에서는 책을 만드는 데 필요한 파피루스의 수출을 경쟁자에게 일시적으로 차단하였다. 이집트인들은 당시에 통용되던 필기 용지인 파피루스의 재료를 독점하고 있었기 때문에 이런 조치는 페르가몬 도서관의 종말을 의미했다. 왜냐하면 그들이 공정한 방법만을 쓴다고 할 때 어떻게 필기 용지 없이 복사본을 만들 수 있겠는가? 그런데 페르가몬가 사람들은 단념하기는커녕 오히려 대응책을 강구했고, 마침내 천재적인 해결책을 찾아냈다. 그들이 이집트의 파피루스 독점에서 벗어날 수 있는 가장 좋은 방법은 그들만의 재료를 개발하는 것이었다. 그렇다면 혹시 무두질이 된 동물 가죽을 사용하면 안되는 것일까? 그것이 바로 양피지(Pergament)를 활발하게 사용하게 된 계기였다. 새로운 재료에는 그 가능성을 발견한 페르가몬 사람들의 이름이 붙여졌다. 양피지의 더 나은 보존력과 취급의 용이성 때문에 고대 후기 이후로 사람들은 파피루스보다 양피지를 더 선호하게 되었다.

연구기관의 종말

그런데 기원전 47년에 박물관과 도서관에 비관적인 상황이 생겼다. 당시에는 왕조의 창설자인 프톨레마이오스의 계승자들 사이에 내전이 지속되고 있었다. 여기에 로마인 율리우스 카이사르도 여러 상황 때문에 개입하게 되었다. 무엇보다도 남동생인 프톨레마이오스 13세로부터 추방당한 클레오파트라 여왕을 돕기 위해서였다. 이때 도서관에(내지는 도서관 일부에) 화재가 발생했고, 장서 가운데 상당량이 화염에 휩싸이게 되었다. 그러나 로마인들의 이집트 정복 후에도 박물관과 도서관은 문화적인 분야에서 지배적인 역할을 계속 유지할 수 있었다. 로마의 왕들은 프톨레마이오스 1세부터 시작된 예술 보호의 전통을 계속 이어갔다. 기원후 3세기에 혼돈의 시기가 되어서야 비로소 박물관은 고대 문화와 학문의 메카로서의 기능을 잃게 되었다. 그러나 학문에 다양한 자극을 선사했던 이 뮤즈 여신의 신전에 대한 기억은 여전히 남아 있다.

요리
루쿨루스

기원전 117-56년.
성공한 로마의 장군. 단버찌를 이탈리아에 보급하였고
'루쿨루스 풍'의 식사로 선풍을 일으켰다.

루키우스 리키니우스 루쿨루스가 단버찌(버찌에는 단버찌와 신버찌가 있는데 단버찌의 생장조건이 훨씬 더 까다롭다)를 이탈리아에 들여온 일을 스스로 61년간의 다사다난했던 자신의 인생에서 가장 위대한 성과로 여겼는지는 확실하지 않다. 그러나 거의 모든 훌륭한 현대의 사전들은 '루쿨루스'라는 표제어 밑에 유럽 과일문화의 발전에서 특별한 의미가 있는 이 일을 소개하고 있다. 그는 사실 중요한 공적인 임무를 수행하던 중에 이런 일을 해내게 되었다. 기원전 74년에 로마의 원로원은 그에게 미트라다테스 6세 왕과 대결하는 전쟁에서 최고사령관이라는 직책을 맡겼다. 흑해 남쪽에 있는, 오늘날의 터키에 해당하는 폰토스의 왕 미트라다테스는 당시에 로마인들의 심각한 적수로 발전했다. 루쿨루스는 군대를 이끌고 당당하게 그와 맞서게 되었다.

단버찌의 발견

아마도 미트라다테스와의 첫번째 전투가 아직 일어나기도 전에, 그러니까 루쿨루스가 전장으로 가던 도중에 단버찌가 그의 눈에 들어왔던 것이 틀림없다. 모든 정황으로 볼 때 루쿨루스는 당시에 이탈리아 사람들이 그에게 걸었던 기대만큼이나 많은 식물학 상식을 알고 있었다. 그 동안 로마인들은 여러 번의 경험을 통해서 낯선 나라의 정복이 단지 땅의 점령뿐 아니라 지극히 단조로운 로마 식단의 다양화를 가져올 수 있다는 점을 깨달았다. 버찌는 중부 유럽에서 이미 오래전부터 알려진 과일이었지만 일반적인 야생 버찌만이 그러했고 루쿨루스가 폰토스에서 발견한 우아한 단버찌는 전혀 새로운 종류의 것이었다.

그런데 유감스럽게도 그의 미식적인 훌륭한 업적은 더 이상 자세히 알려져 있지 않다. 혹시 루쿨루스는 승리한 장군이 흔히 그렇듯이 로마눔 광장을 지나 카피톨 언덕까지 이어지는 행진에서 환호하는 로마인들에게 자랑스럽게 보여주기 위해 버찌나무 표본을 전쟁터까지 가져갔던 것일까? 아니면 안전한 보관을 위해 단버찌를 발견하자마자 바로 이탈리아로 보냈던 것일까? 고대의 문헌에는 세련된 맛을 가진 단버찌의 역사에 대한 기본적인 정보에 대해 아무런 기록도 남아 있지 않다.

조금 더 자세한 정보를 제공하는 사람은 로마의 자연과학자 플리니우스뿐이다. 플리니우스는 루쿨루스가 단버찌를 가지고 등장했던 행진을 보고 깊은 인상을 받았다. 그리고 기원전 1세기 중반경에 이렇게 적었다.

"루키우스 루쿨루스가 미트라다테스를 이기기 전에는, 다시 말해서 도시가 680년(기원전 74년)이 되기까지는 이탈리아에 버찌나무가 없었다. 루쿨루스가 처음으로 버찌나무를 폰토스로부터 가져왔고 120년 후에는 이미 대양을 건너 영국까지 도달하게 되었다."

기민한 학자들은 버찌나무를 뜻하는 라틴어 'cerasus'로부터 루쿨루스가 정확히 어디에서 버찌나무를 발견했는지에 대한 단서를 찾으려고 시도했다. 고대의 폰토스 지방에는 케라수스라는 이름을 가진 도시가 두 곳이 있었다. 때문에 고대의 여러 어원 전문가들은 두 도시와 실제의 발견 장소를 어떻게든 연관시켜 보려는 지극히 정당한 유혹을 거부할 수 없었다. 그러나 오늘날의 조사결과에 따르면 역시 버찌가 풍성했을 것으로 보이는 두 도시의 이름이 루쿨루스의 첫 발견과는 아무런 상관이 없고 이 도시들은 이미 오래전부터 그 소박한 이름을 지니고 있었음이 확실한 것으로 여겨지고 있다. 결국 루쿨루스가 처음으로 버찌나무를 보았던 장소는 여전히 불분명한 채로 남아 있다.

한편 그리스의 작가 아테나이오스는 위에서 소개한 플리니우스의 이야기를 확인해 주면서 지극히 애국적인 의도에서 그리스인들은 기원전 4세기 말 이후로 벌써 버찌를 알고 있었으며 의학적인 목적으로도 사용했다고 주장했다. 그러나 이런 주장이 로마인들에게 큰 영향을 미치지는 않았을 것이다. 왜냐하면 모든 중요한 발견과 발명을 자신들의 업적으로 선전하는 그리스인들의 경향을 로마인들은 으레 그러려니 하고 넘겨버릴 정도가 되었기 때문이다. 어쨌든 버찌나무는 이때부터 이탈리아의 공원이나 정원, 그리고 유럽의 다른 곳에서도 자라게 되었으며 버찌 열매는 부유층과 귀족들 집의 모든 과일접시에서 결코 빠질 수 없는 음식이 되었다.

경쟁자 폼페이우스

그런데 정작 루쿨루스 자신은 단버찌를 발견한 후에 전혀 다른 일에 몰두해 있었다. 그는 7년 동안 대단히 불쾌한 적수인 미트라다테스로 인해 고통을 받아왔다. 처음에는 루쿨루스가 군사적으로 우세한 결과를 보여주었다. 먼저 그는 마트라다테스 왕을 아르메니아까지 퇴각시키는 데 성공했다. 그 다음에는 기원전 70년에 폰토스의 수도 시노페를 정복했다. 그리고 기원전 69년에 마침내 군대를 이끌고 아르메니아의 중심도시 티그라노케트라를 점령하고 1년 뒤에는 고원지대의 아르탁사타를 점령하였다. 그런데 이때 이후로 상황은 반전되기 시작했다. 마트라다테스가 폰토스 왕국에 대한 지배권을 다시 얻게 되었던 것이다.

그러자 로마에서는 주요 정치가들이 점점 더 예민한 반응을 보였다. 더구나 루쿨루스는 국내에 많은 적들을 갖고 있었고, 그 적대자들의 제일 위에는 후에 율리우스 카이사르의 파트너이자 경쟁자가 되는 위대한 폼페이우스가 있었다. 폼페이우스는 계속해서 루쿨루스의 지위를 노렸고, 그 지위를 이용해 명성을 얻고 싶었다. 실제로 그는 원로원 위원들의 대다수를 자신의 편으로 만드는 데 성공하였다. 기원전 67년에 루쿨루스는 동부의 최고사령관이라는 직책에서 해임되었고 그 자리는 폼페이우스로 대체되었다.

새로운 인생

루쿨루스에게는 이런 좌천이 큰 충격이었다. 그때까지 그는 언제나 성공의 기쁨만을 누려왔다. 기원전 117년에 옛 귀족 가문의 후손으로 태어난 그는 힘들이지 않고 출세의 길을 걸어왔다. 특히나 적절한 시기에 당시 로마의 정치를 지배했던 막강한 술라와 연대를 맺었기 때문에 성공이 어렵지 않았다. 그러나 이제 그는 해임을 당한 후 처음으로 외진 곳에 서 있게 되었다. 그는 로마로 강제 귀환을 당한 후에도 계속해서 정치에 개입하려고 시도했지만 그의 반대자들이 한 치의 여지도 허용하지 않았다. 그들은 심지어 루쿨루스가 동부에서 거둔 업적 덕분에 충분한 자격이 있었던 개선행진조차도 한동안 거부했다. 기원전 63년에야 비로소 그는 열망했던 승리의 행진을 할 수 있게 되었고, 이 행사를 로마인들에게 새로운 구경거리를 제공하는 기회로 이용하였다. 그는 성공한 장군으로서 화려하고 멋진 최후를 장식하기 위해 대범하게도 로마와 주변에 있는 도시의 주민들을 공동 식사에 초대했던 것이다. 이때 버찌가 제공되었는지의 여부는 알려져 있지 않다.

사실 그런 대규모 행사를 위한 비용이나 수단이 루쿨루스에게는 큰 어려움이 아니었다. 그는 물려받은 유산도 있었고 추가적으로 수많은 원정을 통해 벌어들인 수입이 부러움을 살 만한 경제적 여유를 누리게 해주었기 때문이다. 그리스의 역사가 디오도르에 따르면 그는 당시에 "로마에서 거의 최고의 부자"였다고 한다. 경제적 부를 누렸지만 정치에서는 더 이상 영향력을 끼칠 수 없게 된 상황이 루쿨루스로 하여금 개인적인 삶에서 극단적인 방향 전환을 하도록 만들었다. 루쿨루스의 전기를 쓴 플루타르코스에 따르면 그는 기원전 63년 멋진 승리를 거둔 직후에 이미 "가장 단순하고 가장 안락한 삶"에 자신을 맡기기로 결정했다고 한다. 그는 더 이상 정치가로서 고통받고 싶지 않았다. 거기다가 개인적인 문제들도 있었다. 두 번의 결혼이 모두 그다지 성공적이지 않았다. 플루타르코스는 그의 부인들에 대해 쓰기를 "비도덕적이고 품행이 나쁜" 클로디아에 이어서 "뻔뻔하고 방탕한" 세르빌리아도 문제가 있었다고 했다. 결국 루쿨루스는 두 여자 모두와 이혼했다.

최고의 요리사 부대

이때부터 루쿨루스는 오로지 사치와 호화로움이 넘치는 삶에 빠져들었고, 모든 사람들이 자신이 얼마나 부유한지를 눈으로 직접 볼 수 있게 행동했다. 그는 많은 돈을 들여서 비싼 예술품과 책들을 사들였다. 또한 로마에 자신의 이름으로 화려한 유원지, 목욕장, 옥내 산책로 등을 짓게 했다. 이탈리아의 다른 지역도 건설에 대한 그의 열정으로부터 벗어날 수 없었다. 그는 로마 근처의 유명한 도시 투스쿨룸에 화려한 저택을 지었다. 나폴리 만에는 이목을 끌기 위해 기존의 모든 규모를 뛰어넘는 주거시설을 오늘날에도 볼 수 있는 카스텔 델 오보(Castel dell'Ovo)의 근처에 지었다. 이 특별한 구역은 협만과 운하로 둘러싸여 있었는데, 그 안에 희귀한 물고기들을 양식했다.

좌절한 정치가이며 실패한 남편이 된 루쿨루스가 보여준 개인적인 사치 중에는 오늘날까지 그에게 전설적인 유명세를 선사한 분야도 포함되어 있었다. 즉 루쿨루스는 요리와 조리법 분야를 획기적으로

아자로토스 오이코스('치우지 않은 바닥'이라는 뜻의 바닥 모자이크)

변화시켰고 새로운 차원으로 발전시켰다. 그 때문에 '루쿨루스하다'라는 형용사는 아주 화려하고 사치스러운 상차림을 뜻하는 말이되었다. 예전에는 그가 장군으로서 병사들로 구성된 군대를 이끌었다면 이제는 자신의 저택에서 뛰어난 요리를 만들어낼 수 있는 최고의 요리사 부대를 지휘하게 된 셈이었다.

미식의 대가

전기작가 플루타르코스는 요리에 대한 루쿨루스의 열정에 관해 상세히 기록했다. 거기에 따르면 루쿨루스의 식사 초대를 받은 손님들은 단지 최고의 음식뿐 아니라 눈과 귀를 위한 즐거운 축제를 기대할수 있었다. 보라색의 화려한 식탁보, 보석이 박힌 술잔, 그리고 음악과 춤 공연은 루쿨루스의 연회에서 기본적인 레퍼토리에 속했다. 계절적인 한계도 루쿨루스에게는 전혀 낯선 말이었다. 이런 사실은 플루타르코스가 전하는 한 일화로부터도 확인이 가능하다.

한번은 그의 대단한 경쟁자 폼페이우스가 병에 걸렸다. 의사는 치료를 위해 그에게 개똥지빠귀로도 알려져 있는 티티새 요리를 권유했다. 그러자 하인들이 폼페이우스에게 설명하기를 여름에 그런 새가 있는 곳은 오직 루쿨루스의 집뿐이라고 했다. 왜냐하면 그는 이새들을 살찌워 요리를 하기 위해 직접 기르고 있었기 때문이다. 그러나 자존심이 강한 폼페이우스는 자신의 치료를 위해 오래된 적수에게 도움을 청하는 일은 하고 싶지 않았다. 그래서 다음과 같은 위대한 말을 했다고 한다. "루쿨루스가 미식가가 아니었다면 폼페이우스는 살아날 수가 없다는 말인가?" 전해지는 이야기로는 결국 폼페이우스는 보다 쉽게 구할 수 있는 다른 대체 요리를 지시함으로써 부쿨루스의 진미를 포기했다고 한다.

플루타르코스는 음식에 대한 루쿨루스의 유별난 집착을 보여주는 또다른 사례들도 기록했다. 언젠가 그는 로마를 방문한 몇몇 그리스인을 집으로 초대해 며칠 동안 자신의 집에 묵게 하고 손님들에게 뛰어난 맛의 요리를 제공했다. 그런데 어느 순간 손님들은, 아무리 접대를 위한 것이라고 하지만 엄청난 비용을 들였을 호화로운 요리들을 보고 적잖이 당황스러워했다. 그러자 초대자인 루쿨루스는 정직한 말로 그들을 진정시켰다.

"이 모든 일 중에서 아주 조금은 여러분을 위한 것이기도 하지만 대부분은 루쿨루스 나 자신을 위한 것입니다."

언젠가는 그가 혼자서 식사를 하게 되었는데(사실 이런 경우는 대단히 드문 일이며 더구나 화려한 식사를 정치적 영향력의 상실에 대한 자기보상이라고 여기는 사고에 적합하지 않았다), 자신의 기준으로 볼 때 소박한 식사가 나오자 요리를 책임지고 있는 노예를 심하게 질책했다. 그러자 이 노예는 다른 손님이 없기 때문에 루쿨루스가 화려한 상차림을 원하지 않을 것이라고 생각했다는 변명을 늘어놓았다. 이때 루쿨루스가 노예에게 들려준 교훈은 고대의 유명한 명언 목록에 들어가기에 충분할 만큼 가치가 있다.

"자네 지금 무슨 말을 하는 것인가? 오늘 루쿨루스가 루쿨루스 집에서 식사를 한다는 것을 몰랐던 말인가?"

루쿨루스가 지극히 의도적으로 벌인 일이긴 하지만 로마에서는 곧 그의 호화로운 요리에 대한 소문이 나기 시작했고 사람들은 호기심을 갖기 시작했다. 한번은 미식의 대가 루쿨루스가 광장에서 산책을 하고 있을 때 그의 경쟁자 폼페이우스와 그의 친구 키케로가 다가왔다. 그들은 직접적으로 루쿨루스의 집에서 식사를 하고 싶다고 말하면서 조금은 위선적인 말을 덧붙였다. "단 특별한 지시 없이 지금 준비되어 있는 그대로 말일세." 이들은 분명히 루쿨루스가 전혀 예상치 못한 손님들에게 무엇을 내놓는지 궁금했던 것이다. 루쿨루스는 이 손님들이 조금 두려웠기 때문에 적절한 준비를 하기 위해서 초대를 하루 연기하려 했지만 두 사람은 루쿨루스의 뜻을 따르지 않았다. 그래도 루쿨루스는 결코 당황하지 않았다. 그는 한 시종에게 오늘은 '아폴론에서' 식사를 할 것이라고 알렸다.

플루타르코스의 설명에 따르면 아폴론은 루쿨루스의 집에 있는 호화로운 방들 중 하나를 이르는 말로 루쿨루스는 손님들 모르게 나름대로의 지시를 보낸 셈이었다. 왜냐하면 각 방에 따라서 제공되어야 할 식사의 가격이 이미 정해져 있었기 때문이다. 그리고 각 방마다 그곳만의 특별한 식기와 특별한 시설이 갖추어져 있어서 루쿨루스가 어디서 식사하는지를 말하면 노예들은 얼마의 비용을 들여야 하고 어떤 장식과 어떤 재료를 준비해야 하는지 금방 알았다고 한다. '아폴론'에서 식사를 할 경우에 그는 흔히 5,000세스테르츠(고대 로마의 은화) 정도의 비용이 드는 식사를 했다. 이런 식사의 가치가 얼마나 되는지는 다른 음식의 가격과 비교해 보면 쉽게 알 수 있다. 당시에 로마의 평균적인 시민이 식사와 음료를 위해 지불한 돈은 약 2세스테르츠였다고 한다.

사례가 교훈을 만든다

유감스럽게도 루쿨루스가 그의 손님들에게 구체적으로 얼마나 멋진 요리들을 선보였는지는 알려져 있지 않다. 그래서 오늘날 우리는 당시와 똑같이 루쿨루스 식의 음식을 요리하고 먹어보는 즐거움은 포기할 수밖에 없다. 어쩌면 이런 상황이 일반인들에게는 오히려 다행일지도 모르는데, 루쿨루스 풍의 식사를 즐기기 위해 지갑을 축낼 필요가 없기 때문이다.

그러나 고대 요리법의 제왕이라 불렸던 루쿨루스의 호화로운 상차림을 반영한 로마의 식사문화에 대한 증거들은 충분히 있다. 왜냐하면 귀족계급의 동료들 사이에서는 금방 미식요리의 개척자인 루쿨루스를 모방하는 사람들이 많이 생겨났기 때문이다. 그래서 엄격한 윤리를 강조하는 보수적인 로마인들은 지도층의 도덕관념과 원칙 준수에 대해 걱정하기 시작했을 정도였다. 그 결과 여러 법들이 제정되었고, 이를 통해서 화려한 식사의 즐거움을 선동하는 루쿨루스를 제어하려는 시도가 있었다.

그러나 이런 방법들도 실제로는 별 소용이 없었다. 멋지고 화려한 연회를 통해 삶의 질을 높이고 싶은 부유층의 욕구가 그것을 제어하려는 보수층의 노력보다 훨씬 더 강했기 때문이다. 그리고 과거에는 귀족들이 기장죽과 같은 소박한 식사로도 만족하고 살았다는 소위 '좋았던 옛 시절'을 회상시키려는 절망적인 외침도 전혀 효과가 없었다. 물론 이런 부유한 미식가들 중에서 누군가는 자주 기아 때문에 고통을 겪는 로마시의 일반 주민들을 생각했을지도 모른다. 그러나 이런 가책은 아마도 그들이 들소 기름으로 구운, 고급 꿀을 뿌린 돼지고기 내장 요리를 맛있게 먹을 때면 멀리 달아나버렸을 것이다.

비늘돔 간과 큰 바다뱀장어의 이리

공화정 시대에는 루쿨루스 풍의 사치스러운 식사가 귀족들 간의 경쟁에 이용된 도구였다면 황제시대에는 그것이 각 지배자의 특징적인 표시로 바뀌었다. 즉 첫번째 왕이었던 아우구스투스는 식사를 위한 비용에 일정한 상한선을 정해놓고 검소한 삶을 강조하려 했지만 그 결과는 별로 성공적이지 않았다. 이와 달리 그의 후계자들은 대부분 자신들의 높은 지위를 호화로운 축제 음식을 통해 과시하기를 즐겼다. 이런 면에서 칼리굴라와 네로와 같은 별난 지배자들은 거의 기록 갱신의 후보자들이었다. 그런데 이들을 능가했던 한 명의 왕이 있었는데, 아주 짧은 기간 동안 통치했던 비텔레우스였다.

로마의 전기작가 수에토니우스는 기원후 69년 1월부터 12월까지 정권을 잡았던 비텔리우스가 훌륭한 요리법과 음식에 대단한 집착을 보였다고 기록했다. 동시에 우리는 이 기록에서 부자들의 식탁에 구체적으로 어떤 음식이 등장했는지 전반적인 상상을 할 수 있다. 비텔리우스가 로마에 도착한 기념으로 그의 형이 대접한 요리들은 아주 유명했다. 당시에 2,000마리의 정선된 생선과 7,000마리의 새가 운반되었다고 한다. 그런데 너무 거대해서 비텔리우스가 "도시의 수호자 미네르바의 방패"라고 칭했던 요리가 있었는데, 이것이 위의 모든 음식들을 능가했다고 한다. 그 안에는 비늘돔의 간, 꿩과 공작의 뇌, 그리고 선장과 선원들이 페르시아에서 지브롤터 해협까지 운반해야 했던 큰 바다뱀장어의 이리 등이 서로 섞여 있었다고 한다.

고대 요리법의 경전

현대의 영양생리학적인 측면에서 볼 때 이런 재료의 혼합은 결코 건강을 증진하는 음식으로 인정받지 못할 것이다. 그러나 고위층의 로마인들에게 이런 점은 전혀 중요하지 않았다. 또한 벼락부자가 되어 자신들의 새로운 사회적 지위를 귀족들의 연회나 관습을 따라함으로써 과시하고자 했던 계층에서도 많은 모방자들이 생겨났다. 로마의 시인이며 네로 황제의 측근이었던 페트로니우스는 자신의 기념비적 작품 《트리말키오의 식사》에서 이러한 신흥 귀족을 소재로 삼아 길이 남겼다. 여기 등장하는 요리의 목록은 ― 뜨거운 소시지, 시리아산 자두, 비육한 날짐승부터 가시가 있는 모과까지 ― 지극히 풍자적으로 작성된 것이고, 유명한 《아피키우스의 요리책》이 비로소 우아한 로마의 요리들을 현실적으로 소개해 준다.

고대 요리법의 경전이라고 할 수 있는 《아피키우스의 요리책》은 대단히 많은 원조 조리법과 독창적인 조리법을 소개하고 있는데 그 전부가 권유할 만한 조리법은 아니었다. 어쨌든 이 책에 소개된 조리법은 티베리우스 황제 시대에 로마에서 대단히 유명한 미식가로 알려졌던 아피키우스가 만든 것이다. 확인되지 않은 소문에 따르면 그는 자신의 재산이 1,000만 세스테르츠로 줄어들자 자살했다고 한다. 빈곤의 경계선에 점점 다가가자 그때까지의 생활수준을 유지하기가 힘들었고 결국 최후의 절망적 선택을 하고 말았던 것이다.

아피키우스 계승자들의 모든 노력에도 불구하고 우아하고 품위 있는 요리의 옹호자로서는 오직 루쿨루스만이 사람들의 기억에 남게 되었다. 물론 루쿨루스에게도 식사의 즐거움이 중단되는 때가 찾아왔다. 전해지는 바에 따르면 그는 기원전 56년에 정신착란 상태로 세상을 떠났다고 한다. 그런데 아이러니한 것은 이런 사실과는 달리 미식의 모든 면에서 개척자였던 그의 이름이 붙여진 수많은 최고 현대식 레스토랑의 주인들은 또렷한 정신으로 현세에서 최고의 성공을 누리고 있다는 사실이다.

의상 유행
카틸리나

기원전 108-62년.
로마의 귀족. 살루스티우스와 키케로를 통해 문학적으로 불멸의 존재가 되었고
귀족 출신이면서 로마의 반란자였고 평범하지 않은 의상으로 귀족들을 선동하였다.

로마인들은 의상을 통해 즐거움을 찾는 사람들은 아니었다. 특히 나 윤리와 예의범절의 수호자로서 로마 민족의 도덕적인 고결함을 소명으로 여겼던 사람들은 더욱 그러했다. 일반적으로 로마의 자유 시민이라면 공개석상에 오로지 그 유명한 로마의 옷을 입고 나타나 는 것이 예절에 맞는 일이었다. 그 옷이란, 최소한 열정적으로 낱말 퍼즐을 즐기는 사람들에게는 오늘날에도 여전히 중요한 단어인 투니 카(Tunika)와 토가(Toga)였다.

이러한 지극히 보수주의적 상황에서는 창의적인 패션 리더가 탄생 할 가능성은 거의 없었다. 로마의 남성들은 여름에나 겨울에나 똑같 이 속옷으로는 소매가 없고 무릎까지 내려오는 면 혹은 아마로 된 투 니카를 입었다. 그 위에는 거추장스러울 정도로 복잡하게 주름이 잡힌 겉옷으로서 마찬가지로 면으로 만든 무채색의 토가를 겹쳐 입었다. 또한 일반 여성들도 이런 독특한 투니카, 토가의 의상을 입었는데, 단지 여성들의 경우에는 그 길이가 발목까지 내려올 수도 있었다. 훗날에 품위 있는 여성들, 특히나 나이가 지긋한 여성들의 의상은 토가를 조금 더 정교하게 만든 스톨라(Stola, 고대 로마시대의 여성 복장으로 몸에 두르는 긴 겉옷 - 옮긴이)로 대체되었다.

그러나 이런 미약한 개혁의 시도로는 모두 똑같거나 비슷하게 옷을 입는 현실을 전혀 바꾸지 못했다. 특별히 다른 사람들의 눈에 띄고 싶고 혹은 띄어야 하는 사람들에게는 몇 가지 공식적으로 허용된 방법이 있기는 했다. 예를 들어서 정치적 지위를 얻기 위해 후보로 나가고 싶은 사람은 선거전 동안에 하얀색의 토가, 즉 후보자 토가(toga candida)를 입었는데, 바로 여기서 오늘날 흔히 쓰이는 후보자(candidate)라는 단어가 나왔다. 권력자들이나 부유한 사람들은 자신들의 토가를 고상하면서도 뚜렷한 자색의 줄무늬로 장식함으로써 일반인들과 구별되고자 했다. 한편 거리에서는 각기 다른 일을 하는 시민들 덕분에 다양한 모습을 볼 수 있었다. 농부, 날품팔이, 상인, 자영업자, 수공업자 등은 땀을 많이 흘리기 때문에 거추장스러운 토가가 그

토가를 입은 연설가

들의 활동에 방해가 되었다. 그래서 사굼(Sagum)이라고 불리는 간단하고 수수한 작업복을 선호했다.

법정에서의 의상 교체

이렇게 경직되어 있던 로마의 의복 관습에 조금이나마 자극을 준 사람은 로마와 이탈리아에 살고 있던 많은 이방인들이었다. 토가를 입는 것은 로마 시민들에게만 적용되는 규정이었고 같은 로마 시민을 외적인 모습만으로 서로 알아볼 수 있다는 것은 결코 과소평가할 수 없는 장점이었다. 그러나 다른 한편으로 일부 로마인들은 거추장스럽게 둘러야 하는 로마 특유의 의상보다 더 편안하고 통기성 좋은 가벼운 코트를 입은 이방인들을 남몰래 부러워하기도 했다. 그러면서도 이들은 세계에서 가장 위대한 민족의 소속감을 과시하려면 그런 희생쯤은 감수해야 한다고 생각했다.

한편 어떤 이방인들은 모국의 의상 대신 로마의 토가를 입기 위해 모든 노력을 기울이기도 했다. 그렇다고 해서 그들이 로마의 의복을 대단히 높게 평가했기 때문은 아니었다. 그들은 단지 이 전통적인 의상을 입음으로써 로마 시민으로서의 권리를 누리고 싶었기 때문이다. 그러한 열망이 때로는 기이한 형태로 나타나기도 했다. 그래서 전기작가인 수에토니우스는 클라우디우스 황제의 지배 기간에 있었던 한 재판에 대해 기록했다. 한 사람이 외국인으로서 부당하게 로마의 시민권을 차지했다는 이유로 고소를 당했다. 그런데 사람들이 본격적으로 사건에 대해 토론을 하기도 전에 피고인이 어떤 의상을 입고 법정에 나와야 하는지에 대한 형식적인 문제를 두고 격렬한 논쟁이 벌어지게 되었다. 그 사람이 진정으로 로마의 시민이라면 당연히 토가를 입는 것이 허용되어야 했다. 그리고 그가 외국인이라면 로마의 옷이 아닌 다른 외투를 입고 법정에 나와야 했다.

직접 재판을 주도했던 클라우디우스 황제는 이 곤란한 사건에 대한 최선의 해결책을 지시했다. 그 결과 가련하게도 사건의 주인공은 재판이 진행되는 동안 대부분의 시간을 탈의실에서 머물러야 했다. 즉 그는 피고의 입장인지 혹은 변론하는 입장인지에 따라서 계속 옷을 바꿔 입어야만 했다. 안타깝게도 수에토니우스는 때로는 자랑스럽게 토가를 입고, 때로는 두려운 마음으로 코트를 입고 법정에 섰던 피고인이 재판이 끝났을 때 최종적으로 어떤 옷을 입었는지는 알려주지 않았다.

선거에 뿌리는 돈

이러한 특이한 재판이 벌어진 때로부터 100년도 훨씬 전에 그렇게 조심스럽게 보존되던 로마의 의복 체계를 심각하게 뒤흔들어 놓은 한 로마인이 있었다. 그 주인공은 바로 루키우스 세르기우스 카틸리나였다. 사람들이 당시에 그에게 부과한 죄목들 중에는 더 심한 것도 많이 있었다. 그는 역사 속에서 경우에 따라 범죄자, 모반자, 혁명가, 모험가, 반란자, 정치적 도박꾼 등으로 기록되어 있으며, 어떤 경우에든 다양한 모습을 가진 인물로 묘사되어 있었다. 당시는 이미 심하게 비틀리기 시작한 로마 공화정 말기였다. 사람들이 몸에 휘감아 입던 섬세한 토가는 더 이상 지배 귀족들의 거친 정치적 활동에 적합하지 않았다.

로마의 남성들은 권력과 영향력을 얻기 위해 격렬하게 투쟁했다. 경쟁하는 그룹들은 단지 말로만이 아니라 점점 더 폭력적으로 싸움을 하게 되었다. 로마 귀족 공화국의 전통적 강점이었던 정치적, 사회적 평등이 무너지고 정치권은 타락의 길로 들어서고 있었다. 많은 사람들이 국가의 최고 자리에 오르기 위해 모든 위험을 감수했다. 그 최고의 자리란 해마다 뽑는 두 명의 집정관 중 한 사람이 되는 것을 의미했다. 이를 위해서는 대단히 많은 돈이 필요했다. 돈 없이는 그 누구도 아주 높은 곳까지 이를 수 없었다. 선거인들의 표를 매수하는 데도 큰 비용이 들었는데, 왜냐하면 모든 경쟁자들이 너도나도 많은 돈을 뿌렸기 때문이다. 또한 많은 사람들에게 분명히 과시할 수 있고 중요한 귀족 그룹의 소속임을 표시해 줄 수 있는 높은 생활수준이란 돈과 직결되어 있기 때문이다.

위로 올라가고 싶은 남자

기원전 108년에 태어나서 저명한 동시대인 율리우스 카이사르보다 8살이 많았던 카틸리나는 결론적으로 패배자였다. 그는 어느 정도 존경받을 만한 출신 덕분에 관심을 모으긴 했지만 그의 가문이 누렸던 예전의 광휘는 더 이상 많이 남아 있지 않았다. 그는 차분하게 정규적인 공직자의 길을 걸어갔지만 집정관이라는 최고의 지위에는 이르지 못했다. 이 자리를 차지하기 위해 세 번이나 시도했지만 결과는 좋지 않았다. 한번은 선거에 나가는 것조차 허락되지 않았다. 그리고 두 번은 다른 후보자들에게 패배하고 말았는데, 가장 마지막 시도가 기원전 62년의 집정관을 뽑는 기원전 63년의 선거였다.

이런 결과는 명예욕이 별로 없는 사람에게도 상당히 실망스러운 일이었을 것이다. 그런데 카틸리나와 같이 야심이 많았던 사람에게는 완전한 파국을 의미했다. 그는 자신이 단지 조연으로서 역사 속에 남는다는 것을 아무래도 상상할 수가 없었다. 합법적인 방식으로 권력 장악이 불가능하다면 이제 힘으로 하는 수밖에 없다고 생각했다. 그리하여 그는 기원전 63년에 수많은 반대자들이 '반란'이라고 칭했던 정치적 운동을 시작하였다. 그런데 이때 사람들이 수군거리기를 그의 이런 행동 뒤에는 영향력이 큰 조정자, 예를 들면 율리우스 카이사르 — 당시에 그는 출세의 초기에 있었으므로 — 같은 사람이 있고 그가 카틸리나를 자신의 정치적 수단으로 이용했을 것이라고 했다. 카틸리나는 자신과 같이 사회에서 정당한 인정을 받지 못하고 필요한 경우에는 불법도 주저하지 않을 사람들을 자기 주변으로 끌어들였다.

최악의 평판

그러나 이 모든 것들이 도대체 의복과 어떤 상관이 있다는 말인가? 그리고 왜 하필이면 카틸리나에게 — 역사가들이나 디자이너들로부터 별로 찬사를 받은 적이 없었음에도 불구하고 — 의류 역사에서 확고한 자리를 차지할 수 있게 되었단 말인가? 오늘날 그는 오히려 공화정 말기에 정치의 도덕성 타락을 보여주는 대표적 사례이자 성격 파탄자의 전형으로 알려져 있다. "그는 무모하고 교활하고 변덕스러운 사람, 위선자, 장물아비, 그리고 오로지 다른 사람이 가진 것을 탐하고, 자신의 것을 낭비하며, 열정적으로 달아오르는 일에만 관심을 가졌다." 그다지 우호적이지 않은 이런 평가는 저명한 로마의 작가이며 카틸리나의 젊은 동시대인이었던 살루스티우스로부터 나온 것이다. 라틴어를 배운 세대들은 살루스티우스와 그의 성공작 《카틸리나의 음모》를 높이 평가하면서도 때로는 이 작품을 읽을 때 어려움을 느꼈을 것이다. 이 작품은 어려운 문장 구조로 되어 있기 때문이다. 사람들은 다음과 같은 문장들 때문에 살루스티우스에 대해 불평하기도 했다. 이 예문은 라틴어 문학사상 가장 긴 문장이라는 표창을 받을 만한 몇 안되는 후보작에 속할 정도로 장황한데, 번역을 하면 다음과 같다.

"모든 방탕한 자, 간통한 자, 식도락가, 놀기와 먹기와 매춘으로 아버지의 유산을 탕진한 자, 그리고 범죄와 비행을 돈으로 다시 무마시키기 위해 엄청난 빚을 낸 자, 더 나아가 도처에서 온 살인자, 신전을 훼손한 자, 법정에서 멋대로 행동하거나 자신들이 저지른 일에 대해 심판을 두려워해야 하는 자, 거기다가 거짓과 시민의 피로 자신들의 손과 혀를 즐겁게 하는 자, 간단히 말해서 항상 치욕, 궁핍, 나쁜 양심 등과 연관되는 모든 사람들이 카틸리나의 가장 가까운 주변인과 지인 그룹을 형성하고 있었다."

여기서 우리는 공화정이 쇠퇴하던 시기에 스스로 로마인의 도덕적 선봉자라고 칭했던 살루스티우스이지만 이 글과 관련해서는 카틸리나의 주변 사람에 대해 객관적인 분석을 하지 않았다는 점을 인정해야 한다. 그러나 실제로 카틸리나 주변에는 각기 다른 이유에서 자신이 생각했던 일을 이루지 못한 많은 사람들이 모여들었다. 그 가운데에는 카틸리나의 계획에 동참하는 것을 빈둥거릴 핑계로 이용하는 사람들도 있었다.

키케로가 세상을 구하다

이제 우리는 카틸리나와 의상에 대한 이야기를 언급하기 직전에 와 있다. 왜냐하면 이야기가 살루스티우스로부터 빠르게 마르쿠스 툴리우스 키케로에게로 넘어가고 있기 때문이다. 살루스티우스와 비슷한 방식으로 위대한 정치가이며 때로는 철학자였던 키케로도 카틸리나의 부정적인 이미지에 한몫을 했다. 그런데 역사가인 살루스티우스와는 달리 키케로는 카틸리나와 직접적인 관련이 있었다. 왜냐하면 키케로는 카틸리나가 집정관 선거에서 실패한 후에 당시의 지배층을 제거함으로써 권력을 잡으려는 대담한 목표를 가지고 '반란'을 시작했던 기원전 63년에 집정관을 맡은 인물이기 때문이다. 더구나 권력을 잡은 키케로는 자신의 집정관 수행을 길이 남을 업적으로 만들기 위해 무슨 일이든 했던 사람이다.

키케로는 이때부터 몇 년 동안 모든 적절한 기회마다 그리고 더 나아가 적절하지 않은 일과 관련해서도 로마를 위해 기여한 자신의 공로를 지나치게 찬양했고 이때마다 동료 원로원 위원들은 고통을 당하곤 했다. 이런 점에서 키케로가 반란자 진압을 되도록 화려한 공로로 만들기 위해서 카틸리나가 도발한 위험성을 지나치게 과장했을지도 모른다는 의문이 생긴다. 사실 원로원 위원들로 하여금 카틸리나를 국가의 적으로 규정짓도록 유도하고, 살루스티우스의 작품에서는 지극히 우호적으로 묘사되었던 반란 참여자들을 체포하고 사형시키도록 조치한 사람은 바로 키케로였다. 카틸리나 자신은 기원전 62년

초에 남아 있던 마지막 병사들과 함께 로마의 군단에 대항하다가 에 트루리아에서 죽음을 맞이했다.

나쁜 의상, 나쁜 사람

반란자 카틸리나가 죽고 2년 뒤에, 키케로가 집정관 시절 원로원과 국민 앞에서 카틸리나와 그의 음모를 규탄했던 네 편의 연설문이 출간되었다. 그런데 이 글을 읽은 사람이라면 누구나 키케로가 지나치게 열정적인 애국자로서 당시에 실제로는 별로 위협적이지 않았던 몰락의 위험을 과장되게 표현했음을 알 수 있었다. 또한 카틸리나와 그의 동조자들에게 부과된 긴 죄목들 중에서 "로마의 의복 질서에 대한 위반"이라는 중요한 사항이 들어 있음을 알 수 있었다. 키케로에 따르면 많은 실패자들이 선동자 카틸리나를 따랐다고 한다. 그런데 최초의 추종자들, 즉 그의 애인과 어린 시절 친구들은 치장을 즐기는 사람들로 구불구불한 퍼머머리를 하고, 수염을 깎거나 한껏 멋을 내고 있었으며, 긴 소매에 발목까지 내려오는 투니카를 입었고, 토가가 아니라 펄럭이는 옷을 입었다고 한다.

이런 말은 사실 당시로서는 엄청난 비난에 해당되었다. 모든 점잖은 로마의 남성들은 소매가 없는 투니카를 입었고, 펄럭이는 의상을 입기 위해 토가를 포기하는 일은 일종의 스캔들이었다. 퍼머머리와 혁신적인 모양의 수염을 기른 버릇없는 젊은이들은 로마인들이 칭하는 것처럼 에페미나티오, 즉 지극히 여성적인 인상을 주었다.

많은 사람들, 특히 윤리에 엄격한 로마인들은 카틸리나와 그의 동조자들을 비난하는 키케로의 연설을 듣고서 이런 평범하지 않은 의상을 입은 그들이 로물루스에 의해 잘못 인도된 미천한 후손들이라고 확신하게 되었다. 그렇지만 사람들은 기존의 의복 규정에 대한 젊은이들의 시위적인 일탈행위가 사회적 상황에 대한 일종의 저항이었다는 것은 전혀 추측하지 못했다. 유감스럽게도 카틸리나가 친구들과 똑같이 자신도 토가를 벗고 긴 팔의 투니카를 입었는지는 정확히 전해지지 않고 있다. 그러나 이런 '카틸리나의 사람들'이 외모에서도 이미 리더의 기호를 따랐을 것이라는 점에는 의심의 여지가 없다.

진부함을 거부한 카이사르

카틸리나와 그의 동조자들은 정치적으로는 최종적으로 실패했다. 그러나 이들은 특이한 의복 연출을 통해 지속적인 영향을 미쳤다. 사실 눈에 띄는 외모를 통해서 사회적 규범으로부터의 이탈을 강조하려는 행동은 이미 당시의 경향이었다. 그래서 젊은 율리우스 카이사르는 무감각 때문이라기보다는 계획적으로 눈에 띄는 차림으로 다녔다. 그런 모습은 훗날 그의 위대한 활동을 예감하게 했다. 전기작가 수에토니우스에 따르면 카이사르는 손까지 닿는 술 장식이 달려 있고 자색의 넓은 줄무늬로 장식된 투니카를 입었다. 그리고 그 위에 허리띠와 다름없는 것을 매우 느슨하게 두르고 다녔다. 아마도 이런 표현은 술라의 발언에서 나온 것으로 보인다. 술라는 귀족 그룹에게 여러 번 경고하기를 엉망으로 허리띠를 두른 그 소년을 주의 깊게 관찰하라고 했다. 실제로 카이사르는 얼마 되지 않아 로마에서 일인자가 되었다. 그리고 그가 머리에 쓴 월계관은 권력을 상징하는 것이 되었는데, 우리가 수에토니우스의 말을 그대로 믿는다면, 이것은 단지 카이사르가 자신의 대머리를 숨기기 위해 쓴 것이라고 한다.

올바른 의복 착용을 위한 투쟁

카틸리나와 카이사르가 결코 일탈적인 의상을 선호한 유일한 사례는 아니었다. 보수적인 사람들에게는 모든 로마인의 의복인 전통적인 토가가 점점 더 유행과 멀어지고 있다는 사실이 대단히 충격적이었다. 여기에는 무엇보다도 실질적인 이유들이 있었다. 우선 로마 자유시민의 유니폼인 이 옷을 입는 과정이 대단히 복잡해서 남의 도움 없이는 몇 시간이 걸릴 수도 있었다. 그리고 신체 길이의 두 배 혹은 세 배가 되는 양의 옷감을 겨우 봐줄 만한 형태로 만드는 일도 쉽지 않았다. 그래서 토가를 원하는 형태로 입는 데 실패해서 계획이나 약속을 어기게 되는 일까지 일어났다.

그런데 최초의 로마 황제이며 사회의 도덕적 쇄신을 앞세웠던 아우구스투스에게는 의상과 관련된 이런 나태함이 눈엣가시처럼 여겨졌다. 수에토니우스에 따르면 그는 로마인에게 전통적인 옷을 다시 입게 하려는 소망을 가지고 있었다고 한다. 그가 한번은 어떤 모임에서 많은 남성들이 더럽고 시커먼 옷을 입고 있는 모습을 보고는 화를 내면서 이렇게 외쳤다고 한다. "보라, 저들이 세계의 지배자, 토가를 입는 민족, 로마인들이다." 문학에 조예가 깊었던 아우구스투스는 그가 데리고 있던 한 뛰어난 시인의 말을 인용했던 것이다. 그 시인이란 바로 베르길리우스였다. 그는 《아이네이스》라는 작품에서 "세계를 지배하는 로마인"이라는 말과 "토가를 입는 민족"이라는 표현을 썼다. 그런 민족이 올바른 의복 착용과 국제적인 위신이 깊게 연관되어 있음을 제대로 깨닫지 못하자 황제는 엄하게 다스리기 위해 강력한 지시를 내렸다. 그는 신하들에게 앞으로 토가 대신에 단순한 외투를 입은 사람은 광장에서 내쫓으라고 지시했다. 그 이후로 붐비는 광장에서 외투 하나만을 입고 다니는 사람은 모두 황제의 의복 검열관에게 걸리게 되었다.

아우구스투스 자신은 이런 엄격한 규정과 관련해서 모범적인 본보기가 되어야 할 의무가 있었다. 때로 그의 의상은 기괴한 모습이 되기도 했다. 왜냐하면 그는 자주 감기로 고생을 해서 늘 예방조치가 필요했기 때문이다. 그래서 황제가 겨울에 네 개의 투니카와 두꺼운 토가, 셔츠 한 장, 모직으로 된 재킷, 그리고 허벅지와 골반용 토시 등을 입는 것에 대해 아무도 이의를 제기하지 않았다. 그러나 토가 대신 간단한 외투를 입는 것에 대한 그의 적극적인 금지 정책도 그 사이 별로 성공을 거두지 못했다. 그 이후 황제시대의 로마인들은 축제와 같은 행사나 법정과 같은 곳을 제외하고는 더 이상 토가를 입지 않게 되었다. 그런 옷은 이제 말 그대로 무덤에 갈 때나 입는 옷이 되었다. 풍자가 유베날리스에 따르면 기원후 1세기 말 이후로는 예전의 국가 유니폼을 입는 사람은 오직 죽은 사람들뿐이었다고 한다.

바지에 대한 절대적인 수용 거부

진보를 거부한 사람들에게는 로마에 불어온 유행 중에 최소한 바지는 포함되지 않았다는 점이 위로가 될 수 있었을 것이다. 바지는 당시에 여전히 야만적인 것으로 평가절하된 의복이었다. 게르만인과 페르시아인들은 이 난해한 하의용 의복을 대단히 좋아했지만 로마인들은 아니었다. 그렇지만 어떤 경우에든 병사들은 움직임이 더 용이한 바지를 입어야 했고 후대의 왕들이 입었던 개선행진용 의상도 사실은 바지와 유사한 모습이었다. 그러나 이탈리아에서는 바지가 환영을 받지 못했다. 역사가이면서 원로원 위원이었던 타키투스가 한 로마 장군의 행동을 다음과 같은 말로 질책한 것을 보면 그런 경향을 알 수 있다. "이탈리아의 소도시들은 그의 옷차림을 교만함으로 해석했는데, 왜냐하면 그가 이방인 나라의 의상인 화려한 색깔의 외투와 바지를 입고서 토가를 입고 있는 지방 사람들에게 말을 걸었기 때문이다." 기원후 69년에 나온 이런 기록은 토가가 지방에서는 조금 더 오랫동안 존중되었음을 보여주고 있다. 어쨌든 로마의 유행을 선도했던 트렌드세터 카틸리나는 변화의 움직임을 입증하는 이런 모든 논쟁에 대해 매우 기뻐했을 것이다.

문화 후원
마에케나스

기원전 70-8년경.
로마의 부자. 아우구스투스의 친구이자 조언가로
대단히 부유했으며 로마의 많은 시인들을 후원하였다.

오늘날에는 '메세나'(Mecenat, 마에케나스에서 유래한 불어 - 옮긴이)라는 말이 조금 낡은 표현처럼 여겨지고 있다. 대신에 '스폰서'라는 말을 더 즐겨 쓰는데 기부자, 장려자, 후원자로 활동하는 사람들을 가리킨다. 이 말이 더 현대적이고 현실적으로 들린다. '스폰서'라는 말도 그 유래는 고대까지 거슬러 올라가며 라틴어로는 간단히 '보증인'이라는 뜻을 지니고 있다. 어떤 명칭을 사용하든 이런 후원자의 도움을 받은 사람은 기쁘고 행복했을 것이다. 로마의 유명한 시인들인 베르길리우스, 호라티우스, 그리고 프로페르츠와 같은 경우에도 그들의 성공과 인기는 근본적으로 마에케나스의 후원 덕분에 가능했고 그의 이름이 축약된 형태인 '메세나'는 문화와 예술의 장려자 혹은 후원자와 동의어로 쓰이게 되었다.

왜 메세나가 되고자 할까?

그렇다면 과연 무엇이 한 사람으로 하여금 재산의 많은 부분을 다른 사람의 문학적 재능을 위해 과감한 투자를 하게 만들었을까? 순수하게 이론적으로는 여기에 대한 몇 가지 이유를 생각해 볼 수 있다. 예를 들어서 어떤 사람은 그저 돈이 너무 많기 때문이다. 그러나 이런 부러운 경우라면 그런 사람은 재산을 분배할 다른 방법도 얼마든지 있다는 이의가 제기될 수 있다. 또다른 가능성은 선한 일을 해야 한다는 거부할 수 없는 욕구를 가지고 있기 때문이다. 물론 대단히 바람직한 일이지만 현실적으로 부와 윤리적 완벽성이 결합된 경우가 어디에 있단 말인가?

그러므로 역시 다른 가능성을 생각하자면 재능 있는 사람들을 도와줌으로써 국민의 문화적 수준을 향상시키고 싶기 때문이다. 사실 이 세 번째 동기가 그런 대로 받아들여질 만하다. 그러나 우리가 역사와 현실 세계로부터 얻은 많은 경험으로 미루어볼 때 이런 동기는 별로 신뢰가 가지 않으며 너무 이상주의적이라는 비난을 받을 수도 있다. 그 외에 생각해 볼 수 있는 동기라면 후원자가 장애를 입은 예술가여서 다른 사람들을 후원함으로써 자신이 이루지 못한 성공을 보상받으려는 경우가 있을 수 있다. 이런 경우는 원래 충분히 이해가 갈 만한 동기이지만 여기서는 심리학적 측면이 차지하는 부분이 너무 크다는 문제가 있다. 그렇다면 이제 어떤 설명이 남아 있을까? 아마도 후원을 통해서 기대되는 수익을 위해 잠재적인 투자를 한다는 시각일 것이다. 물론 우리가 쉽게 가정할 수 있듯이 이런 생각은 지나치게 물질적인 측면에 치우쳐 있다.

그렇다면 이처럼 후원자들의 진정한 동기를 만족스럽게 밝혀낼 수 없으므로 결국 후원자란 존재할 수 없다는 말일까? 이런 문제에서 우리에게 도움이 될 수 있는 것은 과거에 활동했던 스폰서들의 삶과 그들이 끼친 영향에 대한 연구와 사례들일 것이다. 그렇다면 무엇이 마에케나스를 메세나가 되도록 만들었을까?

부유한 에트루리아 후손

마에케나스는 에트루리아 출신의 로마인이었다. 이런 경력은 에트루리아의 전성기가 이미 수세기 전에 지난 당시로서도 여전히 특별했다. 왜냐하면 초창기에 로마를 주요 도시로 발전시켰던 민족이 바로 이 뛰어난 에트루리아인이었고 전설상의 로마 건설자인 로물루스도 실제로는 에트루리아의 군주이기 때문이다. 마에케나스는 자신의 출신에 대단한 자부심을 느꼈을 것이다. 그래서 훗날 마에케나스로부터 재정적 후원을 받았던 호라티우스는 그에게 세련되게 아첨하는 법을 알아 자신의 시에서 그를 "옛 왕들의 후손"이라 칭하기도 했다.

마에케나스 가문은 아레티움 출신이었다. 이곳은 오늘날 토스카나의 아레초에 해당되는 곳으로 과거에 에트루리아의 찬란한 중심지였고 지금은 가구와 액세서리 산업 덕분에 부유한 도시이며 예술 애호가들 사이에서는 성 프란체스코 성당의 프레스코 벽화로 알려져 있다. 마에케나스는 이미 선조 때부터 부유한 집안으로 소문이 나 있었고, 기원전 30년 전에 보고된 바에 따르면 이 집안의 많은 돈을 부러워하고 시기했던 아레티움의 주민들에 의해 도시 밖으로 쫓겨났다고 한다. 마에케나스의 후원 사업을 위한 재정적 초석은 이미 그렇게 그의 출생 이전에 마련되었던 셈이다.

올바른 카드

한편 마에케나스 스스로도 물려받은 재산을 훨씬 더 증식시켰다. 그가 정치적인 위기 상황에서 유리한 편을 선택하는 행운을 잡았기 때문이다. 예술과 문학의 애호가인 그는 로마라는 나라가 혼란과 내전 속에서 무너져가는 모습을 지켜보아야 했다. 세계 지배에 대한 유혹이 공화정의 로마에서 지도층의 귀족 가문들을 격렬한 권력 싸움으로 몰아넣었다. 독재자 율리우스 카이사르의 등장과 함께 오래된 공화정의 종식과 군주정치의 시작이 확정된 듯했다. 그런데 카이사르가 기원전 44년 3월 15일에 갑자기 살해되자 공화주의자들에게는 다시 한 번 희망이 싹트는 것처럼 보였다.

그러나 이때 카이사르의 양자이자 조카아들이며 막 19세가 된 옥타비아누스가 정치 무대에 등장했다. 그는 뚜렷한 목표의식을 가지고 단호하게 위대한 카이사르의 정치적 유산을 물려받고자 노력했다. 이런 모험과 시도의 과정에서 그가 능력 있는 조력자로 여겼던 사람이 바로 자신보다 7살이 많고 카이사르의 오랜 친구였던 마에케나스였다. 독재자를 향한 마에케나스의 충성은 그대로 이 젊고 열정적인 사람에게로 옮겨졌고 그럼으로써 ─ 금방 드러나게 되겠지만 ─ 올바른 카드를 뽑은 셈이 되었다. 이때 다시 점화된 내전의 혼란 속에서 그는 옥타비아누스에게 여러 가지 중요한 도움을 주었다. 기원전 30년에 모든 국내의 반대자들이 진압되자 옥타비아누스는 아우구스투스라는 이름으로 로마의 지배자가 되었다.

황제의 조언자

황제는 고마움을 증명하고자 마에케나스를 정치적 측근으로 받아들였다. 얼마 동안 이 부유한 에트루리아 후손은 심지어 아우구스투스의 정식 대변인으로까지 여겨졌다. 정보가 풍부했던 그리스의 역사가 카시우스 디오의 설명을 그대로 믿는다면, 황제는 마에케나스를 무엇보다도 일종의 보완과 완화의 역할을 하는 사람으로서 높이 평가했다. 이런 점은 지배자 아우구스투스가 자신의 급한 성격을 바람직한 방식으로 제어할 수 없을 때 더욱 두드러졌다. 카시우스 디오의 설명에 따르면 언젠가 황제가 재판을 열었는데, 이날 그는 기분이 나빴던 탓인지 잇따라 사형을 선고했다. 재판을 지켜보던 마에케나스가 황제를 자제시키려고 시도했지만 사람들 무리를 뚫고 그의 곁으로 다가가는 일이 쉽지 않았다. 그래서 그는 작은 판에 상당히 무례한 내용의 문장을 써서 황제에게 전달했다. "이제 그만 일어서게, 이 사형집행인이여!" 이 메시지는 마침내 아우구스투스의 손에 도달하게 되었고 그것을 읽은 황제는 더 이상 사형을 선고하지 않고 그 자리에서 일어나 집으로 갔다고 한다.

신분에 어울리는 생활

그러한 공적을 감안해서 황제는 부유한 마에케나스의 사치스러운 생활방식을 대범하게 눈감아주었다. 비록 황제 자신은 그와 현저한 반대 입장을 취하면서 내전 때문에 희미해진 미덕의 길로 로마인들을 인도하기 위해 검소와 절제의 원칙을 강조하고 지켰음에도 불구하고 말이다. 그래서 황제는 로마의 팔라틴 언덕에 있는 작은 집(그러나 최고의 거주 지역이 있는)에서 부인 리비아와 함께 시위적인 무욕의 생활을 견뎠던 반면에 마에케나스는 에스퀼리네에 있는 화려한 저택에서 역사가 벨레이우스 파테르쿨루스가 표현한 것처럼 흔히 "여성들이 소망하는 것 이상으로 넘치는 여유와 안락함을 누리면서" 살았다. 동시에 그는 난방이 가능한 수조가 있는 최초의 공용 수영장 건설자이기도 했다.

그리고 황제는 마에케나스가 장신구와 화려한 의상을 대단히 좋아하는 것에 대해서도 반대를 한 적이 없었고, 또한 그가 아름다운 여성들과 몸이 좋은 젊은 남성들을 좋아하는 취향에 대해서도 책망하지 않았다. 이처럼 아우구스투스는 자신의 신중하고 충직한 동반자이며 조언자인 마에케나스에게 대단한 신뢰를 가지고 있어서 병이 나면 마에케나스의 집에서 휴식을 취하고 치료를 했을 정도였다.

결정적 사건

그러나 이렇게 돈독했던 두 사람의 관계는 늘 자신의 흠집 없는 명성을 위해 노력했던 아우구스투스를 수치감으로 몰아넣은 사건 때문에 멀어지기 시작했다. 당시에 정보를 많이 알고 있던 로마인들 사이에서는 결코 부정되지도 긍정되지도 않았던 소문이 지속적으로 퍼지고 있었다. 그 소문이란 리비아와의 결혼생활을 항상 완벽하고 모범적으로 이끌기 위해 노력했던 황제가 마에케나스의 아내인 테렌티아와 부적절한 관계를 가졌다는 내용이었다. 만약 카시우스 디오가 이런 소문과 관련해서 쓴 글이 맞다면 아우구스투스가 잘못을 한 것이 분명하다. "그는 실제로 테렌티아를 향한 열정적인 사랑에 빠져 있어서 그녀를 리비아와 함께 미녀대회에 나가게 했을 정도였다."

유감스럽게도 이 경쟁에서 누가 이겼는지는 알려져 있지 않다. 어쨌든 마에케나스는 점점 기분이 상했고 기원전 12년에 바람을 피운 부인과 이혼했으며 아우구스투스와의 관계는 완전히 깨지고 말았다. 그는 이런 사건의 충격들로부터 더 이상 회복되지 못했다. 결국 이혼 후 예전의 의욕을 다시 찾지 못한 그는 4년 뒤에 약 62세의 나이로(그의 정확한 출생일은 알려져 있지 않고 단지 어느 해의 4월 13일이라는 것만이 확실하다) 세상을 떠나고 말았다.

예술가가 될 뻔한 사람

마에케나스의 죽음은 아우구스투스가 병이 들었을 때 갈 곳이 없어져 새로운 휴식처를 찾아야 한다는 의미만은 아니었다. 그의 죽음은 로마에 있는 많은 시인과 예술가들에게 열정적인 페트론, 지원자, 재정적 후원자의 상실을 의미했다. 왜냐하면 마에케나스가 이룩한 진정한 인생의 과업은, 재능 있는 문학가들의 모임을 설립하고 그들이 무엇보다도 물질적인 걱정에서 벗어나 오로지 작품에만 몰두할 수 있도록 낙원과 같은 상황을 제공한 것이기 때문이다. 그 덕분에 마에케나스는 최소한 사람들 사이에서 지속적으로 자신의 이름이 전해지는 불멸성을 얻게 되었다. 실제로 마에케나스 그룹의 가장 유명한 일원인 베르길리우스와 호라티우스도 전폭적인 도움을 주었던 이 후원자가 없었다면 결코 유럽 문학사에서 위대한 인물이 되지 못했을 것이다. 당시에는 집안 대대로 특별한 부자가 아니라면 시, 서사시 혹은 다른 글을 창작하는 것으로는 도저히 생계를 유지할 수 없었기 때문이다.

이제 우리가 앞에서 언급했던 여러 가지 가능성 중에서 마에케나스가 왜 유망한 예술가들을 위해 열정적인 후원을 했는지 그 동기를 다시 살펴보자. 이 위대한 후원자는 실제로 그 스스로 문학가 지망생이었다. 그의 작품에 대한 당시의 평가와 관련해서는 몇 안되는 단편을 제외하고는 더 이상 보존된 작품이 없다는 점이 오히려 다행으로 보인다. 전문적인 문학비평가라고 말할 수는 없지만 아우구스투스와 같은 좋은 친구도 마에케나스의 산문과 서정시에 대해 그다지 기뻐하지 않았다고 한다. 전기작가 수에토니우스에 따르면 아우구스투스는 기회가 될 때마다 "성유가 뚝뚝 떨어지는 요란한 장식"이라는 말로 그의 작품을 타박했고 더 심한 경우에는 장난삼아 마에케나스의 시를 모방해서 웃음거리로 만들기도 했다. 이런 끔찍한 경험들은 이 에트루리아 출신의 문학 애호가로 하여금 세상에 자기 작품을 공개하는 일을 포기하고 대신에 진정한 재능을 가진 사람들에게 기회를 주는 것이 더 낫다는 현실적인 시각을 갖는 계기가 되었을 것으로 보인다.

베르길리우스

로마에서 후원을 해줄 만한 재능 있는 예술가를 찾는 일은 그리 어렵지 않았다. 한 부자 후원자가 풍성하게 채워진 자신의 보물함을 야망에 찬 예술가들을 위해 열 준비가 되어 있다는 소문이 로마 문화계에 퍼지자 이미 신청자들이 긴 줄로 늘어섰기 때문이다. 원래 마에케나스는 인심이 후한 사람이었지만 이 일에서만큼은 '평범한 다수보다 뛰어난 소수'라는 현명한 원칙을 따랐다. 많은 시인들이 희망에 가득 찬 채 각자의 작품을 제출했지만 실망스런 결과와 함께 미래를 축복한다는 위로의 말을 뒤로 하고 발길을 돌려야 했다.

결국에는 그의 주변 사람들과 접촉이 있거나 관계가 있는 예술가들이 가장 유리했다. 베르길리우스도 이런 방식으로 마에케나스가 주도하는 엘리트 모임에 들어오게 되었다. 만투아 출신의 시인 베르길리우스는 《에클로가에》라는 전원시집으로 사람들의 이목을 끌었다. 역사가이며 정치가인 아시니우스 폴리오와 시인인 코르넬리우스 갈루스도 그의 시를 마음에 들어했다. 이 두 사람은 마에케나스의 지인들이었다. 이들이 베르길리우스에 대해 칭찬을 했고 그는 마침내 마에케나스에게 작품을 보여줄 기회를 얻을 수 있었다. 그렇게 해서 베르길리우스는 기원전 39년부터 기원전 19년 사망 때까지 지속적으로 마에케나스의 후원을 받는 인물 목록에 포함되어 있었다. 베르길리우스는 고대 문학사에 빛나는 몇몇 대작으로 마에케나스에게 보답했다. 특히 로마의 조상인 트로이의 아이네이아스가 중심이 된 로마의 국가서사시 《아이네이스》가 그의 대표작으로 꼽힌다.

호라티우스

쿠인투스 호라티우스 플라쿠스라는 긴 이름의 호라티우스도 마에케나스 그룹에 속했던 또 한 명의 유명한 시인이었다. 그가 이 품위 있는 모임에 들어오게 된 것은 베르길리우스 덕분이었다. 베르길리우스는 자신보다 5살 정도가 젊고 아풀리엔의 작은 도시 출신의 작가 호라티우스를 도와주고 싶었다. 호라티우스는 처음에는 경제적 궁핍

함 때문에 내전의 혼란 동안 한 재정 공무원 집에서 사서라는 조용한 자리를 얻어 살고 있었다. 그러나 그후에 소위 제2의 배움의 길을 통해서 자신이 원하는 진정한 일, 즉 예술가라는 직업을 찾게 되었다. 훗날 호라티우스는 고생 끝에 성공한 사람들의 전형적인 말투로 자신의 소박한 출신을 일부러 밝히면서 이렇게 주장했다. "가난이 나를 시를 쓸 수 있을 만큼 용감하고 대담하게 만들었다."

가입 테스트

호라티우스가 시 창작을 위해 걸음걸이 연습을 할 때부터 이미 베르길리우스는 그에게 관심을 보였다. 베르길리우스는 마에케나스의 그룹에 들어올 만한 재능 있는 인물을 항상 찾고 있었기 때문이다. 그는 호라티우스와 마에케나스의 첫 만남을 기원전 38년 봄에 주선했다. 호라티우스는 이때를 회고하면서 약간은 풍자적으로 예리하게, 그러나 매우 현실적으로 마에케나스가 신입회원 후보들을 어떻게 대했는지 묘사했다. 그래서 문학사적으로도 장기적 효과를 미친 이 의미 있는 면접은 많이 알려졌고 마에케나스의 독특한 후원방식에 대한 기록으로 남아 있다.

마에케나스는 결국 베르길리우스의 추천을 근거로 호라티우스를 받아들였다. 언젠가 지난 일을 회고하면서 호라티우스는 마에케나스에게 이렇게 말한 적이 있다. "내가 당신 앞에 섰을 때는 경직되어 그저 몇 마디밖에 할 수 없었습니다." 호라티우스에 따르면 자신의 소심함은 보잘것없는 출신 때문이었다고 한다. 왜냐하면 과거에 노예였던 사람의 아들인 그가 에트루리아의 유명한 민족의 후손이며 재정적으로 부유한 사람, 동시에 유력한 정치가 옥타비아누스의 친구인 사람과 대면한 것이기 때문이다. 그는 자신의 인생이 새로운 전환을 맞이하게 된 그날에 대해 자세히 설명했다. "흔히 그랬듯이 당신의 대답은 인색했습니다."

이때 호라티우스는 집으로 돌아가도 좋다는 대답을 들었다. 그리고 9개월 동안 마에케나스로부터 아무런 소식도 없었다. 그는 왜 연락을 하지 않을까? 혹시 휴가를 간 것일까? 나에게 관심이 없는 것일까? 호라티우스는 기다리는 동안 문학적 명성을 얻지 못한 채 산더미같이 쌓여 있는 결산대조표 앞에 앉아서 경리로 일하는 자신의 앞날을 떠올리고 있었다. 그런데 한참 뒤에 거의 포기상태였던 그에게 연락이 왔다 "당신은 9개월 후에 나를 다시 불렀고 당신 친구들 중 한 명이 되어달라고 제안했습니다." 마에케나스는 기본적으로 신속하게 결정을 내리는 타입이 아니었고 모든 것을 충분히 심사숙고하는 인물이었다. 그러나 일단 그가 한 사람의 예술가를 돕겠다고 결정하면 결코 신의를 저버리지 않았다.

호라티우스도 그 이후에는 후원자의 관심이 부족하다는 불평은 더 이상 할 수 없었다. 오히려 그 반대였다. 마에케나스는 호라티우스에게 물질적인 지원과 함께 사비느 산지에 있는 대단히 멋진 장소를 마련해 주었다. 이곳은 호라티우스가 매우 좋아했던 장소인데 바로 오늘날 부분적으로 그 잔재를 볼 수 있는 몬테 제나로의 사비눔이다. 이곳은 현대적인 지명으로 라센자라고 불리는 전원풍의 작은 지역으로, 대도시에서 떨어져 있어서 하인들이 농사를 지었고 그야말로 문학작품에 몰두하기에는 이상적인 장소였다. 호라티우스는 이런 점에

서 자신의 시를 통해 반복해서 후원자 마에케나스에 대한 고마움을
표시했다. 그는 "인생에서 나의 피난처이며 나의 기쁨"이라고 후원
자를 칭했고 마에케나스는 깊은 감동을 받아 호라티우스가 늘 비판
적이고 가벼운 풍자를 즐기는 사람이었다는 것은 전혀 생각지도 못
할 정도였다.

마에케나스의 시인들

베르길리우스와 마찬가지로 호라티우스도 마에케나스의 후원 속
에서 문학작품 창작에 몰두했고 풍성한 성과를 이루었다. 이것은 같
은 그룹에 속하는 다른 모든 시인들, 예를 들면 프로페르츠와 같은
사람에게도 해당되는 이야기였다. 프로페르츠는 이 그룹에서 비교적
젊은 층에 속했고 기원전 45년, 그러니까 율리우스 카이사르가 살해
되기 1년 전에 태어났다. 당시에 사랑의 시를 쓰는 작가로 유명세에
서 베르길리우스와 호라티우스와 같은 대가들에게 그다지 밀리지 않
았다.

그 외에도 마에케나스의 후원을 받은 많은 사람들이 당시 로마 문
화계에서 주목을 받았는데, 그 중에는 오늘날 전문가들만이 알 수 있
는 이름도 많다. 바리우스, 플로티우스 투카, 쿠인틸리우스 바루스,
아리스티우스 푸스쿠스, 발기우스 루푸스, 도미티우스 마르수스, 아
에밀리우스 마케르 등이 그런 인물들이다. 그들은 부담스러운 일상
적 걱정으로부터 벗어나 글 쓰는 데에만 전념했고 후원자 마에케나
스는 이 시인들이 얻는 명성을 기뻐했다.

정치적인 하수인?

한편 현대의 문헌학자와 역사가들은 마에케나스의 작가들이 그렇게 안락한 삶을 영위할 수 있었던 것은 마에케나스의 막강한 친구 아우구스투스 황제가 그들을 정치적 도구로 이용했기 때문이 아닌가 하는 의문을 품고 있다. 물론 시인들은 마에케나스를 통해 지배자와 늘 가까운 관계를 맺고 있었다. 아우구스투스는 애국적인 경향이 강한 작품이면서 자신의 취향에 아주 잘 맞았던 《아이네아스》를 작품이 아직 완성되지 않은 동안에도 시인에게 낭독하라고 시키곤 했다. 호라티우스는 여러 편의 시에서 아우구스투스의 정치적 업적을 찬양하였다. 예를 들면 아우구스투스가 경쟁자 마르쿠스 안토니우스와 이집트의 여왕 클레오파트라를 이긴 것에 대해 호라티우스가 했던 다음의 말은 간단하면서도 말하기 쉬워서 천재적인 표현이라고 평가받는다. "이제 술을 마실 때다."

그래서 아우구스투스가 기원전 17년에 새로운 시대의 도래를 축하하는 공식적인 축가를 호라티우스에게 맡긴 것은 결코 놀랄 일이 아니었다. 그것은 명예로운 임무였다. 그는 기대에 부응하여 〈세기의 찬가〉라는 합창가를 만들어서 아우구스투스 정권의 축복을 빌고 신들에게 이런 황금기가 계속되기를 기원했다. 서정시의 대가인 프로페르츠도 마에케나스로부터 국가를 지지하는 시를 지어보라는 직접적인 충고를 받기도 했다. 그렇다면 마에케나스 그룹이 진정으로 황제의 정치적인 선전부서였단 말인가? 이런 민감한 문제에 대해 외교적인 대답을 찾자면 이렇게 표현할 수 있을 것이다. 최소한 마에케나스의 시인들은 자신들의 작품을 통해 아우구스투스 정권에 해를 끼치지는 않았다. 그리고 다른 한편으로 아우구스투스도 그들에게 해를 끼치지 않았고 친구인 마에케나스를 통해 지극히 대범한 형태로 그들을 지원했으므로 결국 모두가 만족할 수 있었다.

죽음까지 이어진 우정

호라티우스는 면접을 한 후에 마에케나스로부터 다시 연락을 받기까지 9개월이라는 시간을 기다려야 했다. 그러나 그가 자신의 후원자를 따라 무덤 속으로 들어가는 데는 그렇게 오랜 시간이 필요하지 않았다. 마에케나스의 그룹 내에서 벌어진 가장 기이하고도 이상한 일은, 후원자 마에케나스가 기원전 8년 11월 27일에 죽었는데 정확하게 57일 후에 호라티우스 역시 세상을 떠났다는 사실이다. 호라티우스는 자신의 시에서 한 약속을 지키려 한 것일까? "당신이 앞서 가자마자 나도 갈 것입니다."

이처럼 시인들은 마에케나스에게 깊은 애정을 지니고 있었다. 그리고 이런 점 때문에 사람들은, 모든 후원자들의 모범이었던 그에게, 그리고 자신에게 문학적 재능이 없음을 깨닫고 직접 활동하기보다 문화 장려사업에 몰두했던 그에게 인간적으로 큰 호감을 느꼈다.

미용법
클레오파트라

기원전 69-30년.
이집트의 여왕. 현명함과 매력만이 아니라
뛰어난 미용법의 활용으로도 동시대인들을 감탄시켰다.

고대의 비범한 여성에 대한 이야기가 나올 때면 거의 필연적으로 '클레오파트라'라는 이름이 언급된다. 심지어 그녀는 마치 당연한 것처럼 뛰어난 외모를 이용해서 사람들을 사로잡는 데 능숙했던 모든 여성들의 선구자격으로 나타나곤 한다. 그리고 정치적으로 요동치던 시기에 이집트의 자랑스러운 민족을 통치하는 지배자였던 그녀가 미용법과 화장법의 대가로서 왕관을 차지할 만했다는 점에는 의심의 여지가 없다. 그러나 그녀에게 경쟁자가 전혀 없었던 것은 아니다. 이제는 미용법의 측면에서 한번쯤 그녀의 가치를 인정할 만한 시기가 되었다고 생각된다.

네로 황제의 여인

미용 분야에서 클레오파트라를 괴롭힌 경쟁자들 가운데 첫째 자리에 오를 만한 한 여성이 있었다. 사람들은 우선 그녀의 용기에 감탄했다. 왜냐하면 그녀는 로마 황제 네로의 아내가 되는 위험을 감수했기 때문이다. 기원후 62년의 일이었다. 네로는 친족이라고 해서 특별히 세심하게 대하거나 특혜를 주는 사람이 아니었다. 그는 이미 3년 전에 자신의 어머니 아그리피나를 살해하도록 시켰다. 그리고 그의 첫번째 아내 옥타비아는 먼저 추방을 당했다가 그후에 황제인 남편에 의해 마찬가지로 살해되었다. 그러나 두 번째 부인이자 또 한 명의 비범한 여인 포파에아는 네로의 이런 범죄행각에 전혀 놀라지 않았다. 오히려 그녀는 오랫동안 네로의 애인이었던 탓에 아그리피나와 옥타비아의 제거에 함께 관여했을 것으로 추측된다. 명예욕과 높은 지능을 갖춘 그녀가 어떤 면에서는 독재자 네로에게 완벽한 여자였던 것이다.

나귀 젖을 이용한 미용법

결혼을 하던 시점에 포파에아는 31세였고 모두가 그녀의 아름다움에 감탄하였다. 그녀는 이런 외형적 자산이 불같은 성격의 남편으로부터 스스로를 지킬 수 있는 일종의 보험이라는 것을 알고 있을 만큼 현명했다. 그래서 그녀는 몸 가꾸기에 많은 비용을 들였는데, 그 정도가 90년 전에 살았던 클레오파트라 같은 여자나 대적할 수 있을 정도였다. 특히 그녀의 나귀 젖을 이용한 미용법은 유명했다. 여기에 대해서는 거의 모든 분야에 능통한 로마의 학자 플리니우스가 자세한 내용을 알려주었다. 그는 자신의 저서 《박물지》에서 우유와 치즈의 다양한 사용방법에 대해 깊이 연구한 내용들을 적었다. 그는 우유가 피부에 매우 좋으며 특히 나귀 젖이 효과가 좋다고 설명했다. 또한 그는 주장하기를 "네로의 부인이었던 포파에아는 어디를 가든 500마리의 나귀들을 데리고 다녔고 이 나귀들 젖으로 욕조를 채워서 목욕을 했다. 그렇게 하면 피부가 매끄러워진다고 믿었다"고 했다. 비로소 로마인들은 포파에아가 왜 항상 500마리의 나귀들과 같이 다녔는지를 알게 되었다.

아름답지 않다면 차라리 죽음을

플리니우스가 피부병 치료제에 대해 썼던 책의 다른 부분에서 다시금 황제 부인의 이상한 미용 습관이 언급되었다. "사람들은 나귀 젖을 통해서 얼굴 주름이 사라지고 피부가 부드럽고 하얗게 된다고 믿었고, 어떤 여성들은 날마다 7번 나귀 젖으로 뺨을 닦고 이 횟수를 꼭 지켰다고 한다. 네로 황제의 부인인 포파에아도 나귀 젖을 목욕물로 사용했는데, 바로 그 때문에 그녀는 언제나 한 무리의 나귀들을 동행하고 다녔다."

그리스의 역사가 카시우스 디오는 플리니우스의 이런 보고를 확인시켜 주면서 몇 가지 더 자세한 내용을 알려주었다. "포파에아는 수레를 끄는 노새들에게 금을 칠한 신발을 신게 했고, 자신의 목욕물을 얻기 위해 막 새끼를 낳은 500마리의 나귀들 젖을 날마다 짜게 했다. 그녀는 자신의 아름다움과 찬란한 외모를 위해 많은 노력을 기울였다. 그래서 그녀는 언젠가 거울에 비친 모습이 우아하지 않다고 여겨질 때, 보기 흉한 모습으로 시들기 전에 차라리 죽게 해달라는 소망을 말하기도 했다."

포파에아의 연고

이런 소망을 거의 기대에 부응하게 들어준 사람은 바로 황제인 남편이었다. 포파에아는 기원후 65년에 죽었는데, 그녀의 죽음이 네로 황제와 관련되어 있다는 소문은 쉽게 잦아들지 않았다. 단지 그녀가 사후에 자신의 이름을 붙인 화장용 팅크제를 남긴 것이 이런 죽음에도 불구하고 약간의 위로가 되었을지 모르겠다. 당시에 품위 있는 여성들은 정기적으로 일명 '포파에아 연고'를 얼굴에 발랐다.

반항적 경향을 가진 로마의 풍자가 유베날리스는 언젠가 포파에아 연고를 열심히 바르는 로마 여성들의 미용 방식에 대해 조금은 무례하게 비꼬아 말한 적이 있다. 그는 더 이상 젊다고 말할 수 없는 한 여성의 가식적인 행동을 거칠게 비난했다. "그 사이에 여자의 얼굴은 역겹고 우스워 보였는데, 두터운 반죽 때문에 얼굴이 부풀어올라 있었고 불쌍한 남편의 입술을 끈적거리게 만들 기름진 포파에아 연고 냄새를 풍기고 있었다. 그러나 애인에게 갈 때 그녀는 깨끗이 닦은 피부로 간다. 그렇다면 집에서 남편과 함께 있을 때에는 언제 아름다운 모습을 하고 있겠는가? 그녀는 애인을 위해서 향수를 준비하는데 언제나 깡마른 인도인들이 들여오는 것을 구매한다."

유베날리스는 여기서 미용법이나 요리법과 관련해서 사람들이 탐내는 여러 성분들의 주요 공급자는 바로 극동지역이라고 지적했다. 그리고 그가 설명한 미용법의 마지막 단계 때문에 포파에아의 나귀 이야기가 다시 한 번 언급되었다. "마침내 그녀는 자신의 얼굴에서 덮개를 열고 제일 위에 덮여 있던 층을 벗겨냈다. 그러자 그녀의 얼굴이 다시 드러났고 그 다음에 나귀의 젖으로 목욕을 했다. 바로 그 때문에 그녀는 항상 나귀를 동반하고 다녔을 것이다."

아름답지는 않지만 우아한 그녀

아름다운 포파에아가 미용 부문에서 이룩한 혁신적인 업적은 대단하지만 그녀보다 앞선 시대를 살았던 클레오파트라를 결코 능가하지는 못했다. 이집트의 여왕 클레오파트라는 현대의 영화가 만들어낸 환상과는 달리 실제로는 그렇게 미인이 아니었다. 그리스의 전기작가 플루타르코스는 이런 상황을 자세히 설명했다.

"실제로 그녀의 외모는 사람들이 흔히 말하는 것처럼 그렇게 탁월하거나 첫눈에 반할 만큼 아름다웠던 것은 아니다. 그러나 사교에 있어서는 저항할 수 없는 매력을 지녔다. 자신감 있게 말하는 방식과 모든 면에서 주위를 사로잡는 우아함 때문에 그녀는 다른 사람들에게 깊은 인상을 주었다. 또한 그녀의 목소리를 듣는 것도 큰 즐거움이었다."

클레오파트라의 인물화가 그려진 동전

이러한 사실은 당시에 사용되었던 동전에 그려진 클레오파트라의 인물화를 통해서도 확인할 수 있다. 이 동전에는 틀어올린 머리, 큰 입, 그리고 지나치게 긴

매부리코의 어싱이 그려져 있는네, 이 매부리코는 그녀의 선조, 곧
프톨레마이오스 왕가의 유전적인 특징이기도 했다.

프톨레마이오스의 유산

사람들은 흔히 클레오파트라를 '이집트의 여왕'으로 칭한다. 그러
나 이런 호칭은 단지 그녀가 이집트를 지배했다는 측면에서만 적절
한 표현이다. 실제로 그녀는 그리스 마케도니아의 후손이었다. 그녀
가 이집트를 지배하게 된 것은 대규모 원정에서 이 제국을 정복했던
알렉산드로스 대왕 덕분이었다. 기원전 323년에 알렉산드로스 대왕
이 죽은 후 그를 도왔던 장군 중 한 명이면서 클레오파트라의 선조였
던 프톨레마이오스가 전략적으로 중요하고 경제적으로 매력적인 파
라오 제국을 차지하게 되었던 것이다. 그때 이후로 이 왕조의 후손들
이 이집트를 지배하게 되었다. 이런 역사는 클레오파트라의 아버지
인 프톨레마이오스 12세까지 이어졌다.

기원후 51년에 프톨레마이오스 12세가 죽자 세상을 떠난 왕의 유
언대로 당시에 18세였던 클레오파트라와 그녀의 동생 프톨레마이오
스 13세가 공동 후계자가 되었다. 그러나 동생에게는 공동정치를 하
는 누나가 눈엣가시 같은 존재였고 결국 조금 지나서 그녀를 지배자
의 자리에서 쫓아내고 말았다.

카이사르의 등장

그러나 다행히도 클레오파트라 곁에는 로마인과 율리우스 카이사
르라는 인물이 있었다. 이미 오래전부터 프톨레마이오스가의 왕들은

세계를 통치하는 로마인의 꼭두각시에 지나지 않았다. 클레오파트라의 선조들은 왕위에 오르기 전에 로마 원로원 위원들로부터 통치를 시작해도 좋은지 허락을 받기 위해 로마에 다녀가곤 했다. 이런 관습에 따르면 클레오파트라의 남동생이 그녀를 쫓아낸 것은 로마인들이 보기에 묵과할 수 없는 행동이었다.

카이사르는 마침 그리스에서 오래된 경쟁자 폼페이우스를 이기고 로마제국에 대한 단독 지배를 시작하려던 참이었기 때문에 그 부근에 머물고 있었다. 로마 안에서는 내전이 한창이었지만 카이사르는 로마로 귀환하기 전에 이집트에 들러서 상황을 점검하고 싶었던 것이다. 그렇게 해서 기원전 48년에 카이사르는 알렉산드리아로 오게 되었다.

양탄자 속의 여왕

당시 52세였던 카이사르가 알렉산드리아에 도착하는 것을 보면서 젊은 클레오파트라는 자신의 왕위를 되찾을 수 있는 절호의 기회라고 생각했다. 그런데 그녀는 어떻게 카이사르를 자신의 편으로 만들 수 있었을까? 그녀는 무엇보다도 자신의 지혜와 매력을 믿어보기로 했다. 이때 그녀가 계획했던 특별한 작전에는 미용술이 별로 필요하지 않았다. 그녀가 둘둘 말린 양탄자에서 굴러나올 때 아름답게 보이기란 불가능할 것이기 때문이다. 즉 그녀는 아주 특별한 접근 작전을 계획했는데 여기서 양탄자가 결정적인 역할을 했다. 그녀는 남동생의 신하에게 들키지 않게 카이사르가 묵고 있는 궁전 안으로 들어가야 했다. 그래서 믿을 만한 사람들을 시켜서 자신을 양탄자 속에 끼

워넣어서 둘둘 말게 했고 이렇게 숨겨진 상태로 카이사르에게 운반되었다.

클레오파트라가 마침내 양탄자 밖으로 나왔을 때는 당연히 많이 엉클어진 모습이 되었을 것이다. 카이사르는 먼저 이것이 지금까지 자신이 몰랐던 이집트 식의 방문 관습이냐고 물었을지도 모른다. 그러나 바로 그 직후에 남자는 클레오파트라의 매력을 깨달았을 것이다. 플루타르코스에 따르면 카이사르의 마음에는 엉큼한 생각이 들었다고 했다. 그리고 그는 클레오파트라의 우아함과 사교적인 매력에 완전히 빠졌다고 한다.

클레오파트라라는 인물에게 매료된 카이사르는 9개월 동안이나 이집트에 머물렀고 당연히 그녀의 왕권 탈환을 도왔으며 그녀와 함께 십자군 원정을 가기도 했다. 거의 당연한 결과로서 이런 비밀 관계로부터 한 명의 아들이 태어났다. 알렉산드리아 시민들은 아버지 쪽 출신을 그대로 인정해서 이 아이를 '작은 카이사르'라고 불렀다고 한다.

카이사르가 죽고

그러나 운명은 클레오파트라에게 또 한 번의 까다로운 과제를 부여했다. 그녀는 이집트의 명목상 독립과 자신의 지배권을 보장받기 위해 또 한 명의 로마인을 다시 자기 편으로 만들어야 했다. 기원전 44년 3월 15일에 그녀의 후원자이며 보호자, 그리고 애인이었던 율리우스 카이사르가 공화정을 꾀하는 로마의 원로원에 의해 살해되었다. 로마에서는 다시금 내전이 시작되었다. 클레오파트라는 그 내전의 결과에 자신의 미래가 달려 있다는 것을 잘 알고 있었다. 마침내 마르쿠스 안토니우스와 카이사르의 입양된 아들이며 후에 아우구스투스 황제가 되는 옥타비아누스가 실용적인 이유에서 일단 로마제국을 나누어 지배하게 되었다. 옥타비아누스는 제국의 서부, 안토니우스는 제국의 동부에 대한 통치권을 얻었다.

그럼으로써 클레오파트라에게는 상황이 분명해졌다. 그녀의 대화 파트너는 안토니우스였다. 양탄자를 이용한 쇼는 더 이상 필요하지 않았다. 이제 그녀는 국내의 경쟁자에 대해서는 두려워할 필요가 없었다. 그녀는 안토니우스라는 인물에 대해 연구했고, 소박하고 술을 좋아하는 이 남자에게 어떤 특별한 것을 제공해야 한다는 결론에 이르렀다. 이번에는 그녀가 알고 있는 미용법에 관한 특수 지식들이 총동원되었다.

안토니우스를 사로잡다

기원전 41년에 마르쿠스 안토니우스는 이집트의 여왕 클레오파트라를 소아시아 남부에 있는 킬리키아의 타르소스로 초대했고 마침내 두 사람이 만나게 되었다. 이미 사전에 통보된 바와 같이 안토니우스는 카이사르가 죽은 상황에서 그녀의 역할에 대해 의논하려 했다. 클레오파트라는 안토니우스를 자기 사람으로 만들 수 있을 것이라고 확신했다. 왜냐하면 플루타르코스가 말한 것처럼 카이사르가 그녀를 만났을 때 아직 그녀는 세상을 경험하지 못한 소녀였지만 안토니우스가 만나게 될 그녀는 여성으로서의 아름다움이 최고의 빛을 발하고 정신적으로도 충분히 성숙해진 여인이었기 때문이다.

한편 여기서 우리는 젊은 여성들의 성숙 과정에 대한 플루타르코스의 생각을 조금 더 자세히 알 수 있다. 즉 그는 당시에 클레오파트라의 나이였던 28세가 여성으로서 가장 매력적인 나이라고 여겼다. 또한 그는 클레오파트라에 대해 계속 설명하기를 "그녀는 안토니우스와의 만남을 위해 부유하고 번영하는 왕국 이집트로부터 나오는 많은 선물, 돈, 장신구들을 가지고 갔지만 가장 큰 희망은 그녀 자신의 매력과 마력이었으며 그것을 믿고 여행을 떠났다"고 했다.

기대했던 효과는 완벽하게 발휘되었다. 클레오파트라 여왕은 음악과 함께 화려한 배를 타고 동양적인 향기를 내는 구름에 둘러싸인 채 타르소스의 항구에 도착했다. 그녀는 완벽하게 연출된 모습을 보여주었다. 이 모습을 보고 원래는 단순하고 소박한 사람이었던 안토니우스도 감탄을 금치 못했다. 사람들은 마치 디오니소스를 방문하게 위해 아프로디테가 오는 것 같다고 수군거렸다. 클레오파트라의 완벽한 승리였다.

그후 몇 년 동안 여왕은 그녀가 원했던 거의 모든 것을 안토니우스로부터 얻어냈다. 그녀가 그와 만나기 전에는 항상 자신의 왕국을 잃을까봐 걱정해야만 했다. 그런데 안토니우스는 그녀에게 여러 번의 대범함을 보여주면서 로마 동부에 속하는 지역들, 예를 들면 키레네, 사이프러스, 크레타 등을 그녀에게 선사했다. 이들의 만남은 가정적으로도 중요한 결실을 맺었는데, 클레오파트라는 안토니우스로부터 세 아이를 얻었다. 안토니우스의 아내는 멀리 로마에서 둘의 모습을 그저 지켜볼 수밖에 없었다.

클레오파트라의 화장품 가방

이제 클레오파트라의 화장품 가방 속을 자세히 들여다볼 시간이 되었다. 미용과 관련된 그녀의 전문지식이 안토니우스를 사로잡는 일에 큰 도움이 되었다는 점에는 의심의 여지가 없다. 역사 깊은 파라오의 나라 이집트가 전통적으로 몸치장과 신체적 아름다움의 극대화에서 중심지였다는 점이 그녀에게 많은 도움이 되었다. 이미 예전의 귀족부인들이 사용했던 비밀스러운 방법들이 많이 있었다. 여기에 대해서는 흑단, 설화석고, 그리고 유리로 만든 화장 도구들처럼 이집트의 발굴 현장에서 찾아낸 많은 미용용품들이 증거가 되고 있다. 클레오파트라는 눈썹과 눈꺼풀을 색칠하고(수메라 인들이 벌써부터 사용했던 화학원소의 하나인 안티몬을 이용해서), 입술을 칠하고(황갈색을 선호했고), 손톱과 발톱을 빨갛게 물들이는(헤나의 줄기와 잎에서 채취한 빨간 색소를 이용해서) 다양한 방법들을 알고 있었다.

향수에 관해서도 그녀는 뛰어난 전문가였다. 타르소스에서 있었던 안토니우스와의 첫번째 만남에서 그녀가 유향을 사용한 것은 이런 측면에서 탁월한 선택이었다. 왜냐하면 유향은 고대 사람들이 가장 기분 좋게 느끼던 향기의 하나였기 때문이다. 클레오파트라를 비롯한 많은 여성들이 다양한 향수를 통해서 외적인 모습을 최고로 끌어올리려 했고 경우에 따라서 장미유, 감송유, 아마라키노스(기름, 미르라, 마요라나의 혼합물) 등을 사용했다.

탈모 치료법

추측건대 이집트의 여왕 클레오파트라가 탈모 때문에 고생을 하지는 않았던 것으로 보인다. 그런데 미용에 관한 몇 가지 사항과 머리카락의 탈모 치료법이 상세히 설명된 책의 저자가 클레오파트라였다는 이야기가 전해져 온다. 만약 그녀가 정말로 그런 책을 썼다면(확실하지는 않지만) 그녀는 고대 미용법에서 완벽하게 최고의 자리를 차지할 수 있다. 왜냐하면 포파에아는 자신의 아름다움에 대한 비밀을 스스로 공개할 만큼 그렇게 대범한 사람이 아니었기 때문이다.

그런데 클레오파트라는 무엇 때문에 탈모의 문제를 다루었을까? 혹시 그녀는 첫번째 연인인 율리우스 카이사르를 생각했던 것일까? 카이사르가 자신의 머리가 점점 빠지는 것을 매우 고민했고 그 때문에 기분이 나빠지곤 했다는 것은 이미 오래전부터 알려져 있는 이야기이다. 몇몇 인물화에도 대머리 부분을 가리기 위해서 뒤쪽 머리카락을 힘겹게 앞쪽으로 끌어모으려는 노력이 드러나 있다. 마치 전기작가 수에토니우스가 카이사르가 월계관을 쓴 것이 권력의 상징으로서가 아니라 단지 대머리를 감추기 위해서라고 추측했듯이 말이다.

그러나 카이사르는 대머리의 상태로 세상을 떠났으므로 소위 클레오파트라가 발명했다는 치료제는 효과가 없었다는 뜻이다. 그러므로 현대인들이 그런 시도를 모방하는 것은 결코 권할 만한 일이 아니다. 그녀가 추천한 혼합물, 즉 집쥐, 숯으로 만든 포도줄기, 말의 이빨, 곰의 기름, 사슴의 뼈골, 갈대 껍질 등의 재료는 실제로 듣기에도 대단히 모험적으로 느껴진다. 이 위대한 로마인 카이사르가 클레오파트라의 소위 영약을 자신의 머리에 바르고 절망하면서 약속된 결과를 기다렸을 모습은 전혀 상상이 가지 않는다.

비극적 종말

미용법의 전문가 클레오파트라와 연관된 로마의 마지막 주요 인물은 안타깝게도 그녀의 유혹에 대해 완전히 무감각했다. 기원전 31년에 로마의 두 경쟁자 마르쿠스 안토니우스와 옥타비아누스 사이에 결전이 벌어졌다. 그리고 악티움에서 옥타비아누스가 멋진 승리를 거두었다. 안토니우스와 클레오파트라는 알렉산드리아로 피신했다. 그러나 이제 곧 39세가 되는 이 여왕의 의지력은 여전히 꺾이지 않고 있었다. 그녀는 로마 내에서 벌어진 정치권력 관계의 새로운 변화 속에서 자신의 지배권을 확보하기 위해 승자와의 접촉을 시도했다. 그러나 이번에는 모든 노력이 헛수고였다. 우아함도, 매력도, 뛰어난 기량도, 그리고 끝으로 미용법도 로마의 새로운 강자에게는 깊은 인상을 주지 못했다.

기원전 30년 8월 12일에 클레오파트라는 자살을 감행했다. 그녀는 지극히 전형적인 고대 이집트의 방식으로, 신에게로 가는 길을 곧장 안내해 준다는 독사에게 물리는 방법을 택했다. 지난날 그녀의 충실하고 순종적이었던 애인 마르쿠스 안토니우스도 역시 자살을 선택했다. 그리고 곧 아우구스투스 황제가 되는 옥타비아누스는 이집트를 로마의 속주로 만들었다.

클레오파트라의 역할

다른 모든 공적들과 더불어서 클레오파트라가 매력적인 외모와 본보기적인 행동을 보임으로써 많은 여성들이 더 열심히 화장법을 이용해 아름다워지려고 노력하게 된 것은 확실한 사실이다. 결국 네로의 부인 포파에아도 다름아닌 이집트의 여왕 클레오파트라의 영특한 제자였던 것이다. 그러나 클레오파트라가 나귀들을 데리고 다닌 적은 없었고 이 아이디어는 포파에아 혼자만의 생각이었다. 그러나 플리니우스의 글에 소개된 모든 미용법들은 최소한 부분적이라도 이집트를 지배했던 여인 클레오파트라로부터 영감을 얻은 것이다. 그녀는 카이사르가 살해된 후에 도망치듯 떠나기 전에 2년 동안이나 로마제국의 수도에서 살았기 때문에 로마 여성들에게 많은 영향을 끼쳤다.

한편 로마의 황제시대에는 남자든 여자든 신체적인 문제를 해결할 수 있는 모든 약초를 구할 수 있었다. 왜냐하면 로마의 미용 전문가들은 어떤 문제에 대해서든 소위 효과적이라는 처방책을 준비해 놓고 있었기 때문이다. 겨드랑이 냄새? 전혀 문제없었다. 푸른 얼룩의 제거? 식은 죽 먹기였다. 입 냄새? 미르라를 먹거나 음식점에서 혼자 오래 앉아 있는 일만 피하면 해결되었다. 나이 때문에 생기는 주름? 부드럽게 만든 콩가루를 먹으면 사라진다고 했다. 주근깨? 사마귀? 치아를 다시 하얗게 만들기? 당시에는 그 모든 문제를 위한 약과 혼합제가 다양하게 준비되어 있었다.

얼굴 팩과 머리 모양

귀족사회의 여성들이 몸치장을 할 때 흔히 그랬듯이 클레오파트라도 분명히 화장대에 오래 앉아 있었을 것이다. 유베날리스는 많은 사람들이 이런 몸치장을 너무 진지하게 여겼다고 비아냥거렸다. 예를 들어서 여성들은 얼굴 팩을 하는 데도 몇 시간씩 걸리곤 했다. 당시의 이런 사정을 잘 알고 있었던 시인 오비디우스의 설명에 따르면 얼굴 팩은 곡식, 견과류, 녹용, 양파, 꿀 등으로 만들었는데 미용사가 이 혼합물을 이용해서 조심스럽게 작업을 했다고 한다.

한편 클레오파트라는 올린 머리를 하고 있었는데 이 모양이 계속 유지된 것이 아니었다. 황제시대가 더 오래 계속될수록 귀족 여성들의 머리 모양은 점점 더 높아져서 마치 탑을 쌓은 모습처럼 되었기 때문이다. 이런 머리 모양을 만드는 것은 매우 힘든 일이었지만 여성들은 그럴 만한 가치가 있다고 믿었다.

언어 연구
클라우디우스

기원전 10년 - 기원후 54년.
로마의 황제. 동시대인들로부터 기인으로 칭해졌고,
특히 역사와 문학 그리고 새로운 철자의 발명에 관심이 많았다.

오늘날에는 나라 일을 하는 정치가들이 대표적인 의견 조사를 근거로 각자 수행한 정책에 대해 공적인 성적표를 받는 것이 일반적이다. 그러므로 오늘날의 정치가들은 그 결과를 보고 자신에게 어떤 기회가 주어질지 혹은 앞으로 중요한 직책을 맡을 수 있을지 스스로 추측할 수 있다. 그들이 받은 점수가 지속적으로 엉망이라면 진지하게 문제점에 대해 생각해 보아야 한다. 혹은 결과에 자신이 없는 경우 그들은 자신이 한 일의 긍정적인 효과를 눈으로 보고 느낄 수 있기 위해서는 시간이 필요하다고 주장한다.

황제와 여론

로마의 황제는 이런 측면에서 근본적으로 상황이 훨씬 나았다. 황제의 정치적인 지위는 현대의 민주주의에서처럼 일정한 기간을 두고 새로이 정해지는 것이 아니었기 때문이다. 그러나 황제들에게도 국민의 여론이 완전히 상관없었던 것은 아니다. 그래서 첫번째 황제 아우구스투스의 후계자이며 양아들이었던 티베리우스는 나라의 제1인자로서 요구되는 능력을 다음과 같이 지혜로운 말로 정의했다. "평범한 사람들은 자신이 옳다고 생각하는 대로 계획을 세울 수 있다. 황제의 경우는 상황이 다르다. 황제는 중요한 결정들을 파마(fama)에 따라 내려야만 한다."

여기서 라틴어 단어인 파마(fama)는 가장 적절하게 '여론'이라는 말로 번역될 수 있다. 로마 역사의 연대기에서 성공적인 지배자로 남고 싶다면 황제는 가능한 한 국민들의 다양한 기대에 부응해야만 했다. 티베리우스의 경우에는 이런 특별한 생각을 가지고 있었음에도 유감스럽게도 권력의 메커니즘 속에서 군주다운 적절한 행동으로 연결되지 못했다. 그는 귀족과 국민을 돌보기보다는 카프리 섬으로 들어가 그곳에서 혼자 지내기를 즐기곤 했기 때문이다. 그래서 기원후 37년에 로마 시민들이 그의 죽음에 대한 소식을 듣고 도시를 뛰어다니면서 "티베리우스를 티베르강으로 던져라!"는 말을 외친 것은 놀랄 일이 아니었다.

이와 달리 시민들은 그의 젊은 후계자 칼리굴라에게는 관심이 부족하다는 불평을 할 수 없었다. 물론 사람들이 기대했던 것과는 전혀 다른 방식으로 문제가 있었지만 말이다. 칼리굴라는 사람들을 괴롭히는 것을 즐거워하고 위대한 제국의 지배자에게 어떤 것들이 허용되는지를 거리낌 없이 보여주는 진정한 독재자로서의 정체를 드러냈다. 그러나 여론을 완전히 무시하고 경시한 결과 이 독재자는 마침내 목숨을 잃고 말았다. 기원후 41년 1월 24일에 그는 황제의 독재를 더 이상 견디지 못한 반란자 무리에 의해 살해되고 말았다. 이때 주도적인 역할을 했던 사람들은 원래 황제의 목숨을 보호하는 임무를 지닌 근위병이었다. 칼리굴라는 근위대의 책임자들에게까지도 반감을 갖도록 행동했던 것이다.

커튼이 역사를 만들다

이런 상황에서 사람들이 그의 후계자로부터 무엇을 기대할 수 있었을까? 마침내 여론에 부응하는 지배자, 즉 귀족에게는 존경으로, 군인들에게는 엄격함으로, 대다수의 국민들에게는 배려로 대할 수 있는 그런 황제가 다시 나올 것인가? 칼리굴라 황제가 살해당한 날인 1월 24일에 벌써 새로운 왕에 대한 소식이 퍼졌을 때 사람들의 기쁨은 사그라지고 말았다. 로마인들 앞에 새롭게 황제로 등장한 사람은 방금 제거된 칼리굴라의 삼촌인 클라우디우스였다. 당시 50세의 나이였던 클라우디우스는 평소에 로마제국에서 가장 책임이 막중한 황제라는 자리에 어울릴 만한 그 어떤 특성도 보인 적이 없는 인물이었다. 그는 말을 더듬었고, 다리를 절뚝거렸으며, 소심했다. 그리고 정신적으로도 완전하게 정상이 아니었다. 그의 어머니조차도 누군가의 부족한 점을 비난하려고 할 때 그 사람이 자신의 아들 클라우디우스보다도 더 바보라고 말하곤 했다.

그래서 기원후 41년 1월에 많은 사람들은 이런 확실한 실패자가 어떻게 황제가 되었는지 의문을 갖지 않을 수 없었다. 그 대답은 놀라울 만큼 간단했다. 그가 적시에 적절한 곳에 있었기 때문이다. 칼리굴라에 대한 테러가 있은 후에 근위대 병사들은 궁전을 수색했다. 클라우디우스는 살해된 황제의 가장 가까운 친척으로서 시시각각 자신을 위협하는 운명을 파악하고는 한구석의 커튼 뒤에 숨어 있었다. 이때 비극이나 희극에서 흔히 나오는 장면처럼 결정적인 순간에 커튼이 너무 짧았다. 병사들 중 한 명이 커튼 밖으로 나온 그의 발을 발견한 것이다. 두려움에 떨고 있던 클라우디우스는 이제 자신의 목숨이 더 이상 오래가지 않을 것이라고 확신했다. 살아남기 위해 그는 병사 앞에서 무릎을 꿇었다. 그런데 그 다음에 기적 같은 일이 일어났다. 그의 앞에 서 있던 근위병은 단호하게 칼을 휘두르는 대신 그를 황제라고 부르면서 절을 했던 것이다.

때때로 들리는 소문들과는 반대로 클라우디우스는 자신에게 주어진 유리한 시간을 헛되이 흘려보낼 정도로 어리석지는 않았다. 그는 오히려 근위대의 의도를 정확하고 완벽하게 파악할 만큼 대단히 똑똑했다. 마지막 몇 년 동안 황제라는 직업을 거의 파트타임의 일 정도로 이해했던 티베리우스가 지배를 하는 사이에 로마에서는 근위병들이 막강한 세력을 얻게 되었다. 그들은 어딘지 모자란 듯한 클라우디우스가 자신들이 원하는 대로 조종할 수 있는 일종의 꼭두각시가 될 것으로 기대했던 것이다. 클라우디우스는 처음에는 이런 역할을 받아들였고 근위병들에게 풍족하게 돈을 지불함으로써 그들의 특권을 인정해 주었다. 황제와 근위대와의 이런 관계 때문에 원로원 위원들도 클라우디우스 황제와 친해지는 것 외에는 다른 방법이 없었다.

어리석음과의 싸움

궁정 한구석에 있는 커튼 뒤에서 왕으로서의 경력을 시작했던 클라우디우스는 13년 동안이나 왕위에 머물러 있었다. 그리고 초기의 혼란스러운 상황이 지난 후에 그의 통치력에 대한 로마인들의 전반적인 평가는 시간이 흐르면서 상당히 괜찮은 쪽으로 기울게 되었다. 클라우디우스는 적어도 좋은 황제가 되기 위해 노력한 황제였다. 그런 면에서 그는 전임자들인 티베리우스나 칼리굴라와는 전혀 달랐다. 그는 자신의 정치적, 사회적 임무를 태만히 하지도 않았고 독재자나 폭군처럼 행동하지도 않았다. 물론 그 역시 별난 인물이라는 명칭으로부터 벗어날 수는 없었다. 왜냐하면 자신의 진정한 열정을 정치보다는 학문에 더 쏟았기 때문이다.

결론적으로 클라우디우스는 전혀 바보가 아니었다. 그가 로마의 지성인 그룹과는 전혀 어울리지 않는다고 인식되었던 것은 아마도 그의 서투른 태도나 방식 때문이었을 것이다. 이미 알려져 있는 것처럼 전문적인 박식함과 사회적 혹은 가정적 측면의 약점이 문제없이 양립하는 것은 쉽지 않았다. 그러나 클라우디우스는 어리석은 황제로 역사에 남고 싶지는 않았다. 그의 전기를 쓴 고대의 작가 수에토니우스가 기록하기를 황제는 '어리석은 신(stultitia)'이라는 오명으로부터 벗어나기 위해 많은 노력을 기울였다고 한다. 이 명칭은 로마인들이 학식이 부족한 지식인을 겉으로는 기분 좋게 들리지만 실제로는 결코 호의적이지 않게 표현하는 말이었다.

그래서 클라우디우스는 직접 소문을 만들어 퍼뜨렸는데, 즉 자신은 원래 바보가 아니었고 단지 황제가 되기 전 몇 년 동안 조카 칼리굴라의 의심을 받지 않기 위해 의도적으로 바보스럽게 행동했을 뿐이라는 소문이었다. 그런데 실제로 그럴듯하게 들리는 이 소문의 효과는 오히려 냉랭했다. 그 증거로서 로마의 서적 시장에 바로 익명으로 《어리석은 자들의 반란》이라는 제목의 소책자가 발간되었고, 이 책의 무례한 작가는 그 누구도 어리석음을 속일 수는 없다는 것을 증명하고자 했다.

역사가로서의 황제

지금 생각해 보면 클라우디우스는 그런 사소한 이미지 관리에 신경을 쓰기보다는 역사가와 문헌학자 그리고 오늘날 흔히 칭해지듯이 문화 창조자로서 자신이 이룬 업적을 사람들에게 강하게 인식시키는 것이 더 효과적이었을 것이다. 왜냐하면 이 분야에서 그는 진정으로 중요한 일을 해냈기 때문이다. 아직 젊은이에 불과했고 황제의 지위와는 거리가 멀었던 시기에 클라우디우스의 역사 연구 방식은 저명한 로마의 전기작가 리비우스에게 결코 뒤지지 않았다. 그리고 황제가 되어서도 그는 역사가로서 심도 있는 연구를 계속했다.

그런데 몇 가지 짧은 글들을 제외하고는 그의 글이 더 이상 보존되지 않았다는 현실을 우리가 유감으로 여겨야 할지 혹은 다행으로 여겨야 할지는 말하기가 쉽지 않다. 예를 들어서 에트루리아인과 카르타고인에 대해 쓴 그의 글들은 흥미로웠을 것으로 보인다. 언제나 로마인에게 신비함의 대상이었고 과거에 이탈리아를 다스렸던 에트루리아에 대해서 그는 20권이 넘는 글을 썼다. 또한 그는 세 번의 전쟁에서 로마의 강력한 적수였던 카르타고인에 대해서는 8권으로 된 책을 썼는데 앞의 책과 마찬가지로 학술어인 그리스어를 사용했다. 그런데 황제의 이런 글들은 독자들에게 쉽게 읽고 듣는 즐거움을 선사하지 못했을지도 모른다. 왜냐하면 클라우디우스의 문체는 독자가 문장의 끝부분을 읽으면서 앞부분을 잊어버리게 될 정도로 장황한 경향이 있었기 때문이다. 원로원의 한 위원회가 갈리아인을 받아줄 것을 요청하는 연설에 쓰여 있는 다음 구절이 그의 전형적인 복잡한 문장들이었다.

"나는 먼저 여러분이, 내가 이미 보고 있듯이, 우선 마주치게 될 그런 일반적인 사고방식을 버리고, 마치 결코 존재한 적이 없는 어떤 것을 도입하려는 것처럼 이런 방법에 대해 놀라지 말고, 얼마나 많은 새로운 것들이 이 나라에 도입되었고 얼마나 많은 분야와 국가 형식에서 우리 도시의 초기부터 사회가 확대되었는지 생각해 주기를 부탁합니다."

또한 클라우디우스는 자서전을 쓰기도 했는데, 흔히 왕들이 그렇듯이 이 책을 비판적인 여론에 맞서 자신의 정책과 특성을 합리화시키는 데 이용할 수 있었다. 한편 로베르트 랑케 그라베스는 클라디우스의 이런 변명의 글로부터 영감을 얻어 창의성이 풍부한 역사소설 《나, 클라우디우스, 황제, 그리고 신》이라는 작품을 썼다.

새로운 알파벳 철자

그러나 우리가 클라우디우스 황제를 문화와 예술 분야에서 고대의 트렌드세터라는 특권층의 그룹에 포함시키려는 것은 이런 측면의 업적 때문이 아니다. 왜냐하면 역사가로서는 그가 진정한 성공을 이루지 못했기 때문이다. 그런데 새로운 철자의 발명자로서 그가 해낸 일은 매우 중요했다. 물론 우리는 이 일이 로마의 문화사에 시대적인 표석으로 인정되어야 할 만큼 거창한 개혁은 아니었음을 인정해야 한다. 그리고 당시의 맞춤법 개혁이 결실을 맺게 된 것은 그 주창자가 단순한 문헌학자가 아니라 클라우디우스 황제였기 때문에 가능했다.

언어와 문자 연구는 클라우디우스가 왕이 되기 전부터 해오던 일이었다. 당시에 그는 알파벳에 대한 책을 썼고 지금까지 라틴어 알파벳에서 사용되던 철자에 세 개를 더 추가하는 일이 꼭 필요하다는 결론에 도달했다. 그러나 이미 사용되고 있는 철자로도 얼마든지 충분하다는 의견을 가진 무지한 사람들에게 — 율리우스 카이사르도 기존의 철자만으로 전설적인 작품 《갈리아 전기》를 충분히 썼기 때문에 — 클라우디우스는 그리스의 알파벳도 처음부터 완전한 것이 아니라는 결정적인 사실을 지적하면서 사람들을 설득했다. 이 부분에서는 그의 말이 분명히 옳았다. 기원전 9세기에 그리스인들은 페니키아로부터 알파벳을 배워왔다. 거기에다 그리스의 모음을 첨가함으로써 페니키아의 자음을 보강시켰다. 그리고 그리스의 알파벳이 분명한 형식을 갖추기까지는 얼마 동안 다듬어질 시간이 필요했다. 클라우디우스가 논쟁에서 언급한 그리스의 사례는 로마인들이 라틴어 글자를 에트루리아의 중개를 통해 그리스로부터 빌려왔다는 점에서 어느 정도 옳은 이야기였다.

알파벳 G의 승리 행진

또한 클라우디우스는 자신의 개혁 의지를 철자 G의 역사를 언급함으로써 합리화시킬 수 있었다. 예전에 로마인들은 이미 한 번 당혹스러운 상황에 빠진 적이 있었다. 원래 라틴어 알파벳의 G는 그리스어 감마(gamma)의 자리에 해당되었다. 이 철자는 k의 소리를 갖게 되었다. 그러자 하필이면 라틴어에서 매우 빈번하게 등장하는 음소 [g]를 표시할 철자가 존재하지 않게 되었다. 그러나 사람들은 일상어에서 g의 소리가 들어 있는 단어들을 완전히 포기하는 대신 철자 C에 선을 하나 첨가함으로써 G라는 철자를 만들었다. 그리고 이 철자는 미래에 라틴어에서는 별로 큰 의미가 없는 Z의 자리를 차지하게 되었다.

한편 철자 G가 라틴어 알파벳에서 고정된 자리를 확보하는 데 가장 큰 공헌을 한 사람은 오늘날 완전히 잊혀진 문법학자인 카르빌리우스이다. 그는 기원전 240년경, 즉 제1차 포에니 전쟁의 말기에 이러한 선구적인 어문학적 작업을 이루어냈다.

그렇다면 클라우디우스가 라틴어를 더 훌륭하게 만들기 위해 추가해야 된다고 주장했던 세 가지 철자는 어떤 것들이었을까? 첫번째는 '디감마 인베르숨'이라는 문자로 자음 종류의 V를 표시하는 데 이용된다. 클라우디우스는 이것을 거꾸로 뒤집힌 F로 나타냈다. 두번째는 '안티시그마'라는 문자로 이중자음 PS 내지는 BS를 나타냈다. 그리고 끝으로 황제 어문학자는 수직과 수평의 선을 이용한 표시로 I와 U 사이의 소리를 위한 철자를 만들어냈다.

개혁의 관철

황제로서의 권위 덕분에 클라우디우스는 규범을 변화시키는 데 전혀 어려움이 없었다. 수에토니우스는 전하기를 이런 문자들이 대부

클라우디우스와 가족, 빈

분의 책, 궁정의 소식지, 건물 간판 등에 사용되었다고 한다. 새로운 철자법은 공공 교육기관의 수업 내용이 되었고 그 덕분에 교육자, 학생들, 부모들은 때때로 좌절했지만 보조교사들은 할 일이 생겨서 즐거워했다. 그러나 기원후 2년 초반에, 즉 이런 개혁이 있은 뒤 수십 년이 지난 뒤에 작품을 쓰게 된 역사가 타키투스는 새로운 철자들이 클라우디우스가 죽은 뒤에 조금씩 유행에서 사라지고 있음을 깨달았다. 그러나 타키투스의 시대에도 어떤 안건에 대한 국민의 결정을 알리기 위해 광장과 신전에 세워졌던 청동판에서 여전히 새로운 문자들이 발견되었다.

그렇게 클라우디우스의 어학적 발명품은 시대가 지나도 근본적인 가치를 잃지 않았다. 특히 이 문자들은 세월이 흐르면서 그후의 세대에게는 필요한 경우에 언어와 문자의 규칙을 신중하게 현대화시키는 자극이 되기도 했다.

비극적인 종말

클라우디우스가 세 가지 철자의 발명을 자신의 중요한 업적으로 여겼는지는 알려져 있지 않다. 위대한 학자로서 인정받고 싶고 그럼으로써 소위 자신의 어리석음 때문에 받았던 영원한 비난으로부터 벗어나려는 그의 열의를 본다면 충분히 그랬을 것으로 생각된다. 그런데 클라우디우스 황제의 이야기를 사후에 그의 반대자가 쓰게 된 것은 분명 비극이었다. 클라우디우스는 재임 말년에 별로 행복하지 못했다. 그는 점점 더 아그리피나, 즉 그의 야심차고 교활한 네 번째 아내의 놀이공이 되어버렸다. 그녀는 첫번째 결혼에서 얻은 아들인 네로를 왕으로 만들기 위해 어떤 일도 서슴지 않았다.

클라우디우스는 이제 그녀에게 필요 없는 존재가 되었고 기원후 54년에 아내의 지시에 따라 만들어진 독버섯요리를 먹은 후 결국 죽고 말았다. 그리고 클라우디우스 때문에 코르시카 섬으로 유배를 간 이후에 그의 천적이 된 철학자 세네카는 황제의 죽음 직후에 환상에 넘치는 제목의 《신성한 클라우디우스의 호박 만들기》(죽은 황제를 신격화시키는 현실에 대한 빈정거리는 풍자의 의미)라는 악의적인 풍자의 글을 발표했다. 이로써 클라우디우스는 다시 예전의 특징대로 '어리석은 사람'이 되었다. 이때는 그가 세 가지 철자를 발명했다는 사실도 더 이상 도움이 되지 않았다.

네로

기원후 37-68년.
로마의 황제. 스스로를 위대한 예술가로 여겼고
음악회를 열어서 관객에게 자신의 음악적 능력을 선보였다.

황제의 데뷔는 기원후 59년에 이루어졌다. 무대는 제국의 수도 로마에 있는 네로 황제의 개인 극장으로 티베르강과 매우 근접한 곳이었다. 관객들이 마지막 좌석까지 가득 채웠고, 긴장감과 기대감이 분위기를 지배하고 있었다. 사람들은 다른 몇몇 예술가들의 공연은 성급한 마음에 건성으로 보아 넘겼다. 마침내 공연의 절정에 이르게 되었다. 황제가 등장했다. 로마는 이미 많은 일을 경험했지만 자신이 통치하는 국민들 앞에서 무대예술가로서 공연을 한 지배자는 결코 한 명도 없었다. 물론 네로의 전임자인 클라우디우스는 세 개의 새로운 철자를 만들었을 만큼 연구에 몰두했다. 그러나 그것은 해가 되지 않는 기이한 학술적 집착이었다고 볼 수 있다. 그런데 지금 여기서는 의욕에 찬 황제가 성악가로서 무대 위에 선 것이다.

전문 성악가로서의 꿈

네로는 그 동안 이 첫번째 대공연을 위해 신중하게 준비를 해왔다. 당시에 막 22세가 된 황제는 웃음거리가 되고 싶지 않았기 때문이다. 그러나 결과가 실망스러울 가능성은 매우 적었다. 그는 이미 소년시절부터 음악에 관심이 많았는데, 그 정도가 일반적으로 로마 귀족의 자제들이나 왕가의 후손들이 문화적인 교양을 쌓기 위해 받던 예술교육의 수준을 훨씬 뛰어넘는 것이었다.

그가 기원후 54년에 17세의 나이로 황제에 올랐을 때 제일 처음으로 했던 일은 음악 교육을 더욱 열심히 받는 일이었다. 그는 당시 최고의 음악 교사이며 일종의 품질보증과도 같은, 문화의 메카 알렉산드리아 출신이면서 고대의 리라와 유사한 7줄의 현악기 키타라의 대가인 테르포네스를 고용하였다.

네로의 전기작가였던 수에토니우스는 기록하기를 황제는, 매일 여러 시간 동안 황제의 지시에 따라 쉬지 않고 노래를 부르는 알렉산드리아 출신 가수의 노래를 열심히 들었다고 한다. 이 가수는 자연의 법칙에 맞지 않게 전혀 목이 쉬지 않았고 싫증도 내지 않으면서 항상 최선을 다해 노래를 불렀기 때문에 황제는 무한한 기쁨을 느꼈다고 한다. 그런 다음 황제가 스스로 가수가 되겠다는 역사적인 결정을 내리게 되었던 것이다. 그는 음악을 단지 취미삼아 하는 것이 아니라 지극히 전문적이고 공식적으로 할 생각이었다. 그의 조언자들은 보다 신중하고 조용하게 공연할 것을 제의했지만 네로는 다음과 같은 말로 거부했다. "조용한 방안에서의 음악은 아무런 가치가 없다."

예술가 네로의 힘겨운 연습

목표를 이루기 위해 그는 모든 노력을 아끼지 않았다. 소위 로마 성악계의 떠오르는 별 네로는 목소리의 음폭을 넓히기 위해 힘든 연습 과정을 얌전하게 따라했다. 수에토니우스가 황제의 힘겨운 훈련 과정에 대해 묘사한 바에 따르면 "그는 등을 대고 누워서 납으로 된 판을 가슴 위에 올려놓고 견디거나, 피를 뽑고 구토를 하는 방법을 통해 신체를 정화시키려 했으며, 목소리에 해가 되는 과일이나 음식에는 손도 대지 않았다." 자주 불같이 화를 내고 예측불허의 행동을 일삼는 정치가 네로와는 반대로 예술가 네로는 놀랄 만한 인내심을 보였다. 그는 진정으로 사람들에게 무엇인가를 보여주고 싶었다. 그래서 네로는 자신의 실력을 공개적으로 선보이기 위해 어느 정도의 수준에 도달했다는 생각이 들 때까지 5년의 세월을 기다렸다.

첫번째 무대

그런 다음에 마침내 전설적인 네로의 첫번째 공연이 티베르 강가에 있는 극장에서 열렸다. 이때 어떤 일이 벌어졌는지를 역사가 카시우스 디오가 기록했다. "마침내 황제가 키타라 연주자의 의상을 입고 무대에 서서 관중에게 인사말을 했다. '신사 여러분, 제 연주에 귀를 기울여주시기 바랍니다.' 그런 다음 황제는 〈아티스〉와 〈바커스의 사제들〉을 키타라로 연주하였다. 연주가 진행되는 동안 많은 병사들이 서 있었고 다행히도 자리를 잡을 수 있었던 로마 시민들은 앉은 채로 경청했다."

이 기록에는 조금 더 상세한 관찰 내용도 들어 있는데 우선 네로가 데뷔 무대에서 매우 열정적인 테마들을 레퍼토리로 선택했다는 점을 알 수 있다. 왜냐하면 '아티스'는 프리지아의 식물의 신으로 로마인들은 이 신에게 제사를 지냈고 이때 사제들은 망아의 상태에서 열정적인 춤을 추었기 때문이다. 또한 '바커스의 사제들'은 로마인들이 바커스라고 불렀던 디오니소스 신의 추종자들로, 삶을 즐기고 와인 애호가인 이 신을 기리는 제사 역시 대단히 광적이고 열정적이었다.

두번째로 이 기록에서 알 수 있는 것은 관객들이 황제의 연주를 들으며 큰 즐거움을 느끼지 못했다는 점이다. 물론 사람들은 앉아서 경청했다. 그러나 이것은 옆에 서 있는 병사들 때문이었을 것이다. 병사들이 그곳에 있었던 것은 분명히 감동을 받아 흥분한 팬들로부터 황제를 보호하기 위해서는 아니었다. 그보다는 만일에 일어날 수도 있는 관객들의 불만 토로를 즉시 진정시키기 위한 것으로, 이 점이 또한 우리가 기록에서 알 수 있는 세 번째 사실이다.

동원된 박수부대

그래서 사람들은 자제심을 가지고 끝까지 공연을 보았고 마지막에는 아마도 가식적이었을 갈채를 보냈다. 그러나 네로 스스로는 이 공연이 천부적 재능을 지닌 한 예술가의 탄생이라 믿었고 바로 그 다음 공연을 계획하였다. 더구나 그는 "성공은 계획될 수 있다"는 신념에 따라 자신의 공연 때마다 분위기를 띄우기 위해 박수부대를 동원했다. 수에토니우스는 참모부 수준으로 조직된 이 부대에 대해 다음과 같이 설명하였다. "그는 기사계급 출신의 젊은 사람들과 5,000명의 젊고 유능한 평민들을 선발하는 데 많은 노력을 기울였다. 이들은 다양한 그룹으로 나뉘어 각기 다른 종류의 박수를 배워야만 했다. 흔히 그 종류는 웅성거림, 오목하게 오므린 손으로 치는 박수, 편편한 손으로 치는 박수 등으로 나뉘었다. 그리고 이들은 황제가 노래를 부를 때 열렬한 환호를 보냄으로써 그를 확실하게 지원해야 했다. 이 사람들은 포마드를 심하게 바른 머리와 특이한 외투 때문에 눈에 잘 띄었다.”

또한 카시우스 디오가 추가적으로 설명하고 있는 것처럼 박수부대의 일원들은 찬양하는 구호를 질서정연하게 외치도록 훈련받았다. 그래서 황제가 노래를 부르면 최대한 큰소리로 “위대한 카이사르! 우리의 아폴로! 우리의 아우구스투스! 우리가 맹세하건대, 누구도 당신을 능가하지 못합니다!”라고 외쳤다. 이런 기술적인 갈채와 환호에 대한 대가는 충분했다. 그들의 대표들은 황제로부터 40만 세스테르츠에 이르는 대단히 많은 돈을 받았다고 한다.

나폴리의 극장 붕괴 사건

기원후 64년 봄에 자칭 가수 네로는 특별한 도전을 감행했다. 그는 로마인들이 문화적으로는 야만인 수준에 머물러 있다고 여겼다. 그런 로마인들이 황제를 향해 환호했을 때 그것은 황제에게 일종의 모욕이었던 것이다. 그가 생각하기에 진정한 문화 이해의 능력을 지닌 사람은 오직 그리스인들밖에 없었다. 네로 황제는 이 해에 그들의 냉철한 평가를 받아보기로 결정했다. 그리하여 용감하게도 도시 나폴리를 향해 떠났다. 나폴리는 과거에 그리스인들에 의해 네아폴리스('신도시'라는 의미)라는 의미심장한 이름으로 건설되었던 곳이다.

그런데 그의 공연 중에 이상한 사건이 일어났다. 고대의 문헌들이 이 사건에 대해 전하고 있는 내용이 완전히 일치하지는 않는다. 어쨌든 네로가 공연을 하고 있던 극장이 무너졌던 것은 분명하다. "관중들이 모두 빠져나갔을 때 극장이 갑자기 무너져 내렸고 인명 피해는 없었다. 그래서 네로는 신에게 감사하는 노래를 작곡했고 이 곡에서 불행 중 다행을 찬양했다"고 역사가 타키투스는 기록했다. 여기서 우리는 부수적으로 네로가 그 사이 작곡가로서도 나섰다는 사실을 새로이 알 수 있다.

한편 수에토니우스는 나폴리 사건에 대해 조금 다른 내용을 전하고 있다. 그의 기록에 따르면 공연 동안에 지진이 일어나서 극장이 흔들렸지만 노래를 하던 황제는 전혀 동요하지 않았다고 한다. 사건이 그렇게 된 것이라면 여기에 대해 다양한 해석들이 따랐을 것이다. 어떤 사람들은 지진에도 불구하고 무대에서 노래를 절대로 멈추지 않았던 의연한 네로를 칭찬했을 것이다. 또다른 사람들은 지진이란 신이 내린 벌이라는 일반적인 생각을 했을 것이고 ― 아마도 아주 몰래 ― 이를 황제의 공연과 연결시켰을 것이다.

로마에서의 대공연

네로는 나폴리의 그리스인들에게 자신의 뛰어난 재능을 확실히 보여준 후에 ― 적어도 황제 스스로는 그렇게 생각했다 ― 다시 로마로 돌아갔다. 이제 로마 시민들은 그리스의 엄격한 음악 전문가들로부터 평가받기를 결코 꺼리지 않았던 한 예술가의 가치를 제대로 인정해야만 했다. 그리고 황제는 이번 로마 공연을 위해 철저한 준비를 하

네로, 뮌헨 조각 미술관

고 싶었다. 그리하여 네로 황제는 자신이 직접 주관하고 자신의 이름을 붙인 문화축제 '네로니아'의 일환으로 로마에서 음악 콩쿠르를 개최하였다. 사실 황제는 자발적이 아니라 초청을 받는 형식으로 이 대회에 참가하고 싶었다. 처음에는 자신의 속뜻을 드러내지 않고 새침 떼는 것이 그의 전략이었다. 그런데 거리에는 금방 네로의 '신적인 목소리'를 듣게 해달라고 외치며 다니는 사람들이 생겼는데 이들은 물론 수고비를 받은 사람들이었다. 네로는 당연히 국민의 소망을 모른척할 수 없었고 결국 대범하게 콩쿠르에 참가하는 것을 허락하였다.

이때 가련한 심사위원들이 분명하게 인식하고 있었던 것은 혹시 가수 네로에게는 우승컵이 돌아가지 않을 수도 있겠지만 황제 네로에게는 결코 그럴 수 없다는 점이었다. 대회에 참석한 황제는 다른 평범한 참가자처럼 등장하기 위해 모든 노력을 기울였고, 자신의 이름을 키타라 연주자의 목록에 기입하게 했으며, 정해진 대로 제비를 뽑고 순서를 기다렸다. 그러나 어느 순간 그는 이런 생각을 잊어버렸던 것이 틀림없는데, 왜냐하면 막상 차례가 되자 그는 지극히 황제답게 무대에 등장했기 때문이다. 그는 악기를 들어주는 근위대 대장의 호위를 받으며 등장했고 그 뒤에는 병사들과 그의 가까운 지인들이 따라나왔다. 그 다음의 진행 상황에 대해 수에토니우스는 이렇게 전하고 있다. "황제는 무대 위에 서서 손가락 풀기를 마친 다음 전직 콘술이었던 클루비우스로 하여금 자신이 '니오베'를 부를 것이라고 알리게 했다. 그런 후에 연속해서 10시간이 되도록 노래를 불렀다."

이러한 인내심의 시험 후에 사람들은 예상했던 대로 그에게 우승컵을 전달했다. 그러나 놀랍게도 네로는 우승자 트로피를 거부하고 수상을 다음해로 미루었다. 수에토니우스의 설명에 따르면 네로는 그렇게 함으로써 더 자주 무대에 등장할 수 있는 기회를 가지려 한 것이다.

고통으로 가득 찬 공연

그러나 이러한 예고는 많은 사람들에게 진정한 위협이 되었다. 네로의 음악회는 점점 더 고문으로 변해갔다. 그 이유가 반드시 황제의 노래 실력 때문만은 아니었다. 어쩌면 부족한 실력은 얼마든지 참을 수 있는 부분이었다. 비록 많은 연습과 잦은 공연 덕분에 필연적으로 생겼을 어느 정도의 질적인 향상에도 불구하고 그의 목소리는 여전히 약하고 둔탁했다고 모든 문헌들이 언급하고 있지만 말이다. 그러나 언젠가 역사가 테오도르 몸센이 표현한 것처럼 황제가 "완전히 실력이 형편없었던" 것은 아니다. 후대의 황제인 베스파시아누스가 네로의 노래 공연을 보다가 잠이 들었다는 이야기도 있지만 이런 일화가 어떤 척도가 될 수는 없다. 베스파시아누스는 지극히 소박한 타입의 사람으로 음악에 큰 관심이 없었을 것이기 때문이다.

보다 끔찍했던 것은 오히려 외부적으로 동반되는 상황들이었다. 네로는 자신의 예술에 도취되어 끊임없이 연주를 계속하였고 흔히 그의 콘서트는 몇 시간씩 걸렸다. 그뿐이 아니었다. 관람객들은 점점 더 심한 괴롭힘을 당했다. 많은 사람들이 강제로 리듬에 맞게 박수를 치는 일이 쉽지 않았다. 타키투스가 설명하고 있는 것처럼 이때 일종의 드라마가 펼쳐졌다.

"박수를 치던 사람들의 손이 지쳐서 무기력해졌고 리듬을 중시하는 전문가들을 혼란스럽게 만들자 관객들은 의자 사이에 서 있던 병사들로부터 학대를 받았다. 왜냐하면 황제의 공연을 보는 관객들은 결코 한 순간도 일치되지 않은 소음이나 무관심한 침묵을 드러내서는 안되기 때문이다. 그래서 어떤 사람들에게는 네로와 함께 한 가곡의 밤이 치명적인 결과로 끝나기도 했다. 예를 들어서 많은 병사들이 좁은 통로에 밀집되어 있는 관중들을 뚫고 전진하는 동안에 몇 명이 압사당하기도 했고, 공연이 계속되는 동안 밤낮으로 자리에 앉아 있어야 했기 때문에 병에 걸리기도 했다는 사실은 이미 알려져 있다."

그들은 왜 쉽게 네로의 콘서트로부터 벗어날 수 없었던 것일까? 이런 측면에서 시야가 넓었던 황제가 이미 조치를 취해놓았기 때문이다. 그래서 사람들은 공연에 참석하지 않았을 때 벌어질 일을 두려워했다. 비밀요원들이 끊임없이 사람들을 감시했고 네로 콘서트가 열리기 직전에 사라지거나 숨으려고 했던 사람들 혹은 황제가 주최한 행사의 초대에 뚜렷한 거부의사를 보인 사람들을 늘 관찰했다. 또한 비밀요원들은 극장 관람객의 얼굴 표정을 살피는 일도 담당했다. 이들은 네로가 노래를 부르는 동안에 관객의 표정을 자세히 살피다가 불쾌한 표시를 드러내는 관객을 발견하면 죽이기도 했다. 그러나 타키투스가 안심시키듯 설명하기를 이러한 운명을 겪는 이는 단지 낮은 계층의 사람들뿐이었다고 한다.

극장 탈출 시도들

이런 상황이 되자 네로가 지배하던 시기에는 로마의 극장 관객들 사이에 절망감만이 늘어갔다. 황제가 노래를 부르는 동안에는 아무도 극장을 떠날 수 없었고 아무리 위급한 경우에도 마찬가지였다. 이것은 일종의 불변의 법칙이었다. 그래서 여성들은 공연 중에 애를 낳기도 했고(아이의 첫번째 울음소리가 리듬에 따른 박수 소리 속에 묻히거나 혹은 황제의 연주 소리와 섞이기도 했고), 다른 사람들은 극장의 벽으로부터 뛰어내릴 기회만을 엿보기도 했다.

한편 몇몇 꾀많은 사람들은 일시적으로 구원받을 수 있는 방법을 생각해 내기도 했다. 그들은 한마디로 죽은 척을 했고 간단히 극장 밖으로 운반되어 빠져나올 수 있었다. 그러나 이 방법도 일정한 시기 동안만 효력이 있었다. 왜냐하면 네로의 연주회 동안에 일어난 사망 사건의 높은 수치가 결국은 감시자들의 눈에 띄어 들통이 났기 때문이다.

화려한 그리스 투어

네로의 가수 경력에서 절정기는 그가 기원후 66~67년에 문화의 나라 그리스를 향해 떠났던 투어의 시기였다. 이 투어에 대해서는 모든 사람들이 만족했다. 즉 네로는 자신이 할 수 있는 것을 그리스인들에게 보여주는 것에 대해 기뻐했고, 로마인들은 그들의 소위 최고 가수가 적어도 얼마 동안은 로마를 떠나 있다는 것이 기뻤으며, 그리스인들은 스스로를 아폴론이라고 여기는 이 예술가에게 어떤 대접을 해야 하는지 잘 알고 있었고 이 기회를 잘 이용할 수 있어서 기뻤다.

그리스 투어는 그리스의 한 사절단이 황제에게 노래로 자신들을 행복하게 해달라고 부탁하며 초대함으로써 이루어졌다. 그들은 황제가 모든 음악 경연대회에 참가하게 될 것이고 이어서 모든 우승컵을 받게 될 것이라고 보장했다. 기대했던 대로 그리스인들은 모든 수단을 동원해서 네로에게 아첨했다. 그리고 그리스인들의 계산은 정확하게 들어맞았다. 네로 황제가 코린트에 가서 그곳 그리스인들의 자유를 선언했던 것이다.

그리스 투어 동안에 네로는 모든 중요한 문화행사에 참가했다. 물론 올림피아에도 나타났고 그 덕분에 기존의 프로그램이 음악 경연대회가 포함된 행사로 확대되었다. 약속한 대로 그는 모든 곳에서 1등을 차지했다. 네로가 기원후 68년에 이탈리아로 돌아갈 때는 그의 짐 속에 1,800개가 넘는 우승 월계관이 들어 있었다고 하는데, 이것은 단지 음악가로서의 성공뿐 아니라 배우와 전차 선수로서의 활약에 대한 결과이기도 했다. 그가 우쭐대면서 10두 마차를 타고 출전한 올림피아 대회에서 출발하자마자 바로 넘어져서 결국 경기를 포기해야만 했다는 사실 같은 것은 전혀 문제가 되지 않았다. 어쩌면 그가 넘어졌을 때 훌륭한 태도 점수를 받아서 승리의 월계관을 받았을지도 모르는 일이니까 말이다.

이탈리아로 돌아간 그는 자신에 대한 본격적인 스타 만들기를 시작했다. 로마 전역에 키타라 연주자로 묘사된 황제의 동상이 세워졌고 동전에도 같은 모습을 새겨넣도록 했다. 또한 그는 자신의 목소리를 아끼기 위해서 그리스 여행 후에는 병사들에게 오직 문서로만 지시를 내렸다고 한다. "또한 그 외에도 네로 황제 옆에는 항상 목소리 훈련을 담당하는 선생님이 서 있어서 황제에게 폐를 보호하고 입에 수건을 대고 있도록 상기시켜 주었다"고 수에토니우스는 전하고 있다.

음악에 대한 특별한 편애

네로 황제가 보인 음악에 대한 거의 병적인 애착을 어떻게 설명할 수 있을까? 원래 음악의 가치는 로마인들에게 특별히 크게 인정받지 못했다. 어떤 경우에든 보수적인 귀족층에서는 우수하고 엄격한 로마인의 기질에 음악이 그다지 어울리지 않는다고 여겼다. 그래서 사람들은 집에서도 음악을 조용히 연주해야만 했고, 특히 품위 있는 가문의 여성들은 음악이란 적절한 것이긴 하지만 남모르게 해야 하는 문화활동이라고 생각했다. 그 외에 로마인들에게 음악은 춤과 더불어 적지 않은 역할을 하는 것, 예를 들면 마르스 신의 사제들이 음악을 활용하는 경우처럼 문화의 영역에 속하는 것으로 인식되었다.

네로는 음악적인 측면에서는 로마인보다는 그리스인에 훨씬 더 가까웠다. 기원전 2세기에 그리스 세계가 로마의 지배하에 들어온 이후로 그리스 문화에 대해 특별한 편애를 가진 로마 귀족층이 생겼고 네로는 그 중에서도 진보적인 그룹의 대표자였다. 이때 로마인들이 관심을 가졌던 그리스 문화에는 문학, 철학, 조형예술, 그리고 음악이 포함되어 있었다. 그리스인의 음악은 전통적으로 로마인의 음악과는 전혀 다른 가치를 지니고 있었다. 플라톤과 같이 대단히 위대한 인물들이 음악 이론을 연구했고 음악에 윤리적, 교육적인 기능까지 부여했다. 그리고 실질적인 측면에서도 그리스의 음악은 큰 의미를 지니고 있었는데, 극장에서의 연극 공연이나 도시의 축제에서도 음악이 중요한 역할을 했다.

그런데 네로에게는 음악에 대한 그리스인들의 열정이 조금은 지나치게 영향을 미쳤던 것으로 보인다. 그리고 네로는 황제라는 지위를 활용함으로써 자신의 열정을 집중적으로 표현할 수 있었다. 그의 잦은 무대 공연은 또한 음악에 적대적인 로마 귀족을 웃음거리로 만들려는 의도 때문이기도 했다. 동시에 그는 아래 계층의 백성들로부터 호감을 사고 싶었다. 최소한 처음에는 백성들도 황제가 무대 위에 등장해서 자신들을 위해 노래를 불러준 것에 기뻐했다.

음악사에서의 네로의 위치

물론 네로가 음악을 새로이 발견한 것은 아니다. 그럼에도 불구하고 그는 당당히 이 분야에서 개척자로 칭해져도 좋을 것이다. 왜냐하면 그는 로마에서 키타라에 의해 반주가 되던 인기 있는 노래들을 상류사회에서도 불릴 수 있도록 만들었기 때문이다. 물론 인정하건대, 만약 그가 황제가 아니었다면 아무도 네로의 음악활동에 대해 기록하지 않았을 것이고, 그랬다면 그는 당시 로마 곳곳에서 활동하던 수많은 익명의 음악가들 속으로 사라졌을 것이다. 그들 대부분은 그리스 출신 사람들이었다. 연주회에서 벌어지곤 했던 불유쾌한 상황들과 관객들에게 가해졌던 무리한 요구들을 제외한다면, 네로는 한 개인 가수가 부른 노래들을 대단히 크게 유행시킨 인물이기도 했다.

로마 대화재에 대한 전설

끝으로 아직 무너뜨려야 할 환상이 남아 있다. 네로는 단지 가수라는 별칭으로만 로마 황제시대의 긴 역사에 영원히 남아 있는 것이 아니다. 그의 이름에는 보다 더 심각한 죄명들이 덧붙여져 있는데, 아마도 그 때문에 그의 통치가 독재정치와 폭정이라는 오명과 영원히 연결되어 있는 것으로 보인다. 네로가 기원후 54년에 살인을 통해서 정권을 잡았다는 죄명을 얻게 된 것은 그의 야망에 찬 어머니 아그리피나가 첫번째 결혼에서 낳은 그를 최고의 자리에 오르도록 만들기 위해 남편인 클라우디우스를 살해했기 때문이다.

그런 다음 기원후 55년에 네로는 클라우디우스의 아들이며 경쟁자인 브리타니쿠스를 제거했고, 기원후 59년에는 자신의 어머니를 죽이도록 사주했다. 그리고 기원후 62년에는 이미 유배를 보냈던 아내 옥타비아를 처형했다. 우리가 얼마든지 더 보탤 수 있는 이런 범죄들의 목록을 보면 네로 자신의 최후도 결코 좋지 않았다는 점은 별로 놀랄 일이 아니다. 기원후 68년 6월 초에 네로는 절망적인 상황에 빠진 채 원로원에 의해 국가의 적으로 선언되자 31세가 채 되지 않은 나이에 자살을 감행했다. 그의 마지막 — 그러나 분명하게 확인되지는 않은 — 말은 다음과 같았다고 한다. "한 위대한 예술가가 파멸하는구나!"

그렇다면 무너뜨려야 할 환상이란 것은 무엇인가? 바로 네로가 주인공이었던 그 유명한 영화와 관련해서 일반적으로 만연된 생각이다. 여기에 따르면 네로는 기원후 64년에 로마에 불을 질렀다고 한다. 그리고 불바다가 된 로마의 모습을 보고 영감을 받아 악기를 들

고 극장 공연용 의상을 입고서 트로이의 멸망과 '불꽃의 아름다움'
에 대한 찬가를 불렀다고 한다. 또한 네로는 이 비극적 화재에 대한
죄를 그리스도교인들에게 뒤집어씌우려 했다고 알려져 있다. 만약
이런 소문이 사실이라면 확실히 그날은 네로가 열었던 그 어떤 공연
보다도 가장 비열하고 악의적인 가곡의 밤이었을 것이다.

그러나 역사의 기록 중에는 많은 내용들이 사실이 아닌 것으로 밝
혀지기도 한다. 첫째로 네로는 로마의 대화재에 대해 아무런 죄가 없
다. 황제에게 방화벽이 있었다면 굳이 그가 좁은 길과 불에 취약한
집들이 많은 수도에 큰 불이 나게 할 필요까지는 없었을 것이다. 둘
째로 이 화재와 그리스도교인 추방의 연관성에 대해서는 아무런 의
심의 근거가 없다. 그리고 셋째로 네로 주변에는 어떻게 해서든 그를
모략하려고 기회를 엿보는 원로원의 반대자들이 많았다. 당시에 네
로는 이미 높은 악명을 떨치고 있었기 때문에 이들이 자신들에게 유
리한 주장을 신뢰할 만한 것으로 포장해 세상에 알리는 데는 큰 문제
가 없었을 것으로 보인다.

타키투스

기원후 55 - 120년.
유명한 로마의 역사가. 고대 게르만족에 대한 책을 써서 당시의 문화계를 풍성하게 했으며
이로써 북방 민족들에 대한 인식에 결정적인 영향을 미쳤다.

기원후 40년 봄에 로마의 황제 칼리굴라는 북해의 해안가에 군대를 집합시켰다. 그런데 정작 병사들은 황제의 계획을 잘 모르고 있었다. 혹시 황제는, 율리우스 카이사르만이 갈리아인들과의 전쟁 중에 잠깐 방문한 적이 있고 아직까지 로마의 지배하에 들어오지 않은 브리타니아를 정복하려는 것일까? 겉으로 보기에 이 젊은 황제의 생각은 실제로 그런 듯 보였다. 왜냐하면 병사들을 해변에 정렬시키고 단호하게 배에 올라탔기 때문이다. 그런데 모두가 어리둥절해 하는 가운데 황제는 아주 짧은 거리만 바다로 나갔다가 다시 육지로 돌아왔다. 그리고는 전투의 시작을 알리는 신호를 보냈다. 병사들은 대단히 당황했다. 도대체 누구를 상대로 싸운다는 것인가? 단 한 명의 적도 보이지 않는데 말이다. 그러나 황제는 전혀 개의치 않는 것처럼 보였다. 그는 병사들에게 조개를 주워서 모자와 옷에 담으라는 지시를 내렸다. 병사들은 여전히 이러한 기이한 행동의 깊은 의미를 이해하지 못하고 있었다. 그때 황제가 다음과 같이 근엄하게 외침으로써 스스로 자신의 행동을 해명하였다. "이 조개들이 바로 우리가 대양으로부터 가져온 전리품이며 대양이 카피톨리노 언덕과 팔라틴 언덕에 바친 노획물이다!"

가짜 전리품, 가짜 전쟁포로들

그제야 모두가 황제의 행동을 이해할 수 있었다. 즉 해변의 조개들은 일종의 전리품으로 사용할 것이었다. 괴상한 황제는 이 조개들을 소위 저 멀리 북쪽에서 성공적으로 끝낸 전투에 대한 가짜 증거물로서 로마를 지나는 개선행진에 들고 가려고 했던 것이다. 이미 한참 동안 지속되었던 게르만족과의 싸움에서 아무런 성과도 얻지 못한 칼리굴라는 빈손으로 로마제국의 수도로 돌아갈 생각에 걱정이 되었던 것이다. 왜냐하면 일반적으로 로마의 황제들과 장군들은 항상 전쟁에서 얻은 무엇인가를 가지고 돌아왔기 때문이다. 그러므로 이번에는 조개들이 소위 전쟁의 노획물로서 전투를 지휘하는 칼리굴라의 뛰어난 능력을 증명해 주어야 했다. 그래도 여기까지는 많은 병사들이 황제가 단지 그럴 듯한 장난을 하는 것이라고 믿었다. 그러나 황제의 계속된 행동은 그가 성공한 원정을 흉내내는 가짜 연출을 얼마나 진지하게 여기는지를 증명해 주었다. 왜냐하면 그는 이어서 가짜 전쟁포로들까지 구하려고 나섰기 때문이다. 일반적으로 모든 개선행진에는 패배한 적들도 모습을 드러냈다. 그러나 전투 자체가 아예 없었는데 어디서 포로들을 구한단 말인가?

여기서 다시금 칼리굴라는, 진정한 군사적 지휘 능력은 부족할지 모르지만 환상과 풍부한 창의력만큼은 결코 부족하지 않다는 점을 보여주었다. 그의 천재적인 계획이란 바로 대역을 활용하는 것이었다. 원래 게르만인들은 북해의 해안가에 거주하고 있었다. 그러나 황제가 이들을 포로로 데려올 수 없었기 때문에 대역이 필요했다. 로마의 관중에게 로마인을 게르만인으로 속이는 것은 좋은 생각이 아니었다. 그러나 황제의 깊은 관찰에 따르면 갈리아인은 거의 게르만인과 유사하게 보였다. 그는 야만적인 민족들 사이에는 거의 큰 차이가 없다고 여겼기 때문이다. 물론 갈리아인들은 카이사르의 정복을 통해 로마의 지배를 받게 되었고 이미 조금은 로마의 문명에 익숙해졌기 때문에 낙후된 문화의 흔적은 미약하게만 남아 있었다.

칼리굴라는 완벽한 연출을 원했다. 그에 의해 '연출된' 게르만인들은 로마인들이 이 북방 민족에 대해 가지고 있는 생각과 완벽하게 들어맞아야 했다. 그래서 그는 키가 큰 사람들이 필요했다. 게르만인들은 대부분 키에 관해서는 로마인들을 훨씬 능가했기 때문이다. 그러나 갈리아 출신의 대역들이 단지 키가 큰 것만으로는 황제가 게르만인을 상대로 승리를 거두었다는 환상을 만들기에는 아직 충분하지 않았다. 그래서 이 연극을 위해 동원된 갈리아인들은 추가적으로 미용 과정을 거치게 되었는데, 여기서 그들은 금발의 머리카락을 빨갛게 물들여야 했다. 고대의 게르만인들이 주로 금발이었다는 오늘날의 일반적인 생각과는 달리 칼리굴라는 아마도 빨간 머리카락이 게르만인에게 어울린다고 여겼던 모양이다. 또한 황제는 추가적 조치로서 대역들이 로마에서 누군가로부터 질문을 받을 경우를 대비해 속성 코스로 게르만어를 가르치기도 했다. 그리고 끝으로 모든 대역들에게 게르만인에 어울리는 이름들이 주어졌다. 예를 들면 암비오릭스는 임시로 아르보가스트(혹은 그 외의 다른 전형적인 게르만인의 이름으로)로 불리게 되었다.

문명을 모르는 야만인

기원후 40년에 로마에서 열렸던 칼리굴라의 이 대대적인 개선행진 연극이 시민들에게 어떤 반응을 일으켰는지는 안타깝게도 전해지지 않고 있다. 또한 그런 결과는 이 시점에서 단지 부차적인 일일 뿐이다. 그보다 훨씬 더 중요한 것은 이 특이한 이야기가 보여주는 게르만인에 대한 로마인들의 생각이다. 기원후 40년까지 로마 입장에서는 북쪽에 있는 이 민족을 나름대로 파악할 수 있는 충분한 기회가 있었다. 왜냐하면 게르만인들이 살고 있는 지역의 여러 곳에 로마의 무역상들이 드나들었기 때문이다. 첫 만남에서부터 로마인들은 문명과 동떨어진 이 야만인들을 교양을 갖춘 지중해 사람의 오만함으로 내려다보았다. 그러나 게르만인들은 싸우는 일만큼은 누구보다도 잘할 수 있었고 그런 점을 충분히 자주 증명하였다.

기원후 9년에 로마의 장군 바루스가 게르만의 케루스키족인 아르미니우스의 군대에게 처참하게 패배한 일은 승리를 하는 데만 익숙해져 있던 로마인에게 큰 충격을 주었다. 훨씬 뒤인 19세기에 독일은 국가적 자부심에서 아르미니우스를 의미심장하게 '헤르만(군대의 지도자라는 의미)'이라 칭하기도 했다. 그러나 그 외에 게르만인들에게는

헤르만 기념상, 데트몰트

어떤 특성이 있었을까? 넓은 숲, 광적인 연회, 그리고 거친 난투 외에 그들은 또 어떤 특징을 가지고 있었을까?

장인을 위한 찬미가

칼리굴라 황제의 이색적인 연출 시도가 있은 후 몇십 년 뒤에, 정확히 말하면 기원후 98년에 로마에서는 《게르만의 기원과 주거지에 대하여》라는 제목의 책이 출간되었고 간단히 《게르마니아》라고 불리기도 했다. 이 책의 저자인 타키투스는 후에 황제시대의 로마에서 가장 위대한 역사가가 되지만 이때까지는 무엇보다도 정치가와 원로원 위원으로서 활동하고 있었다. 이 작품을 쓰기 바로 직전에 타키투스는 자신의 최고 작품을 발표했었는데, 바로 《율리우스 아그리콜라의 삶에 대하여》라는 제목의 책으로 5년 전에 세상을 떠난 장인 율리우스 아그리콜라의 전기였다.

이 책은 겉으로는 사후까지 이어진 사위와 장인 사이의 연대감에 대한 호의의 제스처로 보이지만 실제로는 출판의 자유를 주장하는 일종의 시위의 의미가 담겨 있었다. 당시는 도미티아누스 황제가 막 세상을 떠난 때였다. 플라비우스 왕조의 지배자 도미티아누스는 기원후 81~96년까지 로마를 지배한 황제로 질투심이 많아서 그 누구도 자신의 명성에 대적하지 못하도록 감시했다. 거기에는 황제 이외의 다른 사람을 칭송하는 글에 대한 엄격한 규제도 포함되어 있었다. 극단적인 경우 도미티아누스는 심지어 규범에 벗어난 책들을 불태우도록 지시하기도 했다. 이제 그런 독재자가 죽었기 때문에 타키투스는 다시 자유롭게 글을 쓸 수 있었다. 이런 상황을 확인하기 위해 타키투스는 이미 세상을 떠난 장인이기도 하면서 도미티아누스의 지배 하에서 브리타니아의 총독으로 몇 가지 공적을 세운 아그리콜라의 전기를 쓰게 되었던 것이다.

민족학의 전통

타키투스는 《아그리콜라》를 끝낸 직후에 《게르마니아》 집필을 시작했다. 로마의 독자들은 긴장하고 있었다. 이 작가는 게르만인에 대해 어떤 생각을 했을까? 그는 사람들이 이미 오래전부터 게르만인에 대해 알고 있는 것 외에 어떤 다른 할 말이 있었을까? 《게르마니아》를 주의 깊게 읽은 사람이라면 분량 면에서 결코 많지 않

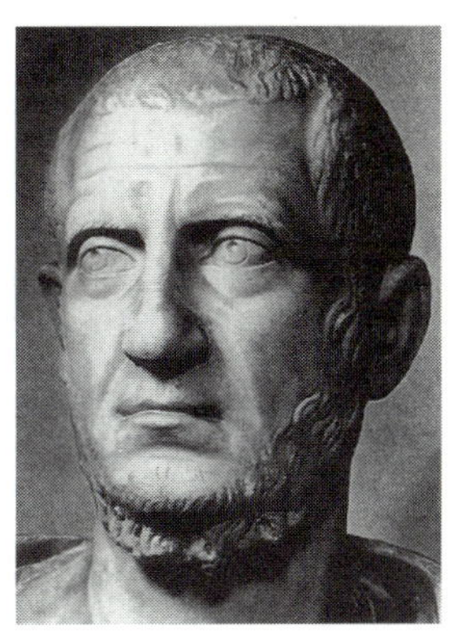

타키투스, 파리 루브르 박물관

은 이 책이 민족학 혹은 인종학 분야의 표석이 될 만하다는 점을 금방 깨닫게 된다.

사실 민족학 혹은 인종학 분야는 로마의 문학에서 자주 다뤄지는 주요 분야가 아니었다. 이 분야에서는 그리스 작가들이 훨씬 더 많은 실적을 남겼다. 예를 들면 고대 그리스의 헤로도토스는 기원전 5세기에 대단히 전문적으로 이집트인, 스키타이인, 그리고 다른 이민족들의 관습과 도덕에 대한 정보를 알려주었고, 헬레니즘 시대의 작가 포세이도니오스의 문학세계를 들여다보면 이베리아 반도의 주민, 켈트족, 그리고 그 외의 다른 게르만 민족에 대한 소중한 정보가 담겨 있다.

그러나 정작 로마인들은 세계의 지배자로서 많은 낯선 민족들과 관련이 있었음에도 불구하고 이때까지 민족학 분야에서 거의 아무런 활동도 하지 않았다. 로마인들은 그리스인들이 쓴 보고서를 활용했고 그 외에는 외부 세계와의 교제를 통해서 얻은 실용적인 경험에 의지하였다. 물론 카이사르가 갈리아 전쟁에 관한 해설서《갈리아 전기》에서 켈트족과 게르만족에 대해 썼지만 이것만으로는 도저히 전문가 수준으로 인정하기 어렵다.

자생적이고 거짓이 없는 민족

그런데 이제 게르만인을 자신의 저서에서 보다 더 자세하게 조명한 타키투스라는 이름의 작가가 등장한 것이다. 그의 걸작이 오랜 세월 동안, 즉 20세기에 이르기까지 게르만인에 대한 일반적인 인식에 큰 영향을 끼칠 것이라는 점을 그 스스로 예상했었는지는 분명하지 않다. 과연 그의 책을 통해서 어떤 정보들이 독자에게 전달되었을까? 우선 그는 지리적인 측면에서 전반적인 내용을 소개했다. 그는 게르만인들이 라인강, 도나우강, 그리고 대양, 즉 북해와 발트해 사이의 지역에 거주하고 있다고 썼다.

그런 다음 타키투스는 이들의 특징적인 성격에 대해 언급하였다. 여기에 따르면 게르만인은 자생적이고 거짓이 없는 독특한 민족이라고 했다. 또한 그들은 이민족과 혼합이 되지 않았기 때문에 생김새가 모두 똑같이 보인다고 했다. "모든 사람들이 반항적이고 푸른 눈과 거대한 체형을 가졌는데, 이런 체형은 단지 공격을 할 때만 유용하다." 그들은 갈증과 더위는 견디지 못하지만 반면에 추위와 배고픔은 잘 견디는 편이라고 했다. 이어서 그들의 정치적, 법적, 사회적인 상황들을 자세히 설명한다. 그 다음에는 흔히 그리스의 유명한 작가들이 쓰는 방식대로 문화와 일상생활에 대한 이야기를 다루었다.

고대 게르만인의 일상

게르만인의 문화와 일상생활에서 중요한 것은 당연히 의상이었다. 남자들은 코트나 털가죽을 입었다. 여자들도 남자와 같이 옷을 입었고 놀랍게도 가슴을 가리지 않았다. 그러나 여자들은 철저하게 정조를 지키며 살았고 연극이나 광란의 축제 등을 기회로 타락하는 일도 없었다. 또한 타키투스는 평범한 게르만인들의 일상생활에 대해서도 잘 알고 있었다. "그들은 흔히 한낮까지 계속해서 잠을 잔 후에 일어나서 바로 몸을 씻었다." 사실 이런 이야기는 특별히 놀랄 만한 내용은 아니다. 그런데 고대 게르만족의 후손 중에서 오늘날 잠이 많은 사람들에게는 이런 이야기가 반가운 변명거리일 수도 있다. 아침에 일찍 일어나지 못하는 것에 대한 문화역사적인 근거를 제공해 주니까 말이다.

한편 게르만인들이 아침마다 몸을 씻는다는 사실이 많은 로마인들을 놀라게 했을 것이다. 그래서 타키투스는 특별히 신체 위생에 대해 언급했던 것이다. "그들은 세수를 한 후에 아침 식사를 했다"고 하는데 이런 관습은 오늘날의 기준에서 충분히 생각할 수 있는 행동이었다. "그런 다음 그들은 각자의 일을 했다"고 쓰여 있지만 타키투스가 설명하고 있는 것처럼 각자의 일이란 것이 어떤 성실한 노동이나 작업을 의미하는 것은 아니었다. 그들은 흔히 연회에 가곤 했기 때문이다. 물론 무장을 하고 말이다. 그들은 연회에서 술을 마시고 즐기다가도 싸움을 벌이곤 했고, 때로는 이런 싸움이 치명적인 결과로 끝나기도 했다. 그들이 싸움을 하지 않을 때에는 중요한 사안에 대해 서로 의논을 하기도 했다.

그렇다면 게르만인의 음식과 음료는 어떠했을까? 음료로는 와인처럼 발효된 보리와 밀의 혼합액을 마셨다. 그러나 로마제국의 경계선 근처, 즉 라인강과 도나우강 가에 살았던 게르만인은 모두 진짜 와인을 마셨는데, 타키투스도 전제하고 있는 것처럼 이 와인들은 로마인들로부터 구매한 것이었다. 게르만인의 식단은 소박했다(이 부분에서 화려한 식사에 익숙한 로마인들은 자신들이 게르만족이 아닌 것을 다행으로 여겼을 것이다). 그들은 야생 과일과 갓 사냥한 짐승에다 응고된 우유를 함께 먹었다. 그들에게는 뛰어난 조리법 같은 것은 없었고 조미료도 전혀 사용하지 않았다. 반면에 음주에 있어서는 지극히 무절제했다. 게르만인의 음주 습관을 알고 있던 타키투스는 책에서 교활한 술책을 제안하기도 했다. 전혀 가능성이 없지도 않은 일로서 만약 로마인이 다시 한 번 게르만인과 무력 대결을 하게 된다면 게르만인에게 충분히 술을 마시게 하는 작전을 펴야 한다고 주장한 것이다.

게르만 부족들의 전시실

《게르마니아》의 끝부분에서 타키투스는 로마인들에게 게르만의 각기 다른 부족들에 대한 정보도 제공했다. 그는 물론 게르만인이 어떤 시기에도 정치적으로나 국가적으로 단일화를 이룬 적이 없었다는 것을 알고 있었다. 그러므로 '게르만인'이라는 간단한 집합명사 뒤

에는 각기 독립적이고 때로는 서로 경쟁하는 다양한 민족들의 이름
이 숨겨져 있는 셈이다. 타키투스는 이러한 대규모의 게르만족에 속
하는 개별적인 부족들에 대해서도 알고 있는 모든 내용을 자세히 설
명했다. 예를 들면 케루스키족, 그리고 특별한 머리 모양이 외형적인
상징(그들은 머리카락을 뒤로 넘겨서 꼭대기에서 올려 묶었다)이었던 수에비
족, 셈논족, 헤르문드리족, 마르코만니족, 그리고 다른 많은 부족들의
이야기가 등장했다. 또한 평소에 역사적으로 도외시되었던 프리슬란
트인들도 로마의 인종지리학 고전서인 이 책에서는 당당하게 소개되
는 권리를 찾았다. 안타까운 것은 이들이 여기서도 단지 추가적인 설
명으로만 언급되었다는 점이다. 그 때문에 고대의 프리슬란트족이
게르만의 역사에서 별로 주목을 받지 못한 것이 아닌가 하는 생각이
든다.

로마의 책상에서 탄생한 책

한편 타키투스의 《게르마니아》를 끝까지 다 읽은 로마인이라면 이
런 의문이 생길 것이다. 작가는 그 모든 정보를 어디에서 얻었을까?
아마도 사람들은 작가가 특정 지역의 정보를 수집하기 위해 게르만
거주지에 갔으리라고 생각할 것이다. 최소한 그리스의 민족학 연구
자들은 책을 쓸 때 그렇게 했다. '실제 검증'이 그들의 첫번째 원칙이
었다. 즉 그들은 글로 쓰는 모든 것(최소의 거의 모든 것)은 작가의 관찰
과 체험에 근거해야 한다고 믿었다. 그러나 타키투스는 그리스 동료
들이 중시했던 이 규칙을 지키지 않았다. 그는 한 번도 게르만 지역
에 가본 적이 없었다. 그러나 여기서 바로 섣부른 판단을 내려서는

안될 것이다. 그가 현장에 가본 적이 없다고 해서 《게르마니아》에 소개한 모든 정보를 혼자서 알아냈다는 의미는 아니다.

작품을 쓰는 동안 타키투스는 도시 로마의 도서관에 가장 자주 드나든 사람이었고 거기서 그는 열심히 그리스인들의 보고서를 살펴보고 로마 장군들이 묘사해 놓은 글을 읽었다. 그러므로 고대 게르만족의 명성에 아주 오래도록 깊은 영향을 끼쳤던 이 책은 작가의 직접적인 현장 조사가 빠져 있음에도 불구하고 상당히 훌륭하다고 평가받아도 좋을 것이다. 물론 게르만족의 역사와 문화를 연구하고 싶은 사람에게 오로지 타키투스의 《게르마니아》에 의존하라고 권하는 것은 바람직하지 않다. 그가 쓴 내용 중 일부는 오늘날 검증된 결과를 볼 때 더 이상 유효하지 않은 경우도 있다. 그러나 다른 한편으로는 오늘날 인류학적, 그리고 취락 지리학적 연구는 다양한 측면에서 타키투스가 쓴 내용이 사실임을 확인시켜 준다.

이 책의 의미와 목적

그런데 타키투스는 무엇 때문에 장인의 전기를 완성한 후에 로마에서는 별다른 전통이 없었던 민족학이라는 장르의 책을 쓰게 되었을까? 여기에 대해 학자들은 이미 많은 고민을 했다. 우리가 생각할 수 있는 최종적인 해답은 그가 단지 자신의 독자들을 즐겁게 해주고 싶었기 때문이라는 것이다. 그런데 사실 이런 해명은 평소에 지나치게 진지한 모습을 보여주었고 특별히 명랑하지도 않았던 작가의 본성과 맞지 않는다. 또한 그는 《게르마니아》를 발표한 후에 더 이상 민족학자로서 활동하지도 않았다. 그 이후에 쓰인 타키투스의 위대한 역사적 작품들은 오히려 로마 황제시대의 초기 역사에 더 몰두하고 있다. 때문에 우리는 이민족들의 관습과 풍습에 대한 연구와 발표가 그가 진정으로 원했던 일이라고는 생각할 수 없다.

이 수수께끼의 진정한 해답은 타키투스가 언제나 모든 것을 정치적인 범주에서 생각했다는 점에서 쉽게 찾을 수 있다. 민족학과 민속 연구는 그에게 단지 일종의 부업이었을 뿐이다. 정치적 출세의 과정에서 눈에 띄게 빨리 위를 향해 올라온 원로원 위원 타키투스가 이런 책을 쓴 데는 단순히 로마의 청중에게 게르만족이 무엇으로 갈증을 달래고 얼마나 자주 서로 치고 박고 싸웠는지를 들려주는 것 이상의 목적이 있었다. 사실 타키투스가 오랫동안 세력을 떨쳤던 도미티아누스 쇼크를 겪고 있었음은 초보적인 심리학 상식으로도 충분히 알 수 있는 일이다. 타키투스가 속해 있던 원로원 위원들은 플라비우스 왕조의 지배하에서 심한 고통을 겪었다. 그 왕조의 독재자 도미티아누스는 로마의 오래된 귀족 가문의 후손들에게 현재 로마라는 집의 현재 주인이 누구인지를 보여주기 위해 모든 기회를 활용했다. 그렇게 권력을 잃은 귀족층의 불만은 점점 쌓여갔고 타키투스와 같은 경우에는 그 불만이 분노가 되어 위협적인 단계까지 이르기도 했다.

그런 측면에서 《아그리콜라》의 집필은 독재자 도미티아누스와 타키투스의 대결에서 제1부를 의미했고, 단지 신중을 기하기 위해 황제가 죽은 뒤에 출간한 것이다. 바로 그 다음에 《게르마니아》가 나왔다. 로마인들은 게르만족을 상대로 거둔 몇 번의 작은 군사적 성공을 엄청난 승리로 과장했던 도미티아누스의 자기선전을 생생하게 기억하고 있었다. 그가 전임자인 칼리굴라와는 달리 진짜 게르만인과^{(갈}

리아아의 대역들이 아니라) 실제로 전투를 벌였다는 점도 그의 이미지를 바꾸지는 못했다. 이때 도미티아누스를 비판했던 타키투스가 《게르마니아》를 쓰기 시작했던 것이다. 주의 깊은 독자라면 게르만족을 이겼다는 전 황제의 주장, 그리고 로마의 지배자로부터 아무런 영향도 받지 않고 자유롭고 즐겁게 살아가는 게르만의 수많은 부족들에 대한 타키투스의 묘사 사이에 모순이 있다는 점을 바로 발견할 수 있었을 것이다.

책을 통한 작은 복수

독자들은 특히 이 책에서 드러나는 작가의 작은 복수를 알아채게 될 것이다. 타키투스의 설명에 따르면 로마인이 처음으로 게르만족의 한 종족인 킴베르족과 전쟁을 했을 때 도시 로마는 이미 640년 동안 존재하고 있었다. 전설적인 인물 로물루스가 혁신적이고 성공적으로 건설했던 이 도시는 기원전 753년에 완성되었기 때문이다. 그러므로 타키투스의 설명은 틀리지 않았다. 킴베르족이 자신들만큼이나 막강한 전투력을 가진 튜턴인들과 함께 남쪽으로 진군해서 오늘날의 케른텐과 프로방스에서 벌어진 두 번의 전투를 통해, 비록 패배는 했지만, 로마인들에게 뛰어난 전투 능력을 보여주고 강한 첫인상을 남긴 때가 기원전 113년이었다.

"우리가 그때부터 계산을 한다면 처음 게르만족을 이긴 때부터 트라야누스 황제의 제2집정 기간까지는 약 210년의 세월이 흐른 셈이다. 그렇게 오랫동안 이미 우리는 게르만인을 이기고 있었던 것이다"라고 타키투스는 자신의 역사적, 수학적 관찰의 결과를 설명했다.

그가 이 책을 썼던 트라야누스 황제의 제2집정 기간은 정확하게 기원 후 98년에 해당된다. 그러므로 그의 이런 계산 방식은 틀린 것이 아니었고 대단히 뛰어난 회화의 수단이 되었다. 즉 게르만족 정복은 이미 200년 넘게 지속되고 있다는 점을 강조함으로써 로마 황제와 장군들의 상투적이고 과장된 승전보를 우습게 만들었던 것이다. 이것은 다른 한편으로는 게르만족을 완전히 정복하는 일은 아직 끝나지 않았다는 뜻이기도 했다.

그렇지만 타키투스는 충분히 전문적이고 특별한 인물이었기 때문에 단순히 승리의 분위기를 망치는 데 그치지 않았다. 그는 여기서 더 나아가 민족학적인 설명을 통해 로마의 동포들이 이 전투적인 야생민족들에게 대적할 수 있는 방법을 알려주고자 했다. 그러나 그가 로마인들에게 권한 것은 강력한 공격이 아니었다. 그의 방법은 훨씬 더 교활한 것이었다. 타키투스의 현명한 충고란 게르만 부족들 사이에 경쟁심과 질투심을 유발하는 것이었다. 이런 절실한 희망을 그는 다음과 같은 비장한 말로 표현했다. "단지 희망이겠지만 이 낯선 민족들을 좋아하라! 비록 그들이 우리를 사랑하지 않더라도 말이다. 혹은 우리로서는 제국의 운명이 위태로운 이런 시기에 적들의 불화만큼 더 큰 행운은 없기 때문에 최소한 그들 사이에 서로 증오가 지속되도록 하라."

전형적인 로마인

타키투스는 게르만인들에 대해 두려움을 가지고 있었을까? 혹시 그는 아주 먼 훗날에 게르만인 때문에 로마인에게 어떤 일이 닥치게 될지 예감했던 것일까? 왜냐하면 기원후 3세기에 있었던 게르만 민족의 대이동이 로마제국의 멸망에 중요한 원인이 되었기 때문이다. 그 영향으로 기원후 476년에 서로마가 멸망하였고, 반면에 동로마 제국은 1453년에 오스만투르크 제국이 콘스탄티노플을 정복할 때까지 유지될 수 있었다. 그러나 타키투스는 예언자가 아니었다. 더구나 그는 야만족인 게르만속을 상대로 로마제국의 근본적인 우월성을 확신했던 전형적인 로마인이었다.

그렇지만 이런 우월성은 말 그대로 단지 근본적인 것일 뿐이었다. 그래서 타키투스가 걱정한 대상은 게르만인이 아니라 바로 같은 로마인이었다. 《게르마니아》를 읽은 로마의 독자들은 이런 점을 어렴풋하게 깨달았을 것이다. 타키투스는 본문에서 이와 관련하여 몇 가지 확실한 메시지를 남겨놓았다. 그런 이야기의 공통적인 내용에 따르면 게르만 민족은 로마제국으로부터 더 멀리 떨어져 살수록 더 강하고 순수했다고 한다. 고대의 독자들은 여기서 깜짝 놀랐을 것이다. 로마의 영향이 그들을 쇠퇴하게 만들었다는 뜻인지 의문스러웠을 것이기 때문이다.

그렇다면 타키투스는 로마인들에게 깨달음을 주기 위해서 게르만족의 흐트러진 도덕과 윤리를 그렇게 자세히 묘사했던 것일까? 권력과 부의 유혹이 과거에 너무도 자랑스럽고 원칙적이었던 민족을 어떻게 변화시켰는지 보여주기 위해서? 그의 걱정스런 깨달음은 이런 것이었다. 우리 로마인도 과거에는 순수한 게르만족과 같았다. 우리의 농부들이 들을 떠나서 무기를 들고 달려나가 세계를 정복할 때에 이들과 똑같은 장점을 지니고 있었다. 그러나 그 다음에 여유와 사치가 밀려들어왔다. 우리가 다시 예전과 같이 게르만인처럼 될 수 있다면 얼마나 좋겠는가! 혹은 최소한 그와 비슷해질 수 있다면 얼마나 좋겠는가!

《게르마니아》의 독자들은 작가 타키투스의 소망에 대해 깊이 생각하면서 파피루스 두루마리를 손에서 놓았을 것이다. 그들은 세계의 지배자가 되면서 완전히 잊어버렸던 오래된 미덕들에 대해 생각했을 것이다. 말하자면 로마인에게 자극을 주기 위해 다시금 게르만인들을 이용한 셈이었다. 그러나 라틴어의 속담처럼 "책은 각자의 운명을 가지고 있다"는 말이 사실인 듯하다. 타키투스의 바람직한 교육적 목적은 어쩐지 제대로 효과를 내지 못했다. 그 대신에 게르만인에 관한 그의 이 책은 몇 세기가 지나도록, 그리고 엄격하게 보자면 지금까지도 현대 독일인의 고대 조상에 대한 일반적인 인식에 중요한 영향을 미치고 있다.

수에토니우스

기원후 70 - 140년경.
북아프리카 출신의 작가. 로마 황제들에 대한 전기를 써서
기념비적 문학작품을 남겼으며 통치자에 대한 대중적인 전기문의 창시자가 되었다.

독재자 율리우스 카이사르는 간질성 발작에 시달렸다. 아우구스투스 황제는 2등급의 빵, 작은 생선, 손으로 누른 구멍 난 치즈, 그리고 초록색 무화과를 가장 즐겨 먹었다. 티베리우스는 매우 큰 눈을 가지고 있어서 심지어 밤이나 어둠 속에서도 앞을 볼 수 있었는데, 단지 아주 잠깐 동안 그리고 잠을 자고 난 직후에만 볼 수 있었다. 칼리굴라 황제는 한 경매장에서 어떤 사람이 졸면서 고개를 끄덕거린 것을 가격경쟁의 의미로 해석했다. 덕분에 이 사람은 영문도 모른 채 900만 세스테르첸에 해당되는 13명의 검투사를 낙찰받았다. 클라우디우스 황제는 한번 글을 쓰기 시작하면 석판의 제일 위까지 완전히 채우기 전까지는 결코 일어서지 않았다. 네로 황제는 밤에 로마 거리를 돌아다녔고 가게에서 물건을 훔쳤다. 갈바 황제는 하루에 두 번씩 왕

궁의 하인들을 모이게 하고 그들로부터 개별적으로 아침인사와 저녁 인사를 받았다. 오토 황제는 키가 아주 작았고 잘 걷지 못했으며 휜 다리를 가지고 있었다. 비텔리우스 황제는 한 자유민을 사랑했고 그 사람의 침과 꿀을 섞어서 매일 그리고 모든 공식 행사에서 목과 인후 가 아플 때 치료제로 먹었다. 황제 베스파시아누스는 자신이 유혹한 한 여성에게 40만 세스테르첸을 선사했는데, 자신의 경리에게 결산 장부에 '베스파시아누스의 불멸의 사랑을 위해'라는 항목으로 적어 넣도록 했다. 티투스 황제는 사람들을 자기편으로 만들기 위해 국민 들에게 자신의 개인 목욕장에서 함께 목욕하는 것을 허용했다. 대머 리였던 도미티아누스 황제는 〈머리카락 관리법〉이라는 제목의 논문 을 썼다.

아무도 모르는 황제들 이야기

로마 황제들에 관한 이러한 특이한 정보들에 대해서 — 기원전 44 년에 살해된 율리우스 카이사르부터 기원후 96년에 세상을 떠난 도 미티아누스까지 — 우리는 고대의 작가 수에토니우스에게 감사해야 한다. 《황제들의 삶에 대하여》라는 책으로 그는 전기문학의 절대적 인 고전을 완성하였다. 그 제목은 '아무도 모르는 로마 황제들 이야 기' 혹은 '당신이 로마 황제들에 대해 알고 싶었던 것' 등으로도 부 를 수 있을 것이다. 왜냐하면 수에토니우스는 이 지배자들을 품위 있 고 근엄한 분위기로 둘러싸여 있는 존경스러운 인물로서가 아니라 구석진 곳과 모난 곳, 약점과 강점, 그리고 독특함을 지닌 인간으로 소개하고 있기 때문이다.

동시에 그는 오늘날이라면 대중잡지 리포터로 유명세를 누릴 수도 있을 소위 '열쇠구멍 관점'의 글도 서슴지 않고 썼다. 예를 들어서 아우구스투스 황제가 단지 몇 장 안되는 이불로만 꾸며진 형편없는 침대에서 잠을 잤다는 이야기를 공개한 것은 전형적인 그의 표현방식이라고 할 수 있다. 또한 수에토니우스는 황제의 삶 중에서 민감한 세부적 내용에도 시선을 돌렸다. 예를 들면 그는 로마에서 사람들이 율리우스 카이사르와 비티니아(소아시아 북부에 있던 고대 왕국 - 옮긴이)의 왕 니코메데스 사이의 센세이셔널한 정사에 대해 수군거리는 이야기를 글로 적기도 했다. 기혼이었던 독재자 카이사르가 ― 물론 아직 클레오파트라를 만나기 전에 ― 니코메데스 왕과 '집과 침대'를 공유했다는 소문이었다. 이어서 그는 갈리아 전쟁에서 돌아온 카이사르의 병사들이 개선행진에서 불렀던 노래의 가사에 대해 언급하는 것도 잊지 않았다. "카이사르는 갈리아인들을 정복하였고, 니코메데스는 카이사르를 정복하였네."

일화에 그치지 않고

젊은이들의 해이해진 도덕성을 걱정하고 예의범절을 중시하는 교육자와 문헌학자들은 계속해서 수에토니우스의 글에 대해 경고를 했는데 그럼으로써 오히려 사람들의 호기심을 자극하기도 했다. 로마의 문학사에서 영향력이 있었던 전문가들은 "일화, 잡담, 그리고 지나치게 인간적인 표현"이라며 수에토니우스의 작품 경향을 비난했지만 적어도 이 책의 문화역사적인 의미만큼은 인정하였다. 그리고 실제로 수에토니우스의 관심이 단지 외설적인 농담이나 사소한 일에만 제한되어 있었던 것은 아니다. 예를 들면 클라우디우스 황제가 자신이 쓴 역사서의 공개적인 낭독회에서 유난히 뚱뚱했던 한 청중이 의자와 함께 넘어지는 것을 보고 웃음을 터뜨렸기 때문에 낭독회를 끝낼 수 없었다는 식의 이야기만 언급한 것은 아니라는 말이다. 이런 이야기들과 거의 동등하게 황제들의 정치적이고 군사적인 업적들도 칭송하였다. 이 작품에 소개된 12편의 전기문은 모두 분명하고 신중한 질서에 따라 구성되었다. 먼저 작가는 황제의 자리에 오르기까지 인물들의 인생 경로를 설명했다. 그런 다음에는 외교, 전쟁과 원정, 법적 수단, 건축, 좋고 나쁜 성격, 사적인 생활, 질병, 그리고 외모에 대해 수집한 정보들을 상세히 기록했다.

오래 걸리고 말도 많은 황제의 죽음

대부분의 서사적 묘사에서는 맨 마지막으로 죽음의 상황이 다루어졌다. 수에토니우스의 책을 보면 후손에게 어떤 중요한 글이나 말을 남기지 않고 죽은 황제는 거의 없다. 그의 책에서는 살인의 희생자가 된 군주들에게조차도 — 상황에 맞게 그리고 물론 상대적으로 짧기는 하지만 — 마지막 발언의 시간이 허용되었다. 예를 들어서 카이사르는 기원전 44년 3월 15일에 반역을 모의한 자들이 칼로 무장을 하고 다가오는 것을 보고 자신에게 닥친 현실을 깨달으면서 이렇게 외쳤다. "이건 정말 폭력이야!" 그리고 그가 죽음에 임박했을 때 자신이 아끼던 젊은 브루투스를 반역자들 사이에서 발견하고는 그 유명한 대사를 외쳤다. "아니, 나의 아들인 네가?"

그런데 수에토니우스가 설명하고 있듯이 카이사르는 이 마지막 말을 그리스어로 했다고 한다. 물론 그 이유가 이렇게 절망적인 상황에서 자신의 교양을 증명하기 위해서는 아니었을 것이다. 그보다는 단지 전기작가가 황제들을 그리스어로 된 말과 더불어 세상과 작별하도록 만들고자 했던 것이다. 수에토니우스의 글에 따르면 76세의 나이에 침대에서 임종을 맞이했고 따라서 이별의 발언을 위한 시간이 양아들인 카이사르보다 조금 더 많았던 아우구스투스는 모여 있는 친구들에게 마지막으로 해줄 일을 이야기했다. 즉 그들이 아우구스투스가 인생이라는 소극의 공연을 잘 마쳤다고 생각한다면 그에게 박수를 쳐주며 전송해 달라고 부탁했던 것이다. 수에토니우스는 아우구스투스 역시 그리스어로 말했을 것이라고 확신했다. 황제의 부탁은 배우들이 공연을 끝낸 후에 관객에게 박수를 부탁하는 일반적인 인사말과 똑같았던 것이다.

한편 우리가 수에토니우스의 기록을 그대로 신뢰한다면, 기원후 69년부터 79년까지 로마를 다스렸던 베스파시아누스 황제는 품위와 유머가 결합된 방식으로 자신의 죽음에 대처했다고 한다. 플라비우스 왕조의 창설자로서 아들인 티투스와 도미티아누스까지 황제에 오르게 했던 그는 병에 걸렸을 때 이렇게 외치곤 했다고 한다. "내가 생각하기에, 아마 나는 신이 되려고 하는 것 같다!" 이런 내용은 사실 죽은 황제들을 신격화시키는 로마인들의 뛰어난 풍자적 암시였다. 베스파시아누스의 경우에도 실제로 그가 위중한 병으로 죽음에 임박하자 신하들에게 자신을 침대에서 일으켜 세우라고 했다. 왜냐하면 그는 황제란 신과 같은 존재이므로 선 채로 죽어야 한다고 생각했기 때문이다.

권력의 중심부에서

전기문에서 대단히 생생하고 현실적으로 표현된 황제들과는 반대로 정작 로마 황제들에 대한 대중적인 전기집의 창시자인 작가 수에토니우스에 대에서는 알려진 것이 거의 없다. 우리가 알고 있는 얼마 안되는 정보로는 아무리 수에토니우스라 해도 간단한 전기문조차 쓸 수 없을 것이다. 그는 기원후 70년경에, 로마화가 된 지 오래된 북아프리카의 가문에서 태어난 것으로 보인다. 당시에는 무엇이든 꿈이 있는 사람은 일단 로마로 향했다. 그렇게 해서 가정적으로 유복했던 '가이우스 수에토니우스 트란쿠일루스'는 변호사 공부를 위해 제국의 수도로 갔다.

그러나 수에토니우스는 이 직업에서는 진정한 성공을 이루지 못했다. 그는 힘겨운 일을 하기에는 너무 예민한 사람이었던 것이 분명하다. 왜냐하면 그는 중요한 재판 전에는 악몽을 꾸었고 친구들을 찾아가 충고와 위로를 받곤 했기 때문이다. 그러다가 마침내 새로운 도전의 기회가 찾아왔다. 기원후 98년에 정권을 잡은 트라야누스 황제가 그를 내각의 중심 인물로 발탁하였고 그에게 전문적인 조언자의 역할과 동시에 로마의 공공 도서관들에 대한 감독을 맡긴 것이다. 그리고 트라야누스의 후계자이며 기원후 117년부터 138년까지 로마제국을 지배했던 하드리아누스의 통치하에서는 지위가 한 단계 더 높이 올라가게 되었다. 그리하여 수에토니우스는 이때 로마의 황실 비서관이 되었다. 그 결과 제국의 국민들, 도시들, 그리고 관료들과의 모든 공식적인 서신왕래가 그의 책임이 되었다.

문서보관소와 전기작가

이렇게 책임이 막중한 공식적인 직책은 수에토니우스가 전기작가로서 경력을 쌓기 위한 출발점이 되기도 했다. 왜냐하면 그가 서신 작성을 위해 여러 가지 기록, 증명서, 옛 서신, 서류, 보고서 등을 찾아보고 살펴보아야 할 때마다 거의 매일 황실의 문서보관소에 드나들었기 때문이다. 예전의 황제들에 대한 모든 정보가 들어 있는 서류들 속에 파묻혀 지내면서 수에토니우스는 이 거대한 보물과 같은 자료들을 문학적으로 정리해야겠다는 생각을 하게 되었다. 그래서 그는 아마도 여가시간과 휴가를 이용해 작업을 시작했을 것이다.

이때 수에토니우스가 결심한 것은 이 자료들을 활용해서 기존의 역사서와는 다른 황제들의 전기를 만들겠다는 것이었다. 그리고 전기문의 대상을 정하는 일에서 수에토니우스는 문제를 일으키지 않기 위해 자신의 고용주인 하드리아누스 황제와 이 황제가 높이 평가했던 전임자 네르바와 트라야누스 황제를 제외시켰다. 그리하여 그는 조사 대상을 현명하게도 카이사르부터 도미티아누스까지 12명의 지배자로 제한했는데, 이들의 통치는 당시로서는 이미 역사의 일부로 볼 수 있었다. 수에토니우스는 스스로를 특별히 비판적인 역사가로 여기지 않았지만 있는 그대로 쓰는 것을 좋아했다. 그래서 칼리굴라, 네로, 혹은 도미티아누스와 같은 황제들에 대해서는 그 스스로도 자신을 억제하지 못하고 그들의 행동거지를 혹독하게 비난하기도 했다.

그래서 그는 어떤 일이 있어도 이 전기를 도미티아누스 황제에서 멈출 것이고 현직 황제와 가까웠던 전임자들에 대해서는 어떤 비판도 하지 않을 것임을 맹세함으로써 비로소 하드리아누스로부터 전기

삭가로서의 부업에 대한 허락을 얻을 수 있었다. 그리하여 수에토니우스는 플라비우스 왕조의 마지막 황제인 도미티아누스의 독재적인 통치에 대해서는 자세한 내용을 적을 수 있었다. 그리고 이런 내용은 오늘날 흔히 '인간적인 황제'들이라 불리는 네르바, 트라야누스, 하드리아누스에 관해 알려진 이야기와는 완전히 달랐다.

주사위게임을 하는 황제

우리는 유명한 황제들이 직접 손으로 썼던 편지들을 접했을 때 열성적인 수에토니우스가 느꼈을 기쁨을 충분히 상상할 수 있다. 물론 이런 편지들이 특별히 세상을 들썩이게 할 만한 내용을 담고 있는 것은 아니었다. 그러나 조사한 모든 결과를 가능한 한 빼지 않고 전기문 안에 넣는다는 원칙에 따라 그는 편지에 들어 있던 많은 인용문들을 전기문에 그대로 삽입하였다. 그래서 예를 들면 아우구스투스를 연구하던 학자들은 황제가 그의 양아들이며 후계자인 티베리우스에게 쓴 편지의 본문을 보고 대단히 반가워했다. 그 안에는 이런 글이 적혀 있었다.

"나의 사랑하는 아들 티베리우스야, 우리는 미네르바 축제를 진정으로 즐겁게 보냈구나. 우리는 매일 게임을 했고 주사위 놀이판이 차가워질 새가 없을 정도였지. 너의 형은 게임을 하면서 소리를 지르기도 했다. 그러나 전체적으로 보면 네 형도 많은 돈을 잃은 것은 아니고 단지 생각보다 더 큰 손해를 보자 점점 돈을 많이 걸었던 것이란다. 나는 개인적으로 2만 세스테르첸을 잃었지만 언제나 그렇듯이 ― 너는 나를 잘 알고 있지 않느냐 ― 게임에서는 더할 나위 없이 관대했단다. 만약 내가 사람들에게 선사했던 주사위들을 회수했거나 같이 게임했던 사람들에게 나눠주지 않았다면 아마도 5만 세스테르첸을 벌었을 것이다. 그러나 나는 그저 하고 싶은 대로 했단다. 나의 아량이 나의 명성을 하늘만큼 드높일 것이다."

시대의 유행

수에토니우스가 낱권으로 출간했던 것으로 보이는 황제들의 전기는 로마에서 대단한 관심을 불러일으켰다. 사람들은 지금껏 황제들에 대한 그런 글을 읽어본 적이 없었다. 수에토니우스가 대중에게 제공한 이 책들은 당시의 시대적 정신에 딱 들어맞았다. 이미 100년이 넘도록 로마는 군주들에 의해 지배되고 있었다. 오래전부터 사람들은 이런 상황에 만족해 했다. 그렇지만 점점 궁전 내부의 세계를 들여다보고 싶어했고, 막강한 세계제국을 지배하는 황제들은 도대체 어떤 사람들인지 알고 싶었다. 이런 측면에서 사람들은 수에토니우스로부터 최고의 서비스를 받은 셈이었다.

또한 그의 성공에는 그리스 동료인 플루타르코스가 쓴 전기의 특징들과는 달리 지나치게 도덕적으로, 심리적으로, 혹은 교훈적으로 서술하는 방식을 자제했던 점도 큰 기여를 했다. 사람들이 수에토니우스의 전기를 읽을 때는 지나치게 교훈적인 색채 때문에 독서 혹은 낭독의 즐거움을 방해받는 일은 없었다. 플루타르코스와는 달리 수에토니우스가 중요하게 여긴 것은 성격 연구가 아니라 풍부한 자료로부터 나오는 객관적인 정보였기 때문이다.

또한 수에토니우스는 한 시대의 트렌드세터가 될 수 있는 결정적인 기준을 충족시켰다. 즉 그의 책이 출간된 이후 빠르게 그의 모방자들이 나타났던 것이다. 수에토니우스 덕분에 황제들의 전기는 큰 유행이 되었다. 기원후 3세기에 마리우스 막시무스라는 사람은 수에토니우스의 양식 그대로 네르바 황제부터 엘라가발 황제까지의 전기를 썼는데, 안타깝게도 오늘날 남아 있는 부분이 거의 없다. 반면에 수에토니우스의 전기는 카이사르 전기의 처음 부분을 제외하고는 모든 본문이 남아 있다. 우리가 알고 있는 것은 막시무스가 하드리아누스의 식사 습관에 대해 집중적으로 다루었고 그가 즐겨 먹던 요리로 돼지젖통이와 꿩과 공작 고기로 만든 라구, 충분히 구운 멧돼지 고기를 소개했다는 사실이다.

수에토니우스는 이외에도 조금은 의심이 가는 책《황제의 역사》와 관련해서도 대부의 역할을 했는데, 이 책은 고대 후기에 쓰여진 황제들의 전기 모음집이었다. 그러나 이 책의 작가는 6개의 가명 뒤에 숨겨져 있었고 수에토니우스와는 반대로 정확한 진실을 다루는 데 그다지 신경을 쓰지 않았다.

수에토니우스와 카를 대제

수에토니우스의 영향은 심지어 고대를 넘어서까지 지속되었다. 이 로마의 작가 덕분에 우리는 오늘날 카를 대제의 습관들에 대해서도 많은 것을 알게 되었다. 왜냐하면 카를 대제의 전기작가 아인하르트가 이 분야의 개척자인 수에토니우스의 열정적인 제자였기 때문이다. 그래서 9세기에 아인하르트가 쓴《카를 대제의 인생》의 다음과 같은 구절도 수에토니우스의 펜을 통해 나온 것일지도 모른다. "그는 어깨가 넓고 강건한 체격을 지녔으며 적절한 정도를 넘어서지는 않는 큰 키였으며…… 머리의 윗부분은 둥글고 눈은 크고 생동감 있게 보였다. 코는 중간을 조금 넘는 높이였고 아름다운 하얀색 머리카락을 지녔으며 호감이 가는 밝은 얼굴 표정을 지녔다…… 그는 음식과 술을 즐길 때 절제를 했는데, 특히 술을 마실 때 더욱 절제했다. 왜냐하면 그는 술에 취한 모습을 대단히 혐오했기 때문이다…… 여름에는 점심 후에 약간의 과일을 먹었다.”

급격한 추락

그런데 이렇게 각광받던 전기작가 수에토니우스는 왜 갑작스럽고도 치명적으로 성공의 대열로부터 밀려나게 되었을까? 이를 알아보기 위해서는 역사적인 정확성에 관심을 가져야 한다. 기원후 122년에 하드리아누스 황제는 일련의 최측근 신하들을 해고시키는 일이 불가피하다는 결정을 내리게 되었다. 여기에 해당된 사람들 중에는 ‘황제의 전기작가’라는 부업을 가진 황실 비서관 수에토니우스도 포함되어 있었다. 더 자세한 상황은 알려져 있지 않다. 확실한 것은 이 불가피한 경질이 황제의 궁전에서 일어난 어떤 스캔들의 결과였다는 것이다.

이 사건에는 특히 황제의 아내인 사비나가 얽혀 있었다고 한다. 이 스캔들에 대해 대략적으로나마 암시를 하고 있는 책은 오직 《황제의 역사》뿐이며 여기에서 다음과 같은 내용을 읽을 수 있다. “근위병 대장인 셉티키우스 클라루스, 황실 비서관 수에토니우스 트란쿠일루스, 그리고 다른 많은 신하들에게 하드리아누스는 이별을 고했는데,

왜냐하면 이들이 황제의 아내인 사비나를 대하는 데 있어서 엄격한 궁정 예절에 적합한 정도 이상의 지나친 친숙함을 표현했기 때문이었다.” 예전 같았으면 수에토니우스는 전기작가로서 이런 스캔들을 원칙대로 글로 적어 널리 퍼뜨렸을 것이고 아마도 그의 취향에 맞게 다음과 같은 해설을 덧붙였을 것이다. ‘사람들은 이미 황제의 동성애적인 경향과 황후의 방탕함에 대해 수군거리고 있었다.’ 그러나 이 경우만큼은 수에토니우스 자신이 범죄자 혹은 희생자였기 때문에 아무런 해설이나 언급도 하지 않았다.

전기작가로서 작업을 하는 데는 해고가 절대적으로 좋은 영향을 미친 것은 아니었다. 이제 그는 중요한 문서들을 볼 수 있는 소중한 통로를 더 이상 이용할 수 없게 되었고 공공 도서관에서는 그런 많은 자료를 구할 수 없었다. 사람들은 로마 전기문학의 영웅이 시립 책대여소의 고객으로 전락한 것을 상상하기가 쉽지 않았다. 때문에 몇 편의 황제 전기에서는 내용의 부족함이 느껴지기도 한다.

결국 수에토니우스는 일선에서 물러나 말로만 좋게 들리는 ‘개인적인 삶’으로 돌아갔다. 그렇다고 해서 단지 조기 퇴직자로서 할 일 없이 지냈던 것은 아니다. 그는 계속해서 유명한 남자들에 대한 전기를 썼고 더 나아가 다양한 테마들, 곧 로마의 게임, 로마의 윤리, 의상 등에 대해 글을 썼다. 그러나 이런 논문들은 남아 있는 것이 거의 없다. 그럼에도 불구하고 수에토니우스는 사람들의 기억 속에 로마의 황제들을 한 인간으로 만들어낸 인물로 영원히 남아 있다.

마르쿠스 아우렐리우스

기원후 121 - 180년.
로마의 황제. 황량한 전쟁 야영지에서 스토아 철학으로 위로를 삼았고
철학에 깊이 몰두한 탓에 '철학자 황제'라는 칭호를 얻었다.

그리스의 철학자 플라톤이 로마 황제 마르쿠스 아우렐리우스에 대해 알았더라면 대단히 기뻐했을 것이다. 왜냐하면 플라톤은 기원전 4세기에 다음과 같은 명확한 의견을 주장했기 때문이다. 즉 그는 왕들이 철학자여야 하고, 철학자들이 왕이어야 한다고 믿었다. 이런 상당히 까다로운 조건에 마르쿠스 아우렐리우스는 더없이 이상적으로 들어맞은 왕이었다. 그는 대단히 심도 있게 철학에 몰두했기 때문에 예전이나 지금이나 철학자 황제라고 불리고 있다. 이런 칭호는 결코 과장된 것이 아니다. 왜냐하면 마르쿠스 아우렐리우스에게 철학은 그의 전임자들이나 후임자들의 경우처럼 단순한 교양의 의미가 아니었다. 말하자면 철학은 그에게 제2의 본성이었다.

황제는 왜 수염을 길렀을까?

명칭에 걸맞게 그는 외모도 마치 그림책 속의 철학자처럼 보였다. 그는 고대 그리스의 철학자들처럼 수염을 기르고 있었다. 그리고 우리는 그가 스스로 철학자다운 풍채를 보이기 위해 이런 수염을 길렀을 것이라고 확신할 수 있다. 하드리아누스 황제가 턱에 생긴 흉터를 감추고 싶어 수염을 길렀던 것과는 동기가 전혀 달랐다는 뜻이다. 진청한 철학자를 지향하는 황제에게 그런 식의 세속적인 태도는 당연히 생각할 수 없는 일이었을 것이다. 그리고 또 한 가지 놀라운 점은 마르쿠스 아우렐리우스가 자신의 철학적 신념을 토대로 로마제국의 통치와 개인적인 삶의 원칙을 세우려 했다는 점이다.

거대한 제국의 동요

사실 이런 시도는 대단히 칭송할 만한 일이다. 하지만 조금은 회의적인 의문이 생길 수도 있을 것이다. 진정으로 그런 생각을 하는 완벽한 지배자가 존재할 수 있을까? 만약 그렇다면 논리적으로 생각해서 그 어느 때보다도 현명한 황제 마르쿠스 아우렐리우스의 시대가 로마인에게 최고의 시기였다는 이야기가 나와야 할 것이다. 그러나 아쉽게도 마르쿠스 아우렐리우스 황제는 이런 평가까지는 받지 못했다. 하지만 이 시점에서 확실하게 밝혀두어야 할 점은 로마제국이 하필이면 그의 치하에서 점점 쇠퇴했으며 그것이 결코 그의 잘못이 아니었다는 점이다.

당시 사람들은 잘 몰랐지만 이미 로마제국의 전성기는 지나간 상태였다. 국경은 불안했고, 야만족이라고 폄하했던 초대하지 않은 손님들이 한 무리씩 나타났는데, 특히나 이들은 도나우 지역에 있는 사람들의 생활을 힘들게 했다. 또한 제국의 내부에서도 점점 더 많은 문제가 발생했다. 그렇다고 해도 마르쿠스 아우렐리우스가 지배하던 시대가 벌써 로마제국의 몰락을 두려워해야 될 정도로 그렇게 비관적이지는 않았다. 그런 최후의 단계에 이르기까지는 서부의 경우 마르쿠스 아우렐리우스가 죽은 후에도 300년이라는 시간이 더 걸렸다. 다행히도 사람들은 마르쿠스 아우렐리우스라는 지배자를 신뢰했고 황제 역시 자기 스스로를 신뢰하고 있었다. 왜냐하면 그는 어려운 시기에도 포기하지 않도록 지지대가 되어주는 철학을 믿고 있었기 때문이다.

알프스산 치즈 덕분에 얻은 황제 자리

기원후 121년(마르쿠스 아우렐리우스의 친구들은 이 해의 4월 26일을 기억할 것이다. 그날이 바로 그의 정확한 출생일이다)에 그가 태어난 시점에는 모든 상황이 훨씬 더 좋았다. 당시에 하드리아누스 황제가 아직까지 건재한 제국을 지배하고 있었고 그 경계선은 시리아부터 스페인까지, 북아프리카에서 영국까지 널리 뻗어 있었다. 하드리아누스는 이런 제국의 규모에 대단히 기뻐해서 계속해서 나라 안을 돌아다녔고 그런 이유로 사람들은 그에게 "여행의 황제"라는 꼬리표를 붙여주기도 했다. 그렇지만 그는 후계자에 대한 생각을 충분히 할 만한 시간은 갖지 못했다. 기원후 130년에 하드리아누스가 세상을 떠나자 특별한 개성도 취향도 없는 안토니우스 피우스가 그의 뒤를 잇게 되었다.

안토니우스 피우스는 여행을 가지도 않았고 철학에도 특별히 관심이 없었다. 그 대신에 비교적 조용하게 통치 기간을 보낼 수 있는 행운을 누렸다. 23년 동안 로마를 지배했던 그는 기원전 161년에 74세의 나이로 생을 마감했다. 그런데 그의 통치 기간이 무사고의 조용한 시기였던 것과는 반대로 그의 죽음은 대단히 독특했다. 전해지는 바에 따르면 그는 저녁식사에서 지나치게 과한 식욕으로 알프스산 치즈를 너무 많이 먹는 바람에 열이 났고 그 직후에 바로 목숨을 잃었다고 한다.

황제의 보호

안토니우스 피우스의 죽음은 매우 안타까운 사건이었지만 이 사건이 마르쿠스 아우렐리우스의 철학적인 기본 견해에 어떤 영향을 미치지는 않았을 것이다. 단지 이때부터 알프스산 치즈가 궁정의 추천 식단에서 제외되었을 것이다. 마르쿠스 아우렐리우스의 세계상은 안토니우스 피우스가 황제 자격으로 마지막 식사를 하기 훨씬 오래전부터 이미 확고히 세워져 있었다. 일찍 세상을 떠난 한 원로원 위원의 똑똑한 아들이었던 그는 이미 일찍부터 하드리아누스의 눈에 띄었고 처음부터 지속적인 후원을 받았다. 그러나 하드리아누스는 처음부터 그에게 지배권을 맡기지는 않았다. 그러기에는 마르쿠스 아우렐리우스가 아직 너무 어리게 보였다. 네로 황제 이후로 사람들

마르쿠스 아우렐리우스, 로마 국립 박물관

은 충분히 성숙하지 않은 인물이 황제 자리에 올랐을 때 어떤 문제가 생길 수 있는지 너무 잘 알고 있었기 때문이다. 그래서 하드리아누스는 신중을 기해서 얌전한 안토니우스 피우스를 자신의 후계자로 지목하되 동시에 그가 어린 마르쿠스 아우렐리우스를 양자로 삼는 것을 조건으로 정해놓았던 것이다. 이런 조치는 실제로 마르쿠스 아우렐리우스가 후계자의 후계자로서 계승권을 얻게 된 것을 의미했다.

성숙한 아이

그러나 후에 드러난 것처럼 하드리아누스가 안토니우스 피우스라는 인물을 통해 우회의 길을 택하지 않고 바로 어린 마르쿠스 아우렐리우스에게 황제의 권위를 선사했어도 사실 큰 문제는 없었을 것이다. 왜냐하면 그는 단지 생물학적인 의미에서만 '어린' 사람이었고, 그를 만나본 모든 사람들은 어쩌다가 신체적으로만 아직 아동기의 상태에 머물러 있는 한 어른과 마주하고 있다는 느낌을 받았기 때문이다. 그래서 한 고대의 전기작가는 이런 상황을 다음과 같은 적절한 말로 표현하기도 했다. "그는 어린 시절부터 분별 있는 존재였다."

실제로 그는 어떤 미성숙한 비행도 저지른 적이 없었다. 또한 그는 끈기 있게 자신이 속한 계층의 소년들에게 부여되는 다양한 예술 분야의 교육을 마쳤다. 특히 그의 경우에는 끊임없이 윤리적인 진지함이 돋보였기 때문에 교사들은 혹시 그가 제2의 네로가 되어 전문 가수가 되겠다고 하지는 않을지 걱정할 필요 없이 음악수업을 할 수 있었다.

철학자의 외투를 입고

그러나 마르쿠스 아우렐리우스에게 진정으로 중요한 것은 오직 철학뿐이었다. 이미 12세의 나이에 그는 영원히 이 역사 깊은 분야에 몰두하기로 마음먹었다. 고대의 전기작가들이 전하고 있는 것처럼 그는 당시에 이미 철학자의 자세와 몸가짐을 훌륭하게 익히고 있었다. 즉 그는 금욕적인 생활을 했고 욕심 없는 현자들이 입는 단순한 외투인 팔리움을 즐겨 입었다. 이 옷은 후에 그리스도교의 성직자들이 그들만의 외형적인 표시를 위해 입은 것이기도 했다. 그러나 마르쿠스 아우렐리우스가 단지 의상과 관련된 것으로만 미래의 이상에 적응하려 했던 것은 아니었다. 그는 맨바닥에서 잠을 자는 것도 서슴지 않았다. 제발 모피라도 깔린 곳에서 자라는 어머니의 간절한 권유에도 자신의 뜻을 꺾지 않았다.

스토아 철학과의 만남

젊은 마르쿠스 아우렐리우스의 지속적인 철학적 사회화의 과정에서 특히 결정적인 역할을 한 것은 유명한 학자 에픽테토스와의 만남이었다. 소아시아 출신의 철학자 에픽테토스는 노예로서 특이한 인생여정을 걸은, 스토아 철학의 대표적인 인물이었다. 스토아 철학은 이미 로마 사회의 귀족들 사이에서 오래전부터 사랑받아 온 학문이었다. 로마의 귀족들은 이 학파의 엄격한 원칙과 가혹한 윤리적 규범들을 높이 평가했는데, 이런 것들이 세계의 지배자라는 자랑스러운 그들의 정신에 아주 잘 들어맞았다. 스토아학파는 기원전 3세기에 아테네에서 시작되었는데, 키프로스 섬 출신의 제논이 주도자였다.

그가 강연한 곳을 칭했던 스토아 폴리킬레(Stoá Polikile, 채색주랑이라는 의미 - 옮긴이)라는 명칭이 그대로 붙여진 이 학파는 대단히 빠르게 많은 추종자들을 모으게 되었다.

직접적으로 인간의 문제와 관련되는 스토아학파의 이론은 복잡한 논리학이나 물리학 등의 다른 이론들보다 훨씬 더 매력적이었다. "인간은 어떻게 행복해질 수 있을까?" 이것이 스토아학파의 중점적인 문제들 중 하나였다. 오늘날 일반적인 대화에서 사용되는 '스토아적'이라는 형용사의 의미만 보아도 스토아 철학자들의 대답이 어떠했을지는 충분히 상상할 수 있다. 인간은 아파테이아의 상태, 즉 감정(긍정적인 혹은 부정적인)의 흥분으로부터 자유로운 소위 '스토아적인 안정'을 위해 노력해야 한다는 것이 그들이 제시하는 답이었다. 그렇다고 해서 이 학파를 따르는 고대의 추종자들이 언제나 돌처럼 굳은 표정을 하고 거리를 다녔다는 의미는 아니다. 스토아학파도 기뻐할 수 있고 화를 낼 수도 있었다. 그러나 그들은 그런 감정을 자기 삶의 원칙으로까지 만들어서는 안된다고 여겼다.

자유와 행복으로 가는 길

제논이 죽고 수십 년, 수백 년이 지나면서 스토아 철학은 변화를 겪었다. 그러나 이 학파의 승리 행진은 계속되었고, 특히 로마에서는 고정된 지위를 차지했다. 그 이유는 스토아학파들이 특히나 사해동포주의, 혹은 세계주의를 표방했기 때문이다. 전세계의 시민이 된다는 것은 세계의 지배자인 로마인들에게 당연히 매력적인 생각이었다. 마르쿠스 아우렐리우스는 이미 젊은 시절의 철학적 훈련을 통해

스토아 철학의 신념들이 몸에 배어 있었다. 그의 스승인 에픽테토스가 여기에 필요한 필수적인 기본 토대를 만들어주었다. 에픽테토스는 미래의 황제에게 철학적 메시지를 일종의 송사로 전해주었고 마르쿠스 아우렐리우스는 지배자가 되어서도 이 메시지를 항상 마음속에 명심하게 되었다.

에픽테토스의 사상에서는 선구자인 제논의 뜻에 지극히 상응되게 언제나 행복이 중요한 역할을 했다. 인간이 행복해지기 위해서는 각자의 모든 행동과 생각이 우주의 이성과 조화를 이루어야 한다는 것이 그의 생각이었다. 우주는 인간이 이해할 수 없는 하나의 질서를 대변하고 있다. 왜 인간은 자신이 변화시킬 수 없는 것을 변화시키려고 시간과 힘을 낭비해야 하는가? 그렇게 하는 것은 단지 분노와 부자유만을 생기게 할 뿐이다. 이런 생각들이 그의 중심 사고를 이루고 있었다. 한편 마르쿠스 아우렐리우스는 공부를 하면서 철학적인 문장들을 따로 적어두는 습관이 생겼는데 에픽테토스의 가르침을 받고 나서 다음과 같은 글을 노트에 적어놓았다고 한다. "피할 수 없는 것에 순응하라! 그러면 너는 자유롭고 행복할 것이다!"

자신에 대한 경고

마르쿠스 아우렐리우스는 로마의 지배자가 되어도 결코 자신의 폭넓은 철학적 기반을 버리지 않을 것이라는 확고한 의지를 가지고 있었고, 마침내 기원후 161년 3월에 안토니우스 피우스의 뒤를 이어 황제가 되었다. 이때 그는 40세였고 28년 전부터 철학자라는 부업을 가지고 있던 참이었다. 그는 전임자인 안토니우스 피우스에 대해 대단히 우호적인 발언을 했는데, 그 이유가 단지 자신이 안토니우스 피우스의 딸 파우스티나와 결혼했기 때문만은 아니었다. 그는 자신의 장인이자 전임자인 안토니우스 피우스의 통치 체계를 높이 평가했고 스토아의 철학적 원칙을 의무로 여기는 황제로서 자신만의 마스터플랜을 세웠다. "모든 일에서 안토니우스의 사위라는 것을 보여주어라!" 마르쿠스 아우렐리우스는 자신만을 위한 특별한 기록장에 이런 글들을 적었다.

"그가 심사숙고한 결정을 실행할 때처럼 고집스럽고, 적절하게 절도를 지키고, 신을 경외하는 너를 보여주어라. 그의 얼굴에 나타나는 밝음, 그의 부드러움을 배워라. 메스꺼운 명예욕으로부터 벗어나 너의 열정을 그처럼 일을 올바르게 이해하는 데 쏟아라."

마르쿠스 아우렐리우스가 이렇게 내용적으로나 언어적으로 대단히 인상적인 글을 썼을 때는 진정으로 인생의 가장 중요한 시기를 맞이했던 것이 틀림없다. 그는 스스로에게 다음과 같은 말로 경고했다. "황제의 위엄에 지나치게 도취되어 근본적인 일에 대한 시선이 차단되지 않도록 주의하라." 혹은 이런 말도 남겼다. "그러므로 단순하고, 착하고, 정직하고, 진지하고, 순수하고, 정의의 친구가 되고, 신들을 경외하고, 선의를 지니고, 사랑스럽고, 너의 의무를 행할 때는 끈기가 있는, 그런 너를 보여주어라. 철학이 네게 원했던 그 모습대로 머물러 있기 위해 투쟁하라. 신들을 존경하고 사람들을 구하라."

완벽한 남편

마르쿠스 아우렐리우스는 실제로 19년 동안의 통치 기간 동안 황제의 위엄 속에 도취된 적이 없었다. 로마인들은 자신들의 지배자에게 만족할 수 있었다. 그는 원로원 위원들과는 의견이 일치되도록 노력했고, 일반 백성들은 그런 그의 배려를 높이 평가했다. 한편 이 철학자 황제는 가정에서도 조화를 이루기 위해 노력했다. 우리가 이미 알고 있듯이 유명인사들의 경우에는 이런 노력이 결코 당연한 일이 아니었다. 황제는 그의 아내 파우스티나와 함께 최소한 14명의 아이들을 낳았다고 하는데, 여기서 '최소한'이라는 제한적 표현이 사용되었다고 해서 황제가 어느 순간에 자식들에 대한 관할능력을 잃어버렸다는 뜻은 아니다. 그보다는 누구와의 사이에서 생긴 아이인지가 분명하지 않다는 의미이다.

기원후 175년에 아내가 죽자 황제는 이 충격을 자신의 철학이 요구하는 대범함으로 극복하였고, 한 전문 역사가는 그의 상황을 공감하면서 다음과 같이 표현했다. "파우스티나의 죽음에 대한 그의 슬픔은 철학적으로 억제되었지만, 그 마음은 진실이었다." 흔히 스토아학파 사람들은 그들의 신념에 맞게 이런 냉정함을 지니고 있었다. 그래서 황제도 거부하기 힘든 아내의 요염한 행동들을 때로는 냉정하게 모른척하기도 했다고 한다.

철학자도 피할 수 없는 전쟁

철학자 황제 마르쿠스 아우렐리우스의 비극은 그의 지배하에서 많은 재앙이 일어났다는 데 있다. 무엇보다도 사람들은 기원후 168년에 수많은 희생자를 냈던 끔찍한 페스트 전염병으로 인해 심한 고통을 겪었다. 그것만으로도 충분히 끔찍한 일이었다. 그런데 여기다가

끊임없이 전쟁이 일어났고, 원래는 스토아 철학자답게 평화의 황제
가 되고 싶었던 인물이 어쩔 수 없이 전쟁을 지휘해야만 했다. 동부
에서는 반복적으로 파르티아인들과 갈등이 있었다. 그러나 가장 심
각한 것은 도나우강의 상황이었다. 여기서는 후에 로마제국에 대단
히 큰 장애가 되었던 게르만족의 대이동의 징조들이 전해오고 있었
다. 게르만족의 부족인 마르코만니족과 쿠아디족이 살아갈 터전을
찾아 몰려들었고 제국 내부까지 쳐들어왔다. 이 시기에는 정치 책임
자들이 직접 전장으로 나가는 분위기였고 마르쿠스 아우렐리우스도
서둘러 로마를 떠나 도나우강 쪽으로 달려갔다. 그는 기원후 170년
에 카르눈툼(오늘날 빈 근처의 페트로넬)에 사령부를 설치했다. 여기서 그
는 게르만족을 상대로 군사작전을 지휘하였다.

지휘관 천막 속에서의 밤

그렇다면 이 로마의 지휘관은 한낮의 전쟁이 끝난 뒤 저녁에는 무
엇을 하며 지냈을까? 이론적으로는 많은 가능성이 있었다. 마르쿠스
아우렐리우스는 자신에게 가장 적합한 가능성을 선택했다. 즉 그는
군사용 천막 안에서 글을 썼던 것이다. 글을 쓸 적절한 상대를 고민
하던 그는 바로 그 대상으로 자기 자신을 택했다. 글의 주제는 황제
마르쿠스 아우렐리우스가 겪은 전쟁에 대한 철학적인 이해라고 할
수 있다. 이 글은 한 번도 출간이 계획된 적도 없었다. 그럼에도 불구
하고 그 내용이 잘 보존되어 왔고 사람들은 여기에 꼭 들어맞지는 않
는《명상록》이라는 제목을 붙였다. 조금 더 적절한 제목을 붙이자면
‘내 자신에게’라는 표현이 더 어울릴 것이다. 왜냐하면 이 글은《명

상록》이라는 제목에서 흔히 암시되듯이 자신의 인격에 대한 관조를 담고 있는 것이 아니라 자신의 행동과 사고에 대한 일종의 감독 지침을 내용으로 담고 있기 때문이다.

이 글은 황량한 전쟁의 야영지에서 쓰였다는 점에 걸맞게 호흡이 긴 철학적인 논문체보다는 전쟁 중에 휴식과 기분전환을 위해 쓴 짧고 쉬운 문장들로 이루어져 있었다. 또한 당연히 그리스어로 쓰였는데, 왜냐하면 일반적으로 이 언어야말로 진정한 철학의 믿을 만한 이해 수단으로 여겨졌기 때문이다. 그러나 이런 전쟁의 분위기 속에서 철학을 하는 것이 가능할까? "우리가 살 수 있는 곳, 그런 곳이면 우리는 철학에 맞게 살 수도 있다. 당신에게는 시골의 정적도, 해변이나 산도 필요 없다. 당신은 당신 자신의 내면으로 침잠하는 법을 배워야만 한다"고 마르쿠스 아우렐리우스는 대답한다.

이렇게 황제는 밤마다 자기 내면으로, 그리고 철학적인 미화의 세계로 귀환함으로써 도나우 강가에서의 불안한 시기를 극복해 나갔다. 그는 낮이 되면 자신의 군대로 하여금 이민족인 사르마트족을 죽이도록 북돋고, 밤이 되면 다음과 같은 글을 썼다. "거미는 파리 한 마리를 잡고 나서 자랑스러워한다. 인간은 토끼나 다른 어떤 동물을 잡았을 때, 그물로 물고기를 잡았을 때, 멧돼지나 곰 혹은 사르마트족을 잡았을 때 자랑스러워한다. 그러나 우리가 그런 사람들의 행동 근거를 관찰해 보면 그들은 모두 도둑이 아니던가?" 현명하게도 그는 이런 생각을 병사들 앞에서는 드러내지 않았다. 그러나 시간이 지날수록 군사적으로 필연적인 일과 철학적으로 소망하는 일 사이에서 마르쿠스 아우렐리우스의 내적 분열은 깊어져 갔다.

두렵지 않은 죽음

전쟁 중에는 어쩔 수 없이 죽음에 대한 생각이 조금은 밀려들게 마련이다. 그러므로 당시에 마르쿠스 아우렐리우스의 성찰과 숙고도 이런 어두운 관점으로부터 자유로울 수 없었을 것이다. 그러나 그의 성찰이 진정으로 어둡기만 했을까? 스토아학파로서 그는 죽음에 대해서도 냉정하게 대처해야만 했다. 인간이 지구에 얼마나 오래 머무는가 하는 것이 왜 그리 중요하단 말인가? "인생은 연극과 같은 것이다." 마르쿠스 아우렐리우스는 그렇게 생각했다. 예를 들어서 우리가 5막으로 되어 있는 한 작품에서 3막이 끝난 뒤에 벌써 무대에서 내려와도 괜찮단 말인가, 라는 질문에 대해서는 이렇게 대답했다. "그렇다. 그런 경우에는 너의 인생에서 바로 그 3막이 작품 전체인 것이다." 그리고 도대체 인간은 무엇이고, 그 인간이 살고 있는 지구는 무엇이고, 현재란 무엇인가, 라는 질문에 대해서는 이렇게 대답했다. "현재는 단지 영원 속의 한 점이다. 모든 것은 작고 가변적이고 영원 안에서 사라지는 것일 뿐이다."

그는 또한 어떤 사람이 죽으면 남겨진 자들은 그 죽음을 기뻐해야 한다는, 사실은 별로 반갑지 않은 내용에 대해서도 언급하고 있다. 그러나 스토아학파의 철학자 마르쿠스 아우렐리우스는 이미 오래전부터 저승으로의 길이 반드시 우울하고 슬픈 분위기 속에서 이루어져야 할 이유는 없다고 생각했다. 만약 자신의 죽음이 가족들의 삶을 가볍게 한다면 그들을 위해 좋은 일을 해야만 한다고 여겼다. 왜냐하면 "어떻게 사람이 그런 상황에서 더 오래 여기에 머물기를 원한단 말인가? 어떤 경우에든 죽을 때는 가족들에게 불친절하게 대하지 말

고, 우정을 소중히 생각하고, 선하고 밝은 너의 평소 모습을 간직하
라. 그리고 강하되 거칠지 않은 부드러운 이별을 하라. 그들과 너를
연결시켜 준 것은 자연이고, 이제 그 자연이 그들과 너를 다시 떨어
뜨려 놓는 것뿐이다. 왜냐하면 이런 일들이 모두 자연의 섭리이기 때
문이다.”

그러나 로마인들은 기원후 180년 3월 17일에 마르쿠스 아우렐리우
스가 시르미움에 있는 겨울 야영지에서 세상을 떠났을 때 기뻐하지
않았다. 반면 그의 아들 코모두스의 경우에는 그 슬픔을 잘 극복했던
모양이다. 왜냐하면 그는 바로 같은 날에 황제 자리에 올랐고 말 그
대로 아버지와는 정반대의 정책으로 역사에 남았기 때문이다. 그는
철학에 대해서는 전혀 관심이 없었다. 그는 권위적인 정부를 세웠고,
자신의 권력을 충분히 활용했으며, 검투사로서 경기장에 등장하는
것을 좋아했다. 그 결과에 맞게 코모두스 황제는 기원후 192년에 한
모반자의 희생자가 되었다.

프로이센의 왕도 황제의 뜻을 따르다

코모두스는 오래 남을 흔적은 아무것도 남기지 못했다. 그의 아버
지와 정반대였다. 그러나 그는 차분하게 다음과 같은 글을 적어놓기
도 했다. “네가 모두를 잊게 될 시간이 가까이 온다. 모두가 너를 잊
게 될 시간이 가까이 온다.”

그러나 오늘날까지도 사람들은 철학자 황제 마르쿠스 아우렐리우
스를 결코 잊지 않고 있는데, 그가 우주와 인간에 대해 시대를 뛰어
넘는 유용한 생각을 많이 했기 때문이다. 그리고 심지어 그를 모범으

로 삼아 따라하려고 노력한 왕들도 있었다. 프로이센의 왕 프리드리히 대제는 7년 전쟁 중에 실레지엔으로 이동할 때 거의 1,600년 전에 쓰인 로마 황제의 《명상록》을 언제나 짐 속에 넣어가지고 다녔다고 한다. 단지 사람들이 가졌던 의문은 그가 얼마나 자주 그 책을 펼쳐 보았을까 하는 것이다.

파우사니아스

기원후 2세기.
그리스의 작가. 로마의 황제시대에 그리스를 두루 여행하고
《고대의 여행 안내서》를 출간하였다.

지금까지의 여행 감상문 중에서 가장 짧은 것은 어떤 것이었을까? 다른 증거가 등장하기 전까지는 기원전 2세기에 로마의 관광객 누모니우스 발라가 이집트의 필레 섬에 있는 이시스 신전에 새겨놓은 간결한 문장이 그 자리를 차지할 수 있을 것이다. 이 감상문은 단 두 개의 단어로 이루어져 있다. 바로 'Hic fui'라는 문장이었다. 라틴어를 잘 아는 사람은 이 문장을 보고 바로 1인칭 단수와 현재완료 시제 형태를 파악할 수 있을 것이다. 그리고 금방 다음과 같이 완벽하게 번역할 수 있을 것이다. "내가 여기에 왔었노라." 그렇게 단 하나의 문장만으로 이 로마 여행자는 자신이 중요하게 여겼던 정보를 후대에 전달했던 것이다.

만약에 모든 여행자들이 그렇게 한정된 방식으로 안내하기를 좋아했다면 고대의 여행문학이라는 장르의 상황은 훨씬 더 나빴을 것이다. 그러나 다행스럽게도 그렇지는 않았다. 그리스인과 로마인들은 여행을 많이 하는 사람들이었다. 그리고 자신들이 방문한 나라와 민족에 대해 자세히 설명하는 일에 어떤 열정을 지니고 있었다. 그래서 이들은 동시대인들로 하여금, 특히나 경제적으로나 시간적으로 여유가 있는 사람들로 하여금 직접 멀리 여행을 가고 싶다는 소망을 갖게 만들었다. 그리고 현장에 가서 예전의 여행자들이 미리 알려준 볼거리와 도중에 만날 나라와 사람들에 대한 중요한 정보 덕분에 목적지를 찾게 될 때 사람들은 고마움을 느꼈다. 그러므로 의심의 여지가 없는 사실은 여행 기행문이라는 문학적인 장르가 고대의 발명품이었다는 점이다.

상식과 다른 이집트

자기중심적으로 여행 감상문을 남겼던 누모니우스 발라가 이집트에 대한 제대로 된 보고서가 어떤 것인지 알고자 했다면 그리스의 역사가 헤로도토스를 통해서 많은 것을 배울 수 있었을 것이다. 헤로도토스는 기원전 5세기 중반에 '나일강의 기적'의 나라 이집트를 여행했고 돌아오는 길에 그를 부러워하면서 집에 머물러 있을 사람들을 위해 흥미롭고 새로운 것들을 짐에 가득 담아 왔다. 사실 그는 그리스와 페르시아 사이의 전쟁에 대한 이야기를 쓰고 있었다. 그러나 이 시기에 이집트는 페르시아의 지배하에 있었고 그는 오래된 파라오의 나라를 직접 가서 관찰하는 것이 좋겠다고 생각했다. 그는 호기심이 많은 사람일 뿐 아니라 비판적인 사람이기도 했다. 때문에 사정을 정확하게 알고 싶었고, 결국 그리스 전체에서 최고의 이집트 전문가가 되기까지 현장에서 상세한 조사를 했으며, 그곳 사람들과 인터뷰를 했고, 많은 보고문들을 읽었다.

이런 방식으로 여행자들을 위한 이집트 안내서가 만들어졌다. 또한 이 책은 집에 있는 편안한 소파에 앉아서 신비한 피라미드, 신전, 성스러운 동물들의 세계 속으로 빠져들고 싶은 사람들을 위한 것이기도 했다. 헤로도토스는 이 책에서 이집트의 지리학적 상황에 대해 설명했고, 해마다 반복되는 나일강의 범람현상에 대해서도 자세히 언급했으며, 이집트 민족의 호기심과 특징을 소개했다. 여기서 깊은 인상을 받은 그리스 독자들은 이집트에서는 모든 것이 지극히 독특한 그들만의 방식으로 펼쳐진다는 것을 알게 되었다. 이집트의 하늘이 다른 나라의 하늘과 다른 것처럼 강물도 다른 강들과는 다르게 흐르고, 그래서 이집트인들의 도덕과 관습도 대부분 다른 민족들과 대조를 이룬다고 헤로도토스는 설명했다.

아마도 이런 새로운 이야기는 그때까지 '조화로웠던' 그리스인들의 가정에 심각한 갈등을 불러일으켰을 것이다. 그의 이야기에 따르면 이집트인들의 경우에는 여자들이 시장에 나가서 무역을 하고 남성들은 집에 앉아서 옷감을 짰기 때문이다. 여행을 하면서 동시에 주변의 모습을 주의 깊게 살피던 역사가 헤로도토스는 중요한 정보라고 여겼던 것들을 이 책에 담았는데, 예를 들면 이집트인들이 귀찮은 모기들을 피하는 방법(그들은 생선 그물을 이용했다)과 이집트의 물고기들이 짝짓기를 하는 방식 등의 이야기들이었다.

이집트 관광 붐

그러나 헤로도토스의 글이 일상생활과 자연의 묘사에만 국한되어 있었던 것은 아니다. 특히 나라 곳곳에서 드러나는 종교적 특징이 그의 눈에 띄었다. 그는 여기에 대해 대단히 다양한 정보를 제공했는데 그래서 어쩌면 읽는 사람이 혼란스러웠을지도 모른다. 그러나 예를 들어서 시체에 발삼(방부제)을 바르고 미라로 만드는 과정의 상세한 묘사는 독자들의 기억 속에 오래 남아 있었을 것이다. 또한 헤로도토스가 사실을 확실히 밝혀두기 위해서 덧붙인 말은, 그가 이집트의 모든 체류 장소마다 만났던 수많은 소중한 명소와 유적에 자신의 이름과 자신이 방문한 사실을 영원히 남기고 싶은 유혹을 단호히 거부했다는 것이었다.

그 대신에 그는 이미 당시에 널리 퍼져 있던 이집트에 대한 열광을 더욱 부추기게 되었다. 왜냐하면 헤로도토스의 책이 나온 이후로 아주 많은 관광객들이 이집트로 여행을 가게 되었고 눈치가 빠른 사람들은 이런 기회를 이용해서 돈 되는 장사를 할 수 있을 정도였다. 그래서 이집트 관광이 호황을 누리게 되었고 이때 관광 안내자가 받았던 강습 중에는 예를 들면 관중들에게 꽤 비싼 볼거리를 제공하기 위해 신성한 동물들에게 먹이 주는 법 배우기 등의 내용도 포함되어 있었다. 그러므로 상업적 목적의 관광의 모든 역사는 기원전 5세기 이집트에서 시작되었다고 할 수 있다.

헤라클레이데스의 안내서

그러나 이런 모든 노력에도 불구하고 헤로도토스는 고대시대 최고 여행작가 자리에는 오를 수 없었다. 또한 그 스스로 그런 자리를 원한 적도 없었다. 그는 기본적으로 자신을 단지 향토학에 관심이 많은 성실한 역사가로 여겼기 때문에 이런 평가에 대해서도 분명히 크게 기분 나쁘지는 않을 것이다. 우리는 또한 이 최고의 명예를 작가 헤라클레이데스에게 부여하는 데도 주저하게 된다. 그는 모두가 알고 있는 고대 철학자와 동명이인인 탓에 보충적으로 '크리티코스'라는 이름이 덧붙여져 불리곤 했다.

헤라클레이데스 크리티코스는 당대에 여행작가로서 결정적인 영향을 미쳤고 우리는 그런 사실을 인정하면서도 그에게 이런 영예를 허용하지 못하는데, 이는 어쩐지 부당한 일처럼 보이기도 한다. 헤라클레이데스는 '페리에게세(periegese)'라는 장르의 창시자라고 말할 수 있고 그 때문에 일종의 트렌드세터라고 볼 수 있기 때문이다. 헤라클레이데스 크리티코스가 이런 '여행 안내'의 문학을 인기 있고 대중적인 것으로 만든 때는 학술적으로 대단히 혁신적이었던 기원전 3세기, 그러니까 헬레니즘 문화의 전성기였다. 사실 그리스어인 '페리에게세'는 다름 아닌 '안내하며 돌아다니다'의 뜻이었다. 이때부터 그 말이 여행에 대한 보고서를 뜻하는 말로 일반화되어 정착되었다. 사실 이런 사례는 항해 기록을 뜻하는 오래된 단어 페리플루스(periplus)의 경우와 유사하다(페리플루스는 원래 '배를 타고 돌아다니다'는 뜻이었다. 단 목적지 없는 항해 혹은 특별한 방향이 없는 항해가 아니라 선원들의 생명을 위험하게 할 수 있는 해안가나 해변, 암초, 절벽, 큰 장애물들을 피해서 돌아가는 항행을 의미했다).

특히 헤라클레이데스 크리티코스의 적극적인 노력 덕분에 페리에게세는 기행문학의 한 전문 분야가 되었다. 이 분야에 속했던 그리스의 여행 안내서들은 그후 다시 새로운 유행을 접하게 되었다. 당시까지는 안내서 안에서 독자 혹은 청취자에게 유명한 곳과 볼거리를 소개하는 허구의 안내자만이 있었다. 다른 말로 하자면 책 속의 여행이 실제로는 전혀 일어나지 않았다는 말이다. 이런 방식은 작가가 여행을 직접 가는 수고를 줄여주는 장점이 있었다.

그러나 헤라클레이데스는 독자에게 더 많은 진실성과 정직성이 담긴 정보를 선사하기 위해 실제로 감행한 여행의 결과를 글로 쓴 최초의 인물이었다. 이때 그가 그렇게 멀리까지 여행을 했던 것이 헤로도토스와 같은 인물의 영향 때문은 아니었다. 그는 한마디로 아름다운 그리스를 묘사하고 싶었던 것이고 《그리스의 도시들에 대하여》라는 제목의 최종 작품은 그리스인들에게는 아주 특별한 종류의 향토학 서적이었던 셈이다. 이 책 속에서 안내자가 지킨 원칙은 바로 오늘날에도 기행문학의 발행인들이 주의를 기울이고 있고 기울여야 하는 점이었다. 즉 이 책은 분명하고 이해하기 쉽고 전체를 조망할 수 있게 쓰였다. 처음에는 각각의 도시들 사이의 거리가 소개되었고, 그 다음에는 도로와 경치, 농업 생산품, 유명한 도시들과 주민들에 대한 이야기들이 소개되었다. 그리고 이 모든 내용이 개관적이면서도 경치와 그곳의 역사와 관련된 시인들의 인용문을 통해 더욱 풍성해졌다.

무명의 대가

그렇다면 우리가 이렇게 공적이 많은 헤라클레이데스 크리티코스를 사후에 고대의 여행 안내서 작가의 선구자로 부르는 일에 문제가 되는 것이 무엇일까? 사실 여기에는 적지 않게 중요한 이유가 있다. 즉 안내서 문학이라는 장르를 크게 발전시켰고 그럼으로써 높은 공적을 쌓았던 헤라클레이데스 크리티코스를 잊혀진 인물로 만든 한 작가가 몇백 년 뒤에 바로 나타났던 것이다. 다름아닌 그리스인 파우사니아스가 그 주인공으로 오늘날에도 사람들은 흔히 그의 저서 때문에 그를 '고대의 베데커'로 간주하고 있다. 이런 호칭은 대단한 영광이기도 하다. 왜냐하면 칼 베데커는 1827년에 코블렌츠에서 여행 안내서를 위한 출판사를 설립한 사람이었고, 이 출판사는 점점 더 치열해지는 경쟁 속에서도 그후 주도적인 역할을 했기 때문이다.

그러나 고대의 여행 안내 문학의 왕이라고 할 수 있는 파우사니아스의 자세한 전기를 써보려는 계획은 큰 타격을 입을 수밖에 없다. 그 스스로에 대해서는 한 인간으로서 거의 무명인이나 다름없을 만큼 남겨놓은 정보들이 거의 없었다. 사람들이 알고 있는 그의 개인 정보는 거의 대부분이 문헌학의 도움으로 극도의 정밀함과 날카로운 통찰력을 이용해 그의 작품으로부터 추려낸 것들이었다. 그의 이 광범위한 작품은 《페리에게세》라는 제목이 붙여졌고 오래된 필기체로 쓰여 있었다. 그의 선배인 헤라클레이데스의 작품과 마찬가지로 그리스 여행 안내에 대한 책이었다. 그래서 흔히 《그리스 안내기》라고도 불린다. 그리고 우리는 그 사이 파우사니아스가 이 책에서 설명한 모든 내용을 직접 현장에 가서 조사했다고 확실히 추측할 수 있게 되었다. 그러므로 오랫동안 이 책에 대해 우려해 왔던 비관주의자들도 파우사니아스의 실제 여행이 이 책의 출발점이었다는 점에 대해서는 안심해도 좋을 것이다. 말하자면 그는 헤라클레이데스가 세운 직접 체험의 원칙을 지켰던 것이다. 즉 안내서에는 오로지 작가가 직접 본 것만을 써야 한다는 원칙에 충실했다는 뜻이다.

풍족한 여행작가

'고대의 베데커'라는 호칭 뒤에 숨겨져 있던 인물 파우사니아스에 대한 정보가 절대적으로 부족함에도 불구하고 그가 기원후 2세기 후반부에는 여행 중이었음이 틀림없다. 사람들은 신중하게 그의 출생과 사망 시기를 기원후 약 115년에서 180년으로 추정했다. 그러므로 파우사니아스가 여행 안내자로서 자신의 저서에서 문학적으로 표현했던 그리스는 더 이상 전통적으로 자유로운 그리스가 아니었고 우리가 흔히 말하는 것처럼 유럽 문화의 요람 혹은 철학과 문학, 건축의 최고봉이 더 이상 아니었다. 그럼에도 여전히 자부심이 강했던 그리스인들은 당시에 정치적으로 로마의 지배를 받고 있었다. 그러나 이들에게는 아직도 보여줄 만한 수많은 문화유산과 명소들이 있었다. 이런 것들을 보여주는 것, 그것이 아마도 안내서를 쓰게 된 파우사니아스의 동기 중 하나였을 것이다.

파우사니아스 자신은 그리스라는 모국에서 태어나지 않았고 아마도 소아시아, 더 정확히 말해서 리디아에서 태어난 것으로 보인다. 리디아는 전설적으로 부유한 왕 크로이소스의 고향이었다. 그러나 기원후 2세기에 이 지역은 이미 오래전에 그리스화 되어 있었다. 파우사니아스는 안내서에서 자신이 단지 그리스에 대해서만 잘 알고 있는 것이 아니라는 점을 암시하고 있다. 그는 이 책에서 로마, 시리아, 팔레스티나, 그리고 이집트 여행에 대해서도 말하고 있다. 현대의 파우사니아스 연구팀은 그가 이런 여행들을 감당할 수 있었다는 것은 그의 재정상태가 대단히 풍족했음을 보여주는 증거라고 평가하고 있다.

소파에서의 그리스 여행

파우사니아스는 책에서 자신이 직접 찾아갔던 순서대로 그리스의 여행지를 소개하였다. 그가 선택한 장소들은 오늘날의 문화역사적인 범주에서 보아도 최상의 명소들이었다. 에게해의 섬을 포함하여 명성과 권위가 있는 모든 곳이 들어 있었다. 선배인 헤라클레이데스와 비교했을 때 그가 특별히 뛰어난 점은 정보의 상세함과 더불어 자신이 찾아낸 장소에 대해 풀어놓는 역사적이고 신화적인 이야기 꾸러미였다. 실제로 그는 한 신전 혹은 기둥 하나를 지나갈 때에도 역사적인 배경을 설명하지 않고 가는 법이 없었다.

그 결과 파우사니아스의 책을 읽으면서 그리스를 여행했던 고대의 독자들은 많은 시간을 필요로 했을 것이다. 왜냐하면 사람들이 그의 안내를 따라서 한 중요한 명소로 가자마자 그는 바로 자신의 깊이 있는 박식함을 여행객에게 쏟아붓듯이 발휘하기 때문이다. 그러면 이 여행객이 아무리 지적 욕구가 높은 사람이라 해도 조금은 부담스러울지도 모른다. 혹시 우리가 그의 안내서를 실제 여행 자체를 위해 쓰여진 것이라고 가정한다면 잘못된 생각일까? 그렇다. 그런 생각은 오해이다. 고대의 여행 안내서는 사람들이 이 안내서의 설명을 따라 직접 여행갈 것을 염두에 두고 쓰여진 것이 아니었다. 그보다 사람들은 편안하게 집에서 소위 가상의 그리스 여행을 즐겼다고 한다. 그러기 위해서는 어느 정도의 상상력이 필요했겠지만, 바로 그 때문에 파우사니아스와 같은 사람의 도움이 필요했을 것이다.

독자를 위한 배려

파우사니아스는, 실제로 여행을 하지 않고 책을 통해서라도 여행을 하고 싶은 사람들에 대한 배려를 마음속 깊이 하고 있었다. 이런 점은 예를 들어서 그가 스파르타 근처의 작은 지역 아미클라이에서 보고 감탄했던 '아폴론의 왕좌'를 묘사했을 때 잘 드러났다. "앞과 뒤에는 두 명의 카리스 여신과 두 명의 호라이 여신이 그것을 들고 있었고, 왼쪽에는 에키드나와 티포스, 오른쪽에는 트리토넨이 서 있다." 이 시점에서 그는 집에 있는 독자들의 인내심을 너무 심하게 자극하지 않는 것이 좋겠다고 생각했다. 그래서 다음과 같은 말로 안심을 시켜주기도 했다. "각각의 개별적인 조각 모양을 더 자세히 묘사하는 것은 독자들에게 부담스러울 것이다." 우리가 현대의 많은 여행 안내서에게도 바라고 싶은 이런 배려를 독자들은 분명히 고마워했을 것이다.

파우사니아스는 기원후 2세기의 유명한 후원자 헤로데스 아티쿠스에 의해 아테네에 건설된 경기장을 묘사할 때도 이와 똑같은 배려를 했다. "단지 듣는 것만으로는 그렇게 깊은 인상을 받지 못하겠지만 대리석으로 만든 경기장은 기적을 보는 듯하다." 그리고 그는 이 운동 경기장의 규모에서 받은 인상을 전달하기 위해 이렇게 짧게 언급했다. "저 위에 일리소스강 위에 산이 하나 있고, 그 산은 달의 형태로 시작되어 똑바로 강 언덕으로 뻗어 있다."

세계적 불가사의에 대한 묘사

그러나 파우사니아스가 항상 그렇게 독자들을 배려하여 상세한 묘사를 자제할 수 있었던 것은 아니다. 특히 그가 대단히 유명한 기념물 앞에 섰을 때는 그런 욕구를 자제하기가 힘들었다. 더군다나 고대의 7대 불가사의 중 하나인 페이디아스의 제우스 신상 앞에서는 학식을 갖춘 남자로서 어떻게 열광하지 않을 수 있었겠는가? 사실 미술사학자와 인류학자들은 이 신상의 정확하고 상세한 묘사에 대해 오히려 파우사니아스에게 감사해야 한다. 만약 그의 이런 묘사가 없었다면 지금은 사라져버린 이 그리스 예술의 걸작이 어떤 모습이었는지를 전혀 알 수 없었을 테니까 말이다.

"제우스 신은……" 파우사니아스는 이렇게 시작한 제우스 신상에 대한 묘사를 더 이상 빨리 끝낼 수 없었다. "옥좌에 앉아 있고, 황금과 상아로 만들어져 있으며, 머리 위에는 올리브 가지 형태의 화관이 놓여 있다. 오른쪽 손에는 역시 상아와 금으로 된 리본을 들고, 머리에는 월계관을 쓴 승리의 여신 니케 상을 받치고 있다. 신의 왼쪽 손에는 주로 금속 상감으로 장식된 왕홀이 있다. 왕홀의 꼭대기에는 독수리가 앉아 있다. 신의 샌들과 그의 의상도 금으로 만들어져 있다. 옷에는 그림과 선들이 그려져 있다……."

아주 한참 뒤에야 비로소 그는 최종 부분에 이른다. "이 예술조각상 앞의 바닥에는 하얀색이 아니라 검은색 돌이 깔려 있다. 검은색 돌 주위에는 파리의 대리석으로 된 테두리가 둘러져 있는데, 이것은 조각상을 적셔줄 기름을 담아두기 위한 울타리이다. 왜냐하면 기름은 조각상을 보전하는 데 유용하고, 질척한 자연기후 때문에 상아가

손상되는 것을 막아주기 때문이다."

오류와 혼란

이런 설명 덕분에 파우사니아스의 모든 독자들은 올림피아의 제우스 신상에 대해 자세한 내용을 알게 되었다. 물론 파우사니아스도 사람들이 그의 여행 안내서를 현장에서 방향과 정보를 얻는 이 책 고유의 목적으로 사용한다고 해도 전혀 반대할 이유는 없었다. 단지 파우사니아스의 설명에만 의지한 채 현지인들에게 길을 확인하는 질문도 하지 않는 여행객은 문제가 생길 수 있고 극단적인 경우에는 안내서에 언급된 장소와 명소들을 전혀 찾지 못할 위험도 있었다. 물론《페리에게세》의 출간 후에 한 무리의 절망한 여행객들이 그리스를 돌아다니다가 길을 잃었고, 파우사니아스가 방문했던 장소들을 찾아다니다가 허탕을 쳤다는 것은 조금은 과장된 이야기이다. 그러나 파우사니아스가 정확한 길 안내와 경로 설명에서는 대단히 인색했던 것이 사실이다. 그의 책에는 거리 표시도 아주 드물었다. 다른 한 건물로부터 "아주 가까운 곳에" 신전 하나가 있다는 식이었다. 집에 있는 독자들에게는 이런 점이 별로 방해가 되지 않았지만, 현장에서는 그 결과가 대단히 심각할 수 있었다.

제우스가 뻐꾸기가 된 곳

그러나 파우사니아스는 자신이 원하기만 하면 얼마든지 정확한 표현을 할 능력이 있었다. 예를 들어서 파우사니아스의 책을 읽고도 여행객이 할리케(또는 할리에이스라는 이름으로 전해지기도 한다)를 찾지 못했

294

다면 그것은 여행객 자신의 잘못임이 분명했다. 파우사니아스는 아르골리스에 있는 이 별로 중요하지 않았던 항구도시를 일찍부터 자신의 방문 프로그램에 포함시켰다. 왜냐하면 그는 한 곳을 소개할 때 전체적인 묘사를 하려고 노력했고 그런 이유에서 건축학적이고 문화 역사적으로 저명한 곳과 더불어 조금 더 작은 장소들의 가치도 인정해야 된다고 생각했기 때문이다. 이런 측면에서 파우사니아스가 할리케에 대해 설명한 부분은 자세한 정보 전달이라는 전형적인 방식을 보여주는 뛰어난 자료이기도 하다.

"우리가 헤르미오네로부터 곧게 나 있는 길을 약 7스타디온 정도 걸은 후 왼쪽으로 꺾어지자 거기에 할리케로 가는 길이 있었다. 할리케는 오늘날 아무도 살고 있지 않은 도시다. 그러나 옛날에는 사람들이 살았던 것이 분명하다. 왜냐하면 의술의 신인 아스클레피오스의 치료 사례를 적은 비문의 글이 고대 도시인 에피다우로스에 있었는데 여기에 할리케라는 이름이 등장하기 때문이다. 그 외에는 할리케라는 도시나 할리케 출신 남성들에 대해 언급된 중요한 비문은 없다. 또한 프론과 과거에 토르낙스라고 불리던 산악지대 사이에 있는 길도 할리케로 향한다. 특히 제우스가 여기서 뻐꾸기로 변신했다고 전해진 이후로 이 산도 유명해지게 되었다. 지금도 여전히 이 산꼭대기에는 성전들이 있는데, 뻐꾸기 산 위에는 제우스 신전이, 프론에는 헤라 여신의 신전이 있다."

호텔도 여관도 없는 여행 안내서

파우사니아스는 책을 많이 읽고 높은 학식을 갖춘 여행 안내자였

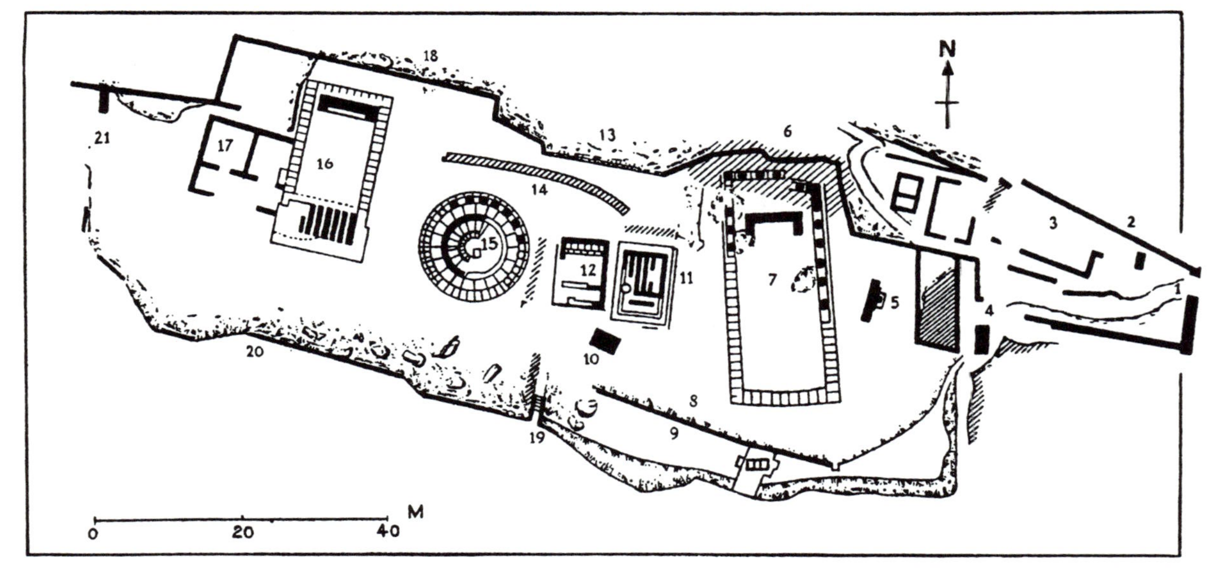

아테나 프로나이아 신전, 델포이

1. 북동문
2. 그리스의 북동쪽 성벽
3. 동쪽 테라스
4. 동문
5. 제단
6. 1905년 산사태
7. 첫번째 아테나 신전
8. 아르카이크시대의 성채 장벽
9. 하층 테라스
10. 대형 기둥받침대
11. 도리스의 보고(보물을 모아놓은 곳)
12. 아이오리스의 보고
13. 무너진 성벽
14. 화단으로 만들어진 성벽
15. 톨로스(원형 건축물)
16. 두 번째 아테나 신전
17. 소위 사제들의 거처
18. 그리스의 북서쪽 성벽
19. 계단
20. 고전시대의 성채 장벽
21. 체육관으로 가는 출구

다. 독자, 청취자, 여행객들은 그의 책을 통해 역사, 문화, 건축, 그리고 종교에 대한 모든 소중한 지식들을 접할 수 있었다. 그러나 당시에 그의 흔적을 따라 그리스를 여행했던 사람들은 여행 중의 숙박만큼은 스스로 해결할 수밖에 없었다. 식사와 숙박처럼 일상적인 문제는 파우사니아스와 같은 사람에게 큰 의미가 없었다. 때문에 그의 안내서에는 식당이나 호텔에 대한 이야기가 나오지 않는다. 물론 올림피아나 델포이와 같은 유명한 곳에는 당시에도 이미 여관과 식당이 최고로 발달되어 있었지만 말이다. 이런 측면에서 파우사니아스의 모방자들은 보다 더 실용적인 면을 보완했다. 그래서 기원후 4세기에 예루살렘이나 다른 성지로 여행하려는 그리스도교의 순례자들을 위한 지침서에는 여행자들의 건강을 배려하여 쉴 곳이 적절하게 표시되어 있었다.

　이런 중요한 세심함이 없이도 그리스 여행 안내서인 페리에게세 형태의 기행문학은 고대에, 그리고 중세까지도 큰 인기를 누렸다. 비록 이 분야에서 선구적인 역할을 했던 대가 파우사니아스는 어느 정도의 시간이 흐르자 사람들의 관심으로부터 멀어졌지만 말이다. 기원후 6세기에 비로소 비잔틴의 작가들이 그를 다시 발견해 냈다. 그리고 그때 이후로 파우사니아스라는 이름은 고정된 개념이 되었고, 오늘날 편안한 소파에 앉아서 그리스로 그림 여행을 하는 사람은 모두 의식적이든 무의식적이든 그의 작품으로부터 영향을 받고 있는 셈이다.

대중목욕탕
카라칼라

기원전 188 - 217년.
로마의 황제. 카라칼라 욕장을 통해 당대 복지문화의 새로운 기준을 세웠다.

카라칼라는 알렉산드로스 대왕처럼 되고 싶었다. 이런 소망을 가진 로마의 황제는 그 혼자만이 아니었다. 율리우스 카이사르도 그 유명한 마케도니아 왕 알렉산드로스의 뒤를 따르고 싶다는 꿈이 있었다. 항상 풍성하게 넘쳐나던 고대의 소문들에 따르면 카이사르가 아직 그다지 유명하지 않았을 때 우연히 스페인에서 정복자 알렉산드로스 대왕의 흉상을 발견했다고 한다. 전기작가 수에토니우스는 카이사르가 이 상황에서 어떻게 반응했는지를 특히 자세히 설명하고 있다. "그는 한숨을 내쉬었고 자신의 나태함에 싫증을 냈다. 왜냐하면 알렉산드로스가 이미 그 모든 지역을 정복했던 나이에 그는 아직 아무것도 해낸 것이 없었기 때문이다." 카이사르가 이런 우울한 깨달음에 사로잡혀 있을 때가 이제 막 31세가 된 시점이었고, 실제로 알렉산드로스 대

"

왕은 같은 나이에 동양에서의 대대적인 정복사업을 완성했다. 그러나 알려져 있듯이 카이사르는 자신의 무기력함을 빠르게 극복하였고 갈리아에서 크게 승리했다. 그 덕분에 그는 정신적으로 안정을 되찾았고 정복 지역에 로마의 문명을 전달해 줄 수 있었다.

본보기가 된 알렉산드로스 대왕

카이사르가 죽은 지 200년 이상이 지나고, 다시 알렉산드로스가 죽은 지 500년 이상이 지났지만 카라칼라의 경우에는 위대한 마케도니아의 왕 알렉산드로스에 대한 추종이 거의 병적일 정도였다. 명성이 자자했던 세베루스 왕조의 후손인 그가 스스로를 매우 공개적이고 진지하게 알렉산드로스 대왕의 화신이라고 주장하는 모습을 로마 시민들은 놀란 눈으로 바라보아야 했다. 믿을 만한 자료에 따르면 그는 이마에 주름을 만들고 머리를 자주 왼쪽으로 기울이는 자세를 취했는데, 이는 알렉산드로스 대왕의 인상과 비슷하게 보이려는 의도 때문이었다.

그러나 황제의 이런 이상한 습관이 아직은 중요한 정치적 결과를 가져오지는 않았다. 그가 1만 6,000명의 로마 병사들로 엘리트 부대를 만들고 당시 높은 로마 군사 기술을 거부하고 수백 년 전 알렉산드로스 대왕의 병사들이 사용했던 무기들로 무장시킨 것은 기이한 일이긴 했지만 그다지 해로운 일은 아니었다. 이 걸어다니는 군대 박물관은 대단히 의욕 넘치는 코끼리 부대의 합세로 완벽한 모습을 갖추게 되었다. 왜냐하면 카라칼라는 알렉산드로스가 한니발 장군보다 훨씬 오래전에 이 동물들을 효과적인 전쟁무기로 투입했던 것을 알고 있었기 때문이다.

페르시아의 견해

그러나 그후에 카라칼라가 실제로 이 군대를 데리고 페르시아 제
국을 상대로 원정을 감행했을 때는 상황이 위협적인 수준에 이르게
되었다. 그가 알렉산드로스를 모방하려는 측면에서는 논리적인 일이
지만 군사적으로는 대단히 위험한 일이었다. 이때 그의 제국주의적
욕망의 상대가 되었던 것은 지난 과거 동안 로마인들의 삶을 자주 힘
들게 했던 아르사케스 왕조가 이끄는 파르티아였다. 처음에 황제는
외교적인 방식으로 해결하고자 했다. 당대에 현존하는 최고의 알렉
산드로스 전문가로서 카라칼라는 당연히 전설적인 사건인 '수사의
집단 결혼'의 기획자였던 알렉산드로스 대왕이 과거에 자신에게 패
배한 페르시아의 대왕 다리우스 3세의 딸과 결혼했던 일을 알고 있었
다. 그래서 카라칼라도 이런 측면에서 알렉산드로스 대왕을 따라 하
려고 애썼고 현직에 있는 파르티아 왕에게 그의 딸을 아내로 맞이하
겠다는 제의를 했다. 그러나 파르티아 왕은 그의 대범한 제안의 가치
를 제대로 인정하지 않고 거부의사를 밝혔다. 그러자 카라칼라는 바
로 전쟁을 시작했다. 알렉산드로스 원정의 사례를 따른다면 이 전쟁
은 즐거운 성공으로 끝나야 했을 것이다. 그러나 불행히도 자칭 '신
알렉산드로스'는 217년에 자기 형제들 중 한 사람에 의해 살해되었
다. 이런 방식으로 그는 자신의 우상과 똑같이 젊은 나이에 세상을
떠나는 호사를 누리게 되었다. 왜냐하면 살해를 당했던 시점에 그는
막 29세가 되었기 때문이다.

천재적인 속임수

그렇다면 우리는 카라칼라가 지배했던 6년의 통치 기간을 그저 역사의 재미있는 각주 정도로만 이해해야 하는 걸까? 그는 진정으로 알렉산드로스에 대한 광적인 숭배 이외에는 아무런 다른 흔적도 남기지 않았을까? 그렇다면 정치적으로 이룬 것도 별로 없고, 권력욕 때문에 자신의 형제에 의해 살해되었으며, 그 외에 전제정치를 펼쳤고, 전해지는 인물화에서 마치 염세주의자처럼 우울한 표정을 짓고 있는 한 왕에게 역사적인 관심을 쏟는 것이 가치가 있을까?

늦어도 이쯤에는 우리를 진정시켜 줄 말이 필요할 것이다. 이런 많은 질문에 대한 답을 얻는 데 있어서 지나친 비관주의는 황제 카라칼라가 담당했던 역사적인 역할을 생각할 때 결코 정당한 일이 아니다. 왜냐하면 실제로는 마르쿠스 아우렐리우스 안토니우스라는 이름을 가지고 있었고 특히 켈트족이 입는 외투를 좋아해서 이 의상으로부터 유래된 별명인 '카라칼라'가 원래의 이름처럼 알려지게 된 그는 광신적인 알렉산드로스 숭배에 대한 희미한 기억보다 더 오래 지속될 만한 업적을 남겼기 때문이다.

재정 담당 정치가들과 시민권자들(가장 원초적인 의미에서)에게 '카라칼라'라는 이름이 중요한 의미를 지니는 것은, 이 황제가 진정으로 획기적인 법안의 발의자라는 사실이다. 기원후 212년에 극히 소수의 예외를 제외하고는 위대한 로마제국의 모든 자유로운 주민들에게 로마 시민권이 부여되었다. 그럼으로써 로마 문명의 화려했던 확장의 과정이 끝나게 되었다. 이제 시리아와 스페인 사이, 브리타니아와 북아프리카 사이에 있는 모든 사람들이 로마의 통일된 민족이 되었다.

그런데 카라칼라 법에 대한 이러한 아름다운 해석을 전문지식이 풍부했던 역사가 카시우스 디오는 근본적으로 부정했다.

카시우스 디오의 의견에 따르면 이런 조치는 그저 단순하고도 천재적인 국가적 차원의 속임수라고 했다. 황제는 바로 그 직전에 상속세를 5퍼센트에서 10퍼센트로 높였다. 그때까지 비로마인들은 이런 세금 납부 의무로부터 자유로웠다. 그러나 이제 모든 제국의 주민들이 로마인이 되었고, 새로 로마인이 된 많은 사람들이 마치 입회선물처럼 낼 많은 세금이 황제의 주머니로 들어가게 되었던 것이다. 카시우스 디오는 그리스인으로서 능숙한 사교성과 대범함을 지니고 있었기 때문에 대단히 비열한 카라칼라의 행동을 다음과 같이 온건하게 표현함으로써 더 날카롭게 평하고 싶은 유혹을 참아냈다. "겉으로 보기에는 큰 영예인 것 같지만 실제로 그는 이런 방법으로 자신의 수입을 올리려 했다."

카라칼라 욕장

그런데 적어도 한 가지 면에서는 카라칼라가, 진정으로 고대시대에 한없는 즐거움의 대상이었고 현대에 이르기까지도 무한한 감탄의 대상인 어떤 것을 완성시킴으로써 긍정적인 역할을 했다. 바로 고대 로마의 웰니스 문화의 중심지라고 할 수 있는 '카라칼라 욕장'의 건설이었다. 오늘날 이곳의 관람은 모든 여행 안내서에서 티베르강의 영원한 도시 로마에서의 관광의 절정으로 칭송되고 있다. 로마에 가서 카라칼라 욕장을 보지 않는 것은 심각한 의무불이행의 범주로 분류될 정도였다. 20세기 초에 세워진 파르코 디 포르타 카페나의 한가운데에 위치해 있는 이곳은 과거에 그렇게 웅장했던 시설이 시간이 흐르면서 조금은 낡았다. 그러나 건물 자체는 여전히 로마의 대표적 건축물로서 화려하고 엄청난 규모 그 이상이 전달되기에 충분한 모습을 유지하고 있다. 그래서 카라칼라 욕장을 단지 '목욕탕'이라고 말하는 것은 대단히 모욕적인 일일 것이다.

카라칼라 황제가 로마 외곽에 이 건물을 짓는 계획을 세우면서 어떤 생각을 했는지는 다음과 같이 간단히 표현할 수 있다. 그는 로마 시민에게 지금까지 보지 못했고 직접적으로 이익을 얻을 수 있는 무엇인가를 해주고 싶었다. 그러나 그는 분명 정치가였지 복지가가 아니었기 때문에 이런 대범한 계획 뒤에는 확실한 실용적 목적도 숨어 있었다. 절대주의적인 인상을 주는 자신의 태도 때문에 끊임없이 귀족들과 갈등해 온 지배자로서 그는 일종의 보완책으로 중류층과 하류층에 속하는 대중의 호감이 필요했다. 자신이 기증하는 이 대욕장을 통해 카라칼라는 단순한 사람들의 마음에 확고한 자리를 차지하려는 의도를 가지고 있었던 것이다.

현대적 시설의 웰니스 센터

그리고 그의 욕장 건설이 성공적이었던 것은, 유사한 다른 업체들과는 달리 그의 대욕장에서는 입장료를 지불할 필요가 없었기 때문

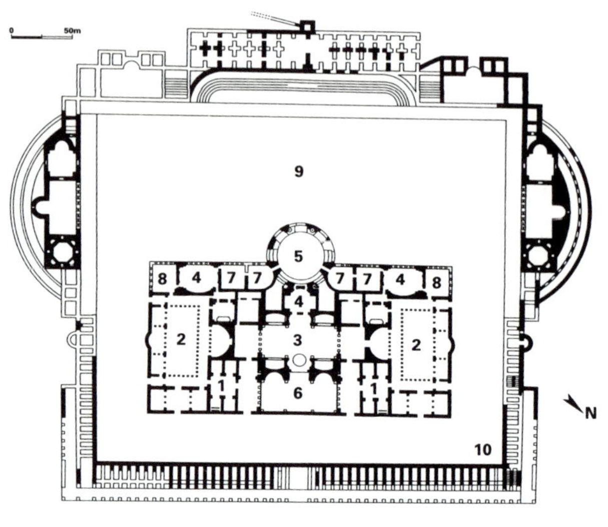

카라칼라 욕장

1. 탈의실   4. 미지근한 물이   6. 야외 목욕탕   9. 정원
2. 홀   들어있는 욕조   7. 사우나   10. 오늘날의 입구
3. 냉탕   5. 온탕   8. 마사지실

만은 아니었다. 카라칼라 욕장은 방문객들에게 현대의 웰니스 센터와 비교해서도 결코 뒤지지 않을 정도의 서비스와 편안함을 제공했다. 이미 건축의 규모 자체만도 대단히 깊은 인상을 주었다. 외형적으로는 전체 건물이 거의 정방형의 모양으로 337미터의 폭과 328미터의 깊이를 지니고 있었다. 계산에 따르면 이곳에는 1,500명의 방문객이 동시에 들어갈 수 있었다.

물론 방문객들은 여기서 목욕을 할 수도 있었다. 이 말은 로마식 관습에 따르자면 단지 욕탕에 몇 번 몸을 담갔다가 다시 옷을 입고 집으로 가는 방식이 아니었다. 로마식 목욕이란 항상 일종의 의식과 같아서 몇 시간을 필요로 했다. 먼저 사람들은 탈의실로 간다. 거기서 사려 깊은 직원들이 사람들을 반갑게 맞이했다. 그 다음에 사람들은 냉탕으로 갔다. 그후에는 미지근한 물이 담겨 있는 욕조를 찾았다. 로마식 목욕의 절정은 전통적으로, 그리고 카라칼라 욕장에서도 마찬가지로 온탕이었다. 그 사이사이에 사람들은 사우나에서 휴식을 취할 수도 있었다. 물론 이런 시설에는 엄청난 양의 물이 필요했다. 물은 로마시의 수로를 통해 확보했다. 그리고 확보한 물은 총 8만 리터를 넣을 수 있는 커다란 두 개의 수조에 저장했다. 그리고 여기에는 당연히 그 유명한 로마의 바닥 난방 시설이 설치되었고, 바로 이 시설 덕분에 사람들은 온수를 즐길 수 있게 되었다.

편안함과 서비스

그러나 아무도 단지 목욕을 하기 위해서 카라칼라의 웰니스 센터에 오지는 않았다. 그것은 또한 황제가 이 욕장에서의 시간을 결코 잊을 수 없는 체험으로 만들기 위해 제공했던 다른 모든 서비스 시설을 완전히 무시하는 일일 것이다. 이곳에는 몸의 긴장을 풀어주는 여러 시설들이 갖춰져 있었다. 근육을 풀어줄 필요가 있는 사람은 수많은 마사지 살롱 중 하나를 찾아 들어가서 전문가의 손에 몸을 맡겼다. 스포츠 활동을 하고 싶은 사람에게는 여러 개의 운동장이 준비되어 있었다. 마음의 안정과 명상을 원하는 사람은 넓은 공원과 정원을 천천히 거닐거나 테라스에서 일광욕을 할 수도 있었다. 또한 교양을 쌓고 싶은 사람을 위해 카라칼라 욕장에는 도서관도 마련되어 있었다. 강연장에서는 전문지식을 갖춘 연설가가 올바른 음식섭취 혹은 건강한 신체와 건강한 정신 사이의 관계와 같은 긴장된 테마에 대해 이야기했다. 또한 숙식과 관련된 일도 빼먹지 않았다. 식당들은 화려한 특별 메뉴로 사람들을 유혹했고, 원하는 사람은 옆에 붙어 있는 호텔 중 한 곳에서 묵을 수도 있었다. 또한 수많은 상점들이 이 욕장을 쇼핑의 낙원으로 만들기도 했다.

예술의 신전

그리고 끝으로 이곳은 중요한 예술작품들이 풍성하게 전시되어 있었다. 이를 위해 카라칼라는 어떤 수고나 비용도 아끼지 않았다. 값비싼 바닥 모자이크와 화려한 벽화들이 수많은 조각품들과 함께 목욕장 내부를 장식하고 있었다. 이 웰니스 대욕장의 수준높은 장식품들 중에는 수소, 플로라 여신, 파르네세의 헤라클레스와 같은 완벽한 대작들, 오늘날 바티칸 교황청 박물관에 있는 경기자들이 표현된 모자이크, 치료와 요양의 신 아스클레포이스의 거대한 머리, 혹은 피아자 파르네세에서 가져온 두 개의 화강암 욕조 등이 포함되어 있었다.

황제의 모방자들

카라칼라의 럭셔리 대욕장은 방문객들의 모든 기대를 의심의 여지 없이 충족시켜 주었다. 아니, 그 이상이었다. 사실 과거에도 어떤 사립 욕장이 "모든 편의를 제공합니다"라는 선전문구로 손님들을 유혹한 적이 있었다. 그래서 사람들은 처음에 카라칼라 욕장에 대해서도 별로 큰 기대를 하지 않았다. 그런데 실제로 사람들이 그곳을 이용해 본 뒤에는 확실히 카라칼라에 대한 호감도가 급격히 올라갔다. 비록 그가 위대한 알렉산드로스 대왕의 화신이 되는 데는 성공하지 못했지만 이제 적어도 목욕장의 왕은 된 것이다.

그리고 진정한 트렌드세터의 경우에는 흔히 있는 일이듯이 그는 대욕장 건축을 유행으로 만들었다. 즉 카라칼라의 대대적인 성공을 근거로 후대의 황제들도 그의 방법을 모방했던 것이다. 이때 그들은 웰니스 운동의 선구자를 기꺼이 능가해 보겠다는, 결코 간단치 않은 도전을 하기도 했다. 기원후 3세기 말경에 디오클레티안 황제가 로마에 대욕장을 건축했는데, 카라칼라 욕장의 두 배가 되는 수용 능력을 가지고 있어서 3,000명의 사람들이 동시에 목욕을 하고 운동을 하고 문화적인 혜택을 누릴 수 있었다. 또한 로마 밖에서도 황제의 대욕장이 유행이 되었다. 콘스탄티누스 황제가 기원후 4세기에 트리어에 만든 화려한 욕장이 대표적인 사례로서, 이곳의 인상 깊은 잔해는 오늘날까지도 역사적인 명소가 되고 있다.

고대의 대욕장과 현대의 문화센터

카라칼라 욕장은 문화적이고 학술적인 측면에서도 뛰어난 작품이었다. 물론 이 시설은 민족 대이동의 혼란 속에서 함께 고통을 겪었고 중세시대에 나머지 부분들이 지진 때문에 훼손되었다. 그러나 카라칼라의 건축가와 기술자들은 아주 견고하게 건물을 지어서 근대시대 초기에도 건물의 대부분이 남아 있었을 정도였다. 그러다가 예를 들면 파르네세 가문 사람들처럼 원래부터 고대 유적의 애호가인 이탈리아 르네상스의 제후들이 카라칼라 욕장의 물건들에 손을 댔다. 이때 그들은 대욕장을 뻔뻔하게도 일종의 채석장으로 사용했고 남아 있는 장식품들을 가져갔다. 그래서 많은 건축부품들이 교황청의 건설작업에 사용되었고 몇몇 예술작품은 박물관과 개인 소장품으로 사라지고 말았다.

그러나 중요한 의미가 있는 문화적인 사건 현장으로서 카라칼라 대욕장 내지는 그 중의 일부분은 오늘날까지도 유용하게 잘 활용되고 있다. 여름에는 좋은 분위기 속에서 정기적으로 오페라, 음악회, 연극 공연들이 열린다. 이때 무대로 이용되는 것은 오래된 온탕 욕조이다. 고대와 현대의 다리 잇기가 이보다 더 아름답게 펼쳐질 수는 없을 것이다.

즐거움과 소음

그러나 여기서 언급하고 넘어가야 할 점은 당시에 일반 사람들에게는 대단히 인기가 있었던 이 목욕시설을 많은 유명인사들은 비판했다는 사실이다. 가장 선두에 있던 사람으로는 바로 한동안 네로 황제의 가장 영향력 있는 조언자였던 철학자 세네카를 들 수 있다. 카라칼라 대욕장이 건설되기 약 150년 전에 그는 목욕장 근처에 사는 모든 불행한 사람을 대표해서 불만을 토로한 적이 있다. 그가 느낀 불만의 요지는 이러했다. 어떤 사람들은 즐거움을 누리지만, 다른 사람들은 반대로 고통을 당해야 한다는 것이었다. 단지 여기서 공정하게 덧붙여져야 할 말은 세네카는 얼마든지 거처를 옮겨서 소음을 피할 수 있을 만큼 충분히 부자였다는 사실이다.

어쨌든 그의 발언은 로마의 일반적인 대욕장에서 벌어지는 모습들을 생생하게 알려주었고, 카라칼라의 문화시설에서도 그런 상황은 유사했을 것이다. 그는 서로 싸우는 손님들, 남의 물건을 훔치다가

잡힌 도둑들(아마 고대의 탈의실도 그런 위험으로부터 별로 안전하지 못했던 것으로 보인다), 혹은 로마의 특이한 웰니스 명물인 '겨드랑이털 뽑기'를 선전하는 외침 등에 대해 이야기했다. 그리고 다음과 같은 말로 자신의 의견을 끝맺었다. "거기다가 음료수를 파는 사람들, 소시지 장사, 과자와 사탕 장사 등의 각양각색의 외치는 소리까지 들렸다. 각자가 자신들의 물건을 눈에 뛰는 방식으로 선전하였다."

그러므로 카라칼라가 대욕장을 도시 성곽 밖에 세웠던 것은 단지 공간의 문제 때문만은 아니었을 것이다. 아마도 그는 위대한 선행자로서의 자기 이미지를, 대욕장 근처의 주민들로부터 미움을 받음으로써 위태롭게 만들고 싶지 않았을 것이다. 결과적으로 카라칼라의 대욕장 프로젝트는 웰니스 사회의 추종자들만이 아니라 각자의 집에서 조용히 휴식을 취하고 싶은 도시 사람들까지도 만족시켰던 것이다.

　우리가 흔히 알고 있는 고대의 유명 인물들을 포함해서 그 외에 오늘날까지 알게 모르게 큰 영향을 끼친 인물들에 대한 이야기를 다루고 있는 책이다. 고대 그리스와 로마에는 대표적인 업적이나 활동으로 화려한 유명세를 타고 있는 인물들이 많이 있다. 그런데 이런 인물들이 여기서는 의외의 영역에서 놀라운 능력을 발휘하기도 한다. 예를 들어서 교육학과 소크라테스, 음악과 네로, 교통 계획과 카이사르가 연관되어 등장하고 있는 것처럼 말이다. 그리고 고대의 위대한 인물들이 자신들의 열정을 위해, 혹은 자신만의 확고한 신념을 위해 몰두했던 일들에 대해서도 상세한 내용이 소개된다. 그래서 그들의 보다 내면적인 모습을 알게 되는 유익한 기회도 제공된다.

　말하자면 이 책은 고대 인물들과의 색다른 만남이라고 할 수 있다. 예를 들어서 로마제국의 사치와 향락, 기이한 성격을 대변하는 황제 네로가 가진 음악에 대한 열정과 집착에 대해 자세히 알고 있는 사람은 별로 없을 것이다. 혹은 그 어떤 남성들보다도 야망과 권력에 대한 욕구가 강한 인물로 평가되는 클레오파트라가 여성으로서 자신의 미를 가꾸기 위해 어떤 미용법을 사용했는지 알 수 있는 기회 또한 흔치 않을 것이다.

그리고 독자들은 이 책을 통해서 흔히 단편적으로 알고 있는 사실의 전후 사정과 상세한 과정을 알 수 있는 즐거움을 누릴 수도 있다. 그래서 우리가 흔히 듣게 되는 "모든 길은 로마로 통한다"는 말의 유래도 알게 된다. 즉 고대 로마의 아피우스 클라우디우스 키에쿠스가 아피아 가도라는 유명한 도로를 건설한 이후로 로마는 정복한 지역을 포함해서 곳곳에 로마를 중심으로 약 10만 킬로미터에 이르는 도로를 만들었고 바로 이런 상황에서 나온 말이라는 것을 말이다. 그리고 한편으로는 전혀 예상치 못한 경우로서 평범한 인물인 가이우스 세르기우스 오라타가 오늘날까지 활용되는 난방시설을 개발했다는 사실에 놀라움도 느끼게 된다.

그리하여 이 책을 읽다 보면 아마도 독자들은 고대 그리스와 로마를 넘나들고 여러 다양한 인물들 사이를 오가며 그 시대의 일상을 엿보고 있는 듯한 느낌을 갖게 될 것이다. 마치 로마의 좁은 골목골목을 누비고, 그리스의 유적지를 한 곳씩 탐사해 본 것처럼 말이다.

그래서 독자들이 결과물로써 남겨진 그들의 위대한 업적을 보고 그저 감탄만 하는 것이 아니라, 그 과정 속에 숨겨진 상세한 이야기들, 배경이 된 상황들을 알게 됨으로써 고대 그리스와 로마에 대한 든든한 지식을 쌓은 것 같은 뿌듯함을 느끼게 되리라고 기대한다.

2010년 1월
신혜원

참고문헌

M. v. Albrecht: Musik in Antike und Neuzeit, 1987

E. Alföldi-Rosenbaum: Das Kochbuch der Römer, 8. Aufl. 1988

G. Binder: Das Antike Theater, 1998

K. Brodersen: Die sieben Weltwunder, 1999

A. Burford: Künstler und Handwerker in Griechenland und Rom, 1985

P. Cartledege (Hg.): Kulturgeschichte Griechenlands in der Antike, 2000

E. Fantham: Literarisches Leben im antiken Rom, 1998

H. Fränkel: Dichtung und Philosophie des fruhen Griechentums, 3. Aufl. 1962

M. Fuhrmann: Die antike Rhetorik, 4. Aufl. 1995

M. Giebel: Reisen in der Antike, 1999

M. Grant: Die Welt der Antike. Kulturgeschichte Griechenlands und Roms, 1986

W. Heinz: Römische Thermen, 1983

M. Hose (Hg.): Meisterwerke der antiken Literatur. Von Homer bis Boethius, 2000

K. E. Müller: Geschichte der antiken Ethonologie, 1997

R. Müller: Die Entdeckung der Kultur, 2003

A. Nitschke: Körper in Bewegung, 1989

E. Paszthory: Salben, Schminken und Parfüm im Altertum, 1992

S. Poeschel: Rom, Kunst und Geschichte von der Antike bis zur Gegenwart, 2. Aufl.
    1993

W. Ries: Die Philosophie der Antike, 2005

I. Scheibler: Griechische Malerei der Antike, 1994

H. Sonnabend: Geschichte der antiken Biographie, 2002

L. Tesarek: Kleine Kulturgeschichte der Singtimme von der Antike bis heute, 1997

E. Thiel: Geschichte des Kostüms, 1960

G. Wille: Musica Romana, 1967

F. Winzer: Kunst in der Antike, 1983

찾아보기